"Eğer size tek bir kitap ön
nin *Şimdi'nin Gücü*'nü seç
sadece sözleriyle değil, söz
sevgi ruhunu yayıyor. Başk
etkilemedi ve kucaklamadı.'

- Patricia Gordon, Calgary, Alberta

"Bu kitap bize olağanüstü bir armağan sunuyor. Bu dünyada varlığımızı sürdürebilmemizin, gelişimimizin ve mutluluğumuzun bu armağana, Tolle'nin bizi çıkmaya davet ettiği içsel yolculuğa bağlı olduğuna inanıyorum."

- Bill Carpenter, İşadamı ve Spiritüel Arayışçı

"Ben bu kitabı *Mucizeler Kursu* ve Chopra'nın *Başarının Yedi Spiritüel Yasası* tarafından etkili bir biçimde aktarılan mesajı özümsemek isteyen benim gibi insanlar için harikulade bir perspektif olarak görüyorum. Kitabı her okuduğumda, yeni ve daha derin bir içgörü ve anlam buluyorum."

- Jean-Pierre LeBlanc (Doğal sağlık ürünleri üreticisi)

"Bu kitapta Eckhart'ın spiritüel olarak özümsenebilir bir biçimde sunduğu evrensel bilgiye "Günlük Ekmeğimiz" kadar ihtiyacımız olduğunu düşünüyorum. Bu, içerdiği bilinçli farkındalıkla gerçeği arayanların mutlaka okumaları gereken bir kitap.

- Davit L.Jones, Hastalık Ülkesinde Bir Savaşçı kitabının yazarı

"Bu kitap bana kişisel yolculuğum konusunda büyük bir rahatlık, ilham ve birçok içgörü verdi. Bu ifşaat dolu ve sevinç verici bir kitap."

- Albert Koopman, İşletmeci

"Ben hep anlamı, esenliği, sağlığı ve yaşamı aradım, ama ne yazık ki onları kendi dışımda arıyordum. Şimdi'nin Gücü bana yaşamın ele geçmez hazinelerini içimde nasıl bulacağımı gösterdi."

-John Kuchental, Örgütsel Gelişim Danışmanı

Sevgili canım kuzum;

Sevgi, sevinç ve huzur dolu; varlığının tüm hallerini hissettiğin ve sevdiğin bir yıl olsun.

Ablan

Aralık 2016

ŞİMDİ'nin GÜCÜ

BİR SPİRİTÜEL AYDINLANMA REHBERİ

Eckhart Tolle

Çeviren:
Semra Ayanbaşı

AKAŞA®

Kitabın Orijinal Adı: ***The Power of Now***

New World Library 14 Pamaron Way Novato, CA 94949 USA
ISBN 1-57731-152-3

Basım: *Avcı Ofset / Matbaa Sertifika No:12001*
Davutpaşa Cad. İpek İş Merkezi No: 2/13 Topkapı İstanbul
Kapak Basımı: *Karadeniz Basım Ltd. Şti.*
Cilt: *Evren Ciltevi*
ISBN:978-975-6793-28-2
Yayıncılık Sertifika No:10544

AKAŞA
Yayın Dağıtım Tanıtım Tur. ve Dış Tic. Ltd. Şti.
Lamartin Cad. No:40 Asma Kat Taksim / İstanbul
Tel: (0212) 235 99 73 Faks: 235 99 70
www.akasa.com.tr

Yirminci Basım
İstanbul, 2016

Siz evrenin ilahi amacının
gerçekleşmesini sağlamak için buradasınız.
Siz işte bu kadar önemlisiniz!

- Eckhart Tolle

İÇİNDEKİLER

YAYINCININ SUNUŞU

Yazan: MARC ALLEN
Vizyoner İş ve Vizyoner Bir Yaşam kitaplarının yazarı

Belki on yılda bir, hatta bir kuşakta bir *Şimdi'nin Gücü* gibi bir kitap gelir. O bir kitaptan daha öteye bir şey; onda, belki elinizde tutarken de hissedebileceğiniz, canlı bir enerji var. O okurlarda bir deneyim yaratacak ve yaşamlarını olumlu yönde değiştirecek bir güce sahip.

Şimdi'nin Gücü önce Kanada'da yayınlanmıştı ve Kanadalı yayıncı, Connie Kellough bana bu kitabı okuyan insanların yaşamlarında olumlu değişiklikler, hatta mucizeler meydana geldiği yolunda haberler alıp durduğunu söylemişti. "Okurlar beni arıyorlar," diyordu o, "ve kitabın mesajını uygulamaya başladıktan sonra olağanüstü şifalar, değişimler ve giderek artan bir mutluluk yaşadıklarını bildiriyorlar."

Bu kitap benim yaşamımın her anının bir mucize olduğunu fark etmemi sağladı. Ben bunu idrak edeyim etmeyeyim, bu kesinlikle doğru. Ve *Şimdi'nin Gücü,* tekrar tekrar bunu nasıl idrak edebileceğimi gösteriyor.

Kitabın ilk sayfasından itibaren, Eckhart Tolle'nin çağdaş bir üstat olduğunu anlıyorsunuz. O herhangi bir dine, doktrine ya da guru'ya bağlı değil; onun öğretisi -Hıristiyanlık, Hinduizm, Budizm, Müslümanlık, yerli halkların inançları gibi- tüm diğer geleneklerin özünü kucaklıyor ve onlarla çelişmiyor. O tüm büyük üstatların yapmış oldukları şeyi yapabiliyor: sade ve berrak bir dille yolun, gerçeğin ve ışığın içimizde olduğunu gösteriyor.

Eckhart Tolle önce bize kendi öyküsünü kısaca anlatıyor; bu, depresyon ve umutsuzluğun yazar yirmi dokuz yaşına girdikten kısa bir süre sonra bir gece muazzam bir uyanış deneyimiyle sonuçlanmasının öyküsüdür. Geçmiş yirmi yıl boyunca, o bu deneyim üzerinde düşünmüş, meditasyon yapmış ve anlayışını derinleştirmiştir.

Son on yılda, o dünya-çapında bir öğretmen, büyük bir mesaj veren büyük bir ruh haline gelmiştir; bu İsa'nın, Buda'nın ve diğer büyük üstatların vermiş oldukları bir mesajdır: Aydınlanma haline şimdi ve burada erişebilirsiniz. Istırapsız, endişesiz ve nevrozsuz yaşamak mümkündür. Bunu yapabilmek için, acımızın yaratıcısı olduğumuzu anlamamız gerekir; sorunlarımızı yaratan diğer insanlar ya da "dış dünya" değil, kendi zihnimizdir. Bu, neredeyse kesintisiz bir düşünce akışına sahip olan, sürekli geçmişi düşünüp gelecek hakkında endişelenen zihnimizdir. Biz büyük bir hata yapıp zihnimizle özdeşleşir, onun biz olduğumuzu düşünürüz, oysa gerçekte biz çok daha büyük bir varlığızdır.

Tekrar, tekrar, Eckhart Tolle bize Var'lığımız dediği şeyle nasıl birleşebileceğimizi gösterir:

"Var'lık, doğuma ve ölüme tâbi sayısız yaşam formunun ötesindeki sonsuz ve daima-var olan Bir (Tek) Yaşam'dır. Bununla birlikte, Var'lık sadece her formun ötesinde değil, aynı zamanda her formun derinliklerinde de bulunur, çünkü o her formun en içteki, görünmez ve yok edilemez özüdür. Bu onun sizin en derin benliğiniz, gerçek doğanız olduğu ve sizin ona ulaşabileceğiniz anlamına gelir. Ancak, onu zihninizle kavramaya çalışmayın. Onu anlamaya çalışmayın. Siz onu ancak zihin sessizleştiğinde bilebilirsiniz. Siz orada mevcutken, dikkatiniz tam ve yoğun bir biçimde Şimdi'de bulunurken, Var'lık hissedilebilir, ama o asla zihnen anlaşılamaz. Var'lığın farkındalığını yeniden kazanmak ve o 'hissetme-idrakinde' kalabilmek aydınlanmadır."

Şimdi'nin Gücü'nü dümdüz okuyup gitmek neredeyse olanaksız bir şeydir, onu ara sıra bırakıp söylenenler üzerinde düşünmeniz ve onları yaşamınıza uygulamanız gerekir. O tam bir idrak rehberidir. O tekrar tekrar okunması gereken bir kitaptır ve onu okuduğunuz her seferinde, yeni bir derinlik ve anlam bulursunuz. O, ben dahil, birçok insanın bir ömür boyu incelemek isteyeceği bir kitaptır.

Şimdi'nin Gücü'nün sadık okurlarının sayısı giderek artmaktadır. O şimdiden bir başyapıt olarak kabul edilmiştir; ancak, her nasıl tanımlanırsa tanımlansın, o yaşamları değiştirme gücüne, bizi uyandırıp kim olduğumuzu tam olarak idrak ettirme gücüne sahip bir kitaptır.

Marc Allen
Novato, California U.S.A.
Ağustos 1999

ÖNSÖZ

Yazan: RUSSELL E. DICARLO
Yeni Bir Dünya Görüşüne Doğru kitabının yazarı

Batan güneşin parlak mavi bir gökyüzüyle kaplı turuncu-sarı ışınları, özel zamanlarda, öylesine dikkat çekici bir güzellik sunabilir ki, biz bu görüntü karşısında bir an huşu içinde donup kalabiliriz. O anın ihtişamı bizi öylesine hayran bırakır ki, gevezeliği bitmek bilmeyen zihnimiz bir an susar, böylece bizi -zihinsel olarak- şimdi ve burada'dan başka bir yere fırlatıp atamaz. O ışık dolu anda adeta, daima mevcut olan, ama nadiren tanık olunan bir başka realiteye bir kapı açılır.

Abraham Maslow bunlara -onlar yaşamın, kendimizi sevinçle sıradan ve dünyevi sınırların ötesine fırlatılmış bulduğumuz yüksek anlarını temsil ettiklerinden- "zirve deneyimler" adını vermiştir. Bu genişletici anlarda, biz Var'lığın sonsuz âlemini kısa bir an için görürüz. Böylece kısa bir an için Gerçek Benliğimizin farkına varırız.

"Ah," diye bir iç çekebilir o anda insan, "ne kadar muhteşem... keşke burada kalabilseydim. Ama, burada sürekli olarak nasıl kalabilirim ki?"

Son on yıl boyunca, ben kendimi bu sorunun yanıtını bulmaya adadım. Araştırmam sırasında zamanımızın tıp, bilim, psikoloji, iş, din/spiritualite ve insan potansiyeli alanında en yürekli, ilham verici ve içgörülü "paradigma öncülerinin" bazılarıyla konuşma onurunu yaşadım. Bu farklı birey grupları insanlığın şimdi tekâmülünde dev bir hamle yapmakta olduğu konusunda görüş birliği içindeydiler. Bu değişime dünya görüşünde

-"genel durum"la ilgili içimizde taşıdığımız temel tabloda- bir değişiklik de eşlik ediyordu. Bir dünya görüşü iki temel soruyu yanıtlamaya çalışır: "Biz kimiz?" ve "İçinde yaşadığımız Evren' in doğası nedir?" Bizim bu sorulara verdiğimiz yanıtlar ailemiz, arkadaşlarımız, işverenimiz ve işçilerimiz ile kişisel ilişkilerimizin niteliğini ve tipik özelliklerini belirler. Daha büyük bir ölçekte düşünüldüğünde, onlar toplumları tanımlar.

Ortaya çıkmakta olan dünya görüşünün Batı toplumunun doğru olarak kabul ettiği birçok miti sorgulaması bizi pek şaşırtmamalıdır:

1. Mit: *İnsanlık gelişiminin en yüksek noktasına erişmiştir.*

Esalen kurucularından Michael Murphy dini incelemeleri, tıp bilimini, antropolojiyi ve sporları karşılaştırarak insan tekâmülünün daha ileri aşamaları bulunduğu şeklinde ilginç bir sonuca varmıştır. Bir insan bu ileri spiritüel olgunluk düzeylerine eriştiğinde, sevgi, canlılık, kişilik, bedensel farkındalık, sezgi, algı, iletişim ve irade gücüyle ilgili olağanüstü yetenekler ortaya çıkmaktadır.

Birinci adım; onların var olduklarını görüp kabul etmektir. Çoğu insan bunu yapmaz. Sonra, yöntemler bilinçli niyetle kullanılabilir.

2. Mit: *Bizler birbirimizden, doğadan ve Kozmos'tan tamamen ayrıyız.*

Bu "benden-başkası" miti savaşlardan, gezegenin ırzına geçilmesinden ve insan adaletsizliğinin tüm biçimleri ve ifadelerinden sorumludur. Eğer bir insan karşısındaki insanı kendisinin bir parçası olarak algılasa, ona nasıl zarar verebilir ki? Stan Grof, sıradan-olmayan bilinç halleri araştırmasında bunu şöyle özetler: "Her birimizin psişesi ve bilinci, son analizde, 'Tüm-Varolan'a eşittir, çünkü beden/ego ile varoluşun bütünlüğü arasında hiçbir mutlak sınır yoktur."

(Uygulanmakta olan Era-2, zihin-beden tıbbına tezat olarak) Dr. Larry Dossey'in bir insanın düşüncelerinin, tutumlarının ve şifa niyetlerinin bir başka insanın fizyolojisini etkileyebildiği Era-3 tıbbı duanın şifa verici gücü üzerinde yapılan bilimsel incelemelerle çok iyi bir biçimde desteklenmiştir. Oysa bu, fiziğin bilinen prensiplerine ve geleneksel bilimin dünya görüşüne göre meydana gelemez. Ancak, kanıtların sayısal üstünlüğü bunun gerçekten meydana geldiğini göstermektedir.

3. Mit: *Fiziksel dünya var olan tek şeydir.*

Maddeye bağlı geleneksel bilim ölçülemeyen, laboratuvarda test edilemeyen ya da beş duyuyla veya onların teknolojik uzantılarıyla incelenemeyen herhangi bir şeyin var olamayacağını varsayar. O "gerçek değildir." Böylece, sonuçta tüm realite fiziksel realitenin içine çökmüştür. Spiritüel, ya da fiziksel-olmayan realite boyutları tamamen dışlanmıştır.

Bu, "uzun ömürlü felsefeyle;" o çağlar, dinler, gelenekler ve kültürler arasında köprü oluşturan ve farklı realite boyutlarını tarif eden felsefi görüş birliğiyle çatışır. Bu realite boyutları en yoğun ve en az bilinçli olandan -madde boyutundan- en az yoğun ve en bilinçli olana, spiritüel boyuta kadar uzanır.

Ne ilginçtir ki, bu genişlemiş, çok-boyutlu realite modeli süper-luminal yolculuğu tarif eden Jack Scarfetti gibi kuantum teorisyenleri tarafından ortaya atılmıştır. Diğer realite boyutları ışık hızından daha hızlı olan yolculuğu -hız sınırlarının en yükseğini- açıklamak için kullanılmıştır. Ya da efsanevi fizikçi David Bohm'un çalışmasını, onun fiziksel ve fiziksel-olmayan çok-boyutlu realite modelini düşünün.

Bu artık sadece bir teori değildir, 1982'de Fransa'da yapılan Veçhe Deneyi iki birleşik kuantum parçacığının, birbirlerinden büyük mesafelerle ayrıldıklarında bile birbirlerine bağlı kaldıklarını göstermiştir. Eğer bir parçacık değişirse, diğeri de anında değişiyordu. Bilim adamları bu ışık-hızından-dahahızlı iletişimin nasıl vuku bulabildiğini bilmemekte, ancak bazı teorisyenler bu bağlantının yüksek boyutların giriş-kapıları yoluyla gerçekleştiğini ileri sürmektedirler.

Böylece, geleneksel paradigmayı destekleyenlerin düşüncelerinin tersine, konuştuğum etkili, öncü bireyler bizim henüz insan tekâmülünün en yüksek noktasına erişmediğimizi, bizim tüm yaşamdan ayrı olmadığımızı, birbirimize bağlı olduğumuzu ve tüm bilinç tayfının hem fiziksel hem de birçok fizikselolmayan realite boyutunu kapsadığını düşünmektedirler.

Özünde, bu yeni dünya görüşü kendini, diğerlerini ve tüm yaşamı zamanda doğup zamanda yaşayan küçük, dünyevi benliğimizin gözleriyle değil, ruhumuzun, Var'lığımızın, Gerçek Benliğimizin gözleriyle görmeyi içerir. İnsanlar birer birer daha yüksek yörüngeye sıçramaktadırlar.

Şimdi'nin Gücü ile Eckhart Tolle bu özel, dünya-çapında öğretmenler grubu arasındaki yerini haklı olarak almıştır. Eckhart'ın mesajı şudur: İnsanlığın sorunu derin bir biçimde zihinden kaynaklanır. Ya da daha doğrusu, bizim zihinle yanlış-özdeşleşmemizden.

Bizim akıntıya kapılıp sürüklenen farkındalığımız, içinde bulunduğumuz anda tam uyanık ve mevcut olmama eğilimimiz bir boşluk yaratır. Ve yararlı bir hizmetkâr olarak tasarlanmış zamana-bağlı zihin bu boşluğu kendini efendi ilân ederek doldurur. Bir çiçekten diğerine uçan bir kelebek gibi, zihin geçmiş deneyimlerle meşgul olur, ya da kendi ürettiği filmi projekte ederek, gelecek olanı bekler. Biz nadiren şimdi'de ve burada bulunuruz. Oysa fiziksel bedenimizin, değişen duygularımızın ve geveze zihnimizin ardında yatan Gerçek Benliğimizi ancak Şimdi burada bulabiliriz.

Bizi hayvanlardan farklı kılan o olsa da, insan tekâmülünün en önemli ve değerli kazanımı düşünme ve muhakeme etme yeteneği değildir. Zekâ, tıpkı içgüdü gibi, yol boyunca sadece bir noktadır. Bizim nihai kaderimiz asli Var'lığımız ile yeniden-birleşmek ve olağan fiziksel dünyada anbean olağanüstü, tanrısal realitemizi ifade etmektir. Bunu söylemek kolaydır, ancak henüz insan tekâmülünün daha ileri erimlerine erişmiş olan insanların sayısı azdır.

Allahtan, bize yol boyunca yardım edecek rehberler ve öğretmenler vardır. Bir öğretmen ve rehber olarak, Eckhart'ın müthiş gücü bize eğlendirici öyküler anlatma, soyut olanı somut hale getirme, ya da yararlı yöntemler sunma ustalığında yatmamaktadır. Onun sihri esas kişisel deneyiminde, *bilen* kişi olmasında bulunmaktadır. Sonuç olarak, onun sözlerinin ardında ancak en büyük spiritüel öğretmenlerde bulunan bir güç vardır. Eckhart, bu Büyük Realite'nin derinliklerine nüfuz ederek, diğerlerinin de ona katılmaları için enerjisel bir yol açmaktadır.

Peki, eğer diğerleri de bunu yaparlarsa ne olur? Kuşkusuz, bildiğimiz haliyle dünya değişip daha iyiye gider. Var'lığın gücüyle korkular ortadan kalkar, tüm değerler olumlu yönde değişir. Yeni bir uygarlık doğar.

"Bu Büyük Realite'nin kanıtı nerede?" diye sorabilirsiniz. Size sadece bir benzetme sunacağım: Bir grup bilim adamı bir araya gelip size muzun acı olduğu olgusuyla ilgili tüm bilimsel kanıtları anlatabilir. Ama, sizin yapmanız gereken tek şey bir kez bir muzun tadına bakmaktır, o zaman muzun tüm diğer veçhelerini idrak edersiniz. Nihai olarak, kanıt akli tartışmalarda değil, içinizdeki ve dışınızdaki kutsal-olan tarafından bir biçimde etkilenmekte yatar.

Eckhart Tolle bizi ustalıkla bu olanağa açmaktadır.

Russel E. DiCarlo
Erie, Pennsylvania U.S.A.
Ocak 1998

TEŞEKKÜR

Sevgi dolu desteği ve metnin bu kitaba dönüştürülüp yayınlanmasında oynadığı önemli rolden ötürü Connie Kellough'a büyük bir teşekkür borçluyum. Onunla çalışmak aynı zamanda büyük bir keyifti.

Ayrıca bana en değerli armağanı, yazacak ve *olacak* bir *alan* vererek bu kitaba katkıda bulunan Corea Ladner ve tüm o harikulade insanlara teşekkür ederim: Vancouver'deki Adrienne Bradley'e, İngiltere'de, Londra'daki Margaret Miller'a ve Glastonbury'deki Angie Francesco'ya, California'da, Menlo Park'daki Richard'a ve Sausalito'daki Rennie Frumkin'e yürekten teşekkürler.

Ayrıca, metni ilk başta gözden geçirip görüşlerini bildiren Shirley Spaxman ve Howard Kellough'a ve yine metni daha sonraki aşamada gözden geçirip görüşlerini bildiren diğer kişilere teşekkür etmek isterim. Rose Dendewich'e de metni neşeyle ve profesyonel bir biçimde bilgisayara geçirdiği için teşekkür ederim.

Son olarak anne ve babama sevgimi ve minnettarlığımı ifade etmek isterim, onlar olmasaydı bu kitap da var olamazdı; ayrıca spiritüel öğretmenlerime ve en büyük guru olan yaşama şükranlarımı sunarım.

GİRİŞ

Bu Kitabın Kökeni

Ben geçmişi çok az kullanır ve çok seyrek olarak düşünürüm; ancak, yine de size nasıl bir spiritüel öğretmen olduğumu ve bu kitabın nasıl ortaya çıktığını kısaca anlatmak istiyorum.

Otuz yaşıma dek, ben neredeyse sürekli bir endişe ve zaman zaman da intihara götürebilecek depresyon dönemleri yaşadım. Bu dönem şimdi bana sanki geçmiş bir yaşamım, ya da bir başkasının yaşamı gibi geliyor.

Yirmi-dokuz yaşıma girdikten kısa bir süre sonra, bir gece geç saatlerde büyük bir dehşet hissiyle uyandım. Daha önce de birçok kez böyle bir hisle uyanmıştım, ama bu kez o her zamankinden daha yoğundu. Gecenin sessizliği, karanlık odadaki eşyanın belirsiz hatları, uzaktan geçen bir trenin sesi, her şey o kadar yabancı, o kadar düşmanca ve o kadar anlamsız gelmişti ki, o anda içimde dünyaya karşı derin bir tiksinti uyanmıştı. Ancak, hepsinin içinde en tiksindirici şey benim kendi varoluşumdu. Bu mutsuzluk yüküyle yaşamaya devam etmenin anlamı ve amacı neydi? Bu sürekli mücadeleyle yaşamaya neden devam etmeliydim? O anda yok olma, var olmama özleminin yaşamı sürdürme içgüdümden çok daha güçlü hale geldiğini hissettim.

"Artık kendime dayanamıyorum." Zihnimde tekrarlanıp duran düşünce buydu. Sonra birden bunun ne kadar garip bir düşünce olduğunu fark ettim. "Ben bir miyim, yoksa iki mi? Eğer ben kendime dayanamıyorsam, o halde ben iki kişi olmalıyım: 'Ben' ve dayanamadığım 'kendim'." "Belki," diye düşündüm sonra, "bunlardan sadece biri gerçektir."

Bu garip idrak karşısında öyle afallamıştım ki zihnim o anda durdu. Tamamen bilinçliydim, ama artık hiçbir şey düşünmüyordum. Sonra adeta bir enerji girdabına çekildiğimi hissettim. Bu ilk önce yavaş bir devinimdi ve sonra hızlandı. O zaman şiddetli bir korkunun pençesine düştüğümü hissettim ve tüm bedenim sarsılmaya başladı. Ve o sırada, sanki göğsümün içinden gelen bir sesin, "hiçbir şeye direnme" dediğini duydum. Bir boşluğun içine çekildiğimi hissediyordum. Sonra bu boşluğun dışımda değil, içimde olduğunu hissettim. Birden artık hiçbir korku hissetmez oldum ve o boşluğa düşmeme izin verdim. Ondan sonra ne olduğunu hiç hatırlamıyorum.

Pencerenin dışından gelen bir kuş cıvıltısıyla uyandım. Daha önce hiç böyle bir ses duymamıştım. Gözlerim hâlâ kapalıydı ve değerli bir elmasın görüntüsünü gördüm. Evet, eğer bir elmas bir ses çıkarabilseydi, o bunun gibi bir ses olurdu. Gözlerimi açtım. Şafağın ilk ışığı perdelerden içeri süzülüyordu. Hiçbir şey düşünmeden, ışığın bizim farkında olduğumuzdan sonsuz derecede daha fazla şey içerdiğini hissettim, bunu biliyordum. Perdelerden içeri süzülen o yumuşak ışık sevginin ta kendisiydi. O anda gözlerim yaşlarla doldu. Kalkıp odada dolandım. Odayı tanıdım, ama onu daha önce asla gerçekten görmemiş olduğumu biliyordum. Her şey sanki yeni var olmuş gibi taze ve temizdi. Orada duran bir şeyleri, bir kalemi, boş bir şişeyi elime alıp hepsinin güzelliğine ve canlılığına hayranlıkla baktım.

O gün kentte dolaşıp, sanki yeni doğmuşum gibi, dünya üzerindeki yaşam mucizesine tam bir şaşkınlık ve hayranlıkla baktım. Sonraki beş ay boyunca kesintisiz ve derin bir huzur ve vecit hali içinde yaşadım. Sonra, bu halin yoğunluğu biraz azaldı, ya da belki o benim doğal halim haline geldiğinden bana öyle göründü. Hâlâ dünyada işlev yapabiliyordum, ancak *yaptığım* hiçbir şeyin zaten sahip olduğum şeye hiçbir şey ekleyemeyeceğini idrak etmiştim.

Elbette, başıma çok derin ve önemli bir şeyin geldiğini biliyordum, ama bunun ne olduğunu hiç anlamamıştım. Ancak birkaç yıl sonra, spiritüel kitaplar okuyup spiritüel öğretmenlerle birlikte zaman geçirdikten sonra, benim başıma herkesin aradığı şeyin gelmiş olduğunu anladım. O gece yaşadığım yoğun ıstırabın baskısının, bilincimi -sonuçta zihnin bir kurgusu olan- mutsuz ve korku dolu benlikle özdeşleşmeyi bırakmaya zorlamış olduğunu anladım. Bu özdeşleşmeyi bırakma o kadar tam olmalıydı ki -sanki şişirilmiş bir oyuncağın tıkacı bir anda açılmış gibi- o sahte, ıstırap çeken benlik bir anda çökmüştü. Geriye kalan benim gerçek doğamdı, bu daima-var-olan *Ben* idi; bilincin formla özdeşleşmeden önceki saf haliydi. Daha sonra, ilk başta bir boşluk olarak algıladığım o içsel, sonsuz ve ölümsüz âleme girip bu sırada tamamen bilinçli kalmayı da öğrendim. Tarif ettiğim o ilk deneyimin bile yanında solgun kaldığı, tarif edilemez güzellikte vecit halleri yaşadım. Bir zaman geldi, bir süre için fiziksel dünyada hiçbir şeysiz kaldım. Hiçbir ilişkim, hiçbir işim, evim, toplumsal olarak tanımlanan hiçbir kimliğim kalmadı. Yaklaşık iki yılı park sıralarında en yoğun sevinç hali içinde oturarak geçirdim.

Ama, en güzel deneyimler bile gelip giderler. Herhangi bir deneyimden belki daha asli olan şey, beni o zamandan beri hiç terk etmeyen ve sürekli alttan akan huzur duygusuydu. Bazen o başkalarının da onu hissedebilecekleri kadar güçlü ve aşikâr hale geliyordu. Diğer zamanlarda o, uzaktan gelen bir melodi gibi, arka plânda bir yerde bulunuyordu.

Daha sonra, insanlar zaman zaman bana gelip, "Senin sahip olduğun şeye sahip olmak istiyorum. Sen onu bana verebilir misin, ya da onu nasıl elde edebileceğimi gösterebilir misin? Demeye başladılar. Ve ben de onlara, "Sen ona zaten sahipsin.

Sadece zihnin çok fazla gürültü yaptığı için onu hissedemiyorsun," diyordum. Bu yanıt daha sonra büyüyüp elinizde tuttuğunuz kitaba dönüştü.

Böylece, ben farkında olmadan yine dışsal bir kimliğe sahip olmuştum. Ben bir spiritüel öğretmen olmuştum.

İçinizdeki Gerçek

Bu kitap benim son on yıl boyunca Avrupa'da ve Kuzey Amerika'da spiritüel arayış içindeki bireyler ve küçük gruplarla yaptığım çalışmanın özünü içermektedir. O olağandışı insanlara içsel değişimi kucaklama konusunda gösterdikleri isteklilik ve cesaretten, meydan okuyucu sorularından ve yanıtları dinlemeye istekli olmalarından ötürü teşekkür ederim. Onlar olmasaydı bu kitap ortaya çıkamazdı. Onlar henüz bir azınlık olan, ama giderek büyüyen spiritüel öncüler içinde yer alıyorlar; onlar, binlerce yıldır insanları esaret altında tutmuş ortak zihin-kalıplarını kırabilecekleri bir noktaya erişmekte olan öncülerdir.

Bu kitabın böyle kökten bir içsel değişime hazır olan insanlara erişeceğine ve böylece bu değişimin bir katalizörü olacağına inanıyorum. Ayrıca bu kitabın, onu şu anda tümüyle yaşamaya ya da uygulamaya hazır olmasalar da, içeriğini üzerinde düşünmeye değer bulacak başka birçok insana da ulaşacağını umuyorum. Daha ileride, bu kitabı okurken ekilmiş olan tohumun her insanın içinde taşıdığı aydınlanma tohumuyla birleşmesi ve o tohumun bir anda filizlenip canlanması mümkündür. Bu kitabın içeriği seminerlerde, meditasyon derslerinde ve özel danışma seanslarında bireyler tarafından sorulan sorulara verilen, çoğunlukla spontane yanıtlardan oluşmaktadır, bu yüzden kitapta da aynı soru-yanıt biçimini korudum. Ben de bu derslerde ve seanslarda soru soranlar kadar çok şey öğrendim ve aldım. Bazı soru ve yanıtları neredeyse sözcüğü sözcüğüne buraya aldım. Bazıları ise ortak soru ve yanıtlardır, yani sık sık sorulan belli tipte soruları tek bir soru halinde birleştirdim ve farklı yanıtların özünü çıkarıp tek bir ortak yanıt oluşturdum. Kitabın yazılma sürecinde bazen daha önce verdiklerimden çok daha derin ya da içgörülü yeni bir yanıt geldi. Bazı sorular ise belli noktaları aydınlatmak üzere editörüm tarafından soruldu.

İlk sayfadan son sayfaya dek, konuşmaların sürekli olarak iki farklı düzey arasında değiştiğini göreceksiniz.

Bir düzeyde, ben dikkatinizi içinizdeki *sahte* olana çekeceğim. İnsan bilincinin doğasından ve işlev-bozukluğundan olduğu gibi, onun -ilişkilerdeki çatışmadan kabileler ya da ülkeler arasındaki savaşlara dek- en ortak davranış tezahürlerinden de söz edeceğim. Bu yaşamsal öneme sahip bir bilgidir, çünkü siz sahte olanı sahte olarak görüp tanımadıkça, onun siz olmadığınızı idrak etmedikçe hiçbir kalıcı değişim-dönüşüm olamaz ve siz sonunda daima illüzyona ve acıya geri düşersiniz. Bu düzeyde, ben ayrıca içinizdeki o sahte olanı bir benliğe ve kişisel bir soruna nasıl dönüştürmeyebileceğinizi de göstermeye çalışacağım, çünkü sahte-olan varlığını siz bunu yapmadığınızda sürdürür.

Bir başka düzeyde, ben insan bilincinin çok derin bir değişim-dönüşümünden söz edeceğim; bundan uzak gelecekteki bir olasılık olarak değil, siz kim olursanız olun ya da her nerede bulunuyor olursanız olun, şimdi gerçekleştirebileceğiniz bir olasılık olarak söz edeceğim. Burada size kendinizi zihnin esaretinden nasıl kurtarabileceğinizi, bu aydınlanmış bilinç haline nasıl girebileceğinizi ve onu günlük yaşamınızda nasıl sürdürebileceğinizi göstermeye çalışacağım.

Kitabın bu düzeyinde, sözcükler daima bilgiyle ilgili olmayacak, çoğunlukla okurken sizi bu yeni bilince çekmek üzere tasarlanmış olacaklar. Tekrar tekrar, size aydınlanmanın tadını tattırmak için, sizi benimle birlikte Şimdi'de tam bilinçli olarak mevcut olma haline, o sonsuz hale götürmeye çalışacağım. Siz benim neden söz ettiğimi deneyimleyebilene dek, bu bölümleri tekrarlamalı bulabilirsiniz. Ancak, söylediğim şeyi deneyimlediğiniz anda, onların büyük bir spiritüel güç içerdiğini anlayacağınıza inanıyorum ve bu durumda onlar sizin için kitabın en ödüllendirici bölümleri haline gelebilir. Dahası, her insan içinde aydınlanmanın tohumunu taşıdığından, ben sık sık içinizdeki *düşünenin* ardında bulunan *bilene,* spiritüel gerçeği hemen tanıyan, onunla rezonansa giren ve ondan güç alan derin benliğe hitap edeceğim.

Belli bölümlerden sonra yer alan ara-işareti (***) sizin okumayı bir an kesip, sessizleşip, az önce söylenenlerin gerçeğini hissedip deneyimlemeniz için bir öneridir. Metinde bunu doğal bir biçimde, kendiliğinden yapacağınız başka yerler de olabilir.

Siz kitabı okumaya başladığınızda, "Var'lık" ya da "mevcudiyet" gibi belli sözcüklerin anlamını ilk başta berrak bir biçimde anlamayabilirsiniz. Sadece okumaya devam edin. Okurken zihninizde ara sıra sorular ya da itirazlar belirebilir. Onlar büyük olasılıkla kitapta daha sonra yanıtlanacaktır, ya da öğretiye -ve kendinize- daha derinlemesine girdikçe sizin için önemsiz hale gelebilirler.

Lütfen, bu kitabı sadece zihninizle okumayın. Okurken hissedebileceğiniz herhangi bir "his-tepkisine" ve derinlerinizden gelen bir tanıma duygusuna dikkat edin. Ben size içinizin derinliklerinde zaten bilmediğiniz bir spiritüel gerçeği anlatamam. Benim yapabileceğim tek şey size unutmuş olduğunuz şeyi hatırlatmaktır. O zaman, kadim, ama aynı zamanda daima yeni olan canlı bilgi aktive olur ve bedeninizin her bir hücresinden salınır.

Zihin daima kategorize etmek ve kıyaslamak ister, ama eğer siz bu kitabın terminolojisini diğer öğretilerinkiyle kıyaslamazsanız o sizin işinize daha çok yarayacaktır; aksi takdirde, büyük olasılıkla kafanız karışabilir. Ben "zihin," "mutluluk," ve "bilinç" gibi sözcükleri diğer öğretilerden biraz daha farklı bir biçimde kullanıyorum. Herhangi bir sözcüğe bağlı olmayın. Onlar sadece, mümkün olduğunca çabuk bir biçimde geride bırakılması gereken atlama taşlarıdır.

Ben ara sıra İsa'nın, Buda'nın sözlerinden, *Mucizeler Kursu*'ndan ya da diğer öğretilerden alıntı yaptığımda, bunu kıyaslamak için değil, dikkatinizi birçok değişik formda gelse de daima *özde* tek bir spiritüel öğreti olduğu gerçeğine çekmek için yapıyorum. Kadim dinler gibi, bu formların bazıları dıştan gelen malzemeyle öyle kaplanmıştır ki spiritüel özleri neredeyse tamamen örtülmüştür. Bu yüzden onların daha derin anlamları büyük ölçüde tanınmaz ve anlaşılmaz hale gelmiş ve dönüştürücü güçleri kaybolmuştur. Ben kadim dinlerden ya da diğer öğretilerden alıntı yaptığımda, bunun onların -özellikle bu dinlerin ya da öğretilerin takipçileri olan okurlar için- daha derin anlamlarını açığa çıkarmak ve böylece dönüştürücü güçlerini yeniden kazandırmak için yapıyorum. Ben onlara şunu söylüyorum: gerçeği başka bir yerde aramanız gerekmez. Sadece size zaten sahip olduğunuz şeye nasıl daha derin bir biçimde girebileceğinizi göstermeme izin verin.

Bununla birlikte, çoğunlukla, geniş bir insan kitlesine erişebilmek için mümkün olduğunca doğal bir terminoloji kullanmaya çalıştım. Bu kitap zamanımız için tek bir ebedi spiritüel öğretinin, tüm dinlerin özünün yeniden bildirilmesi olarak görülebilir. O dış kaynaklardan değil, içimizdeki tek gerçek Kaynaktan alınmıştır, böylece o hiçbir teori, kurgu ya da tahmin içermemektedir. Ben içsel deneyimimden konuşuyorum ve eğer zaman zaman zorlayıcı bir biçimde konuşursam, bu zihinsel direncin ağır tabakalarını yarıp geçerek içinizdeki o yere, tıpkı benim bildiğim gibi *bilen* ve gerçeği duyduğunda tanıyan o yere erişmek içindir. O zaman büyük bir coşku ve yüksek bir canlılık hissedebilirsiniz ve içinizdeki bir şey, "Evet. Bunun doğru olduğunu biliyorum," diyebilir.

1

SİZ ZİHNİNİZ DEĞİLSİNİZ

Aydınlanmanın Önündeki En Büyük Engel

Aydınlanma nedir?

Bir dilenci otuz yıldır bir yol kenarında oturmaktadır. Bir gün onun önünden bir yabancı geçer. Dilenci, eski şapkasını mekanik bir biçimde ona da uzatarak, "Allah rızası için bir sadaka," der. "Benim sana verecek hiçbir şeyim yok," der yabancı. Sonra, "Sen neyin üzerinde oturuyorsun?" diye sorar. "Hiçbir şey," diye yanıtlar dilenci. "Sadece eski bir sandık. Kendimi bildim bileli onun üzerinde oturuyorum." "Onun içine hiç bakmadın mı?" diye sorar yabancı. "Hayır," der, dilenci. "Niye bakayım ki, onun içinde hiçbir şey yok." "Sen yine de bir bak," diye ısrar eder yabancı. Dilenci yerinden kalkar ve biraz uğraştıktan sonra sandığın kapağını açmayı başarır. Ve o, şaşkınlık ve sevinç içinde, sandığın altınla dolu olduğunu görür.

Ben size verecek bir şeyi olmayan ve size içinize bakmanızı söyleyen o yabancıyım. Bu meselde olduğu gibi herhangi bir sandığın içine değil, çok daha yakın bir yere, kendi içinize bakmanızı söyleyen biri...

"Ama, ben bir dilenci değilim ki," dediğinizi işitir gibiyim.

Gerçek serveti, yani Var'lığın ışık saçan sevincini ve ona eşlik eden derin, sarsılmaz huzuru bulamamış olanlar, büyük bir maddi servete sahip olsalar dahi, dilencidirler. Onlar haz ve doyum kırıntılarını, onaylanmayı, güvenliği ya da sevgiyi dışarıda aramaktadırlar, oysa onların içinde sadece bu şeyleri içeren değil, dünyanın sunabileceğinden sonsuz derecede daha büyük bir hazine vardır.

Aydınlanma sözcüğü insan-üstü bir başarı fikrini çağrıştırır ve ego bunu böyle tutmayı sever; oysa aydınlanma sizin Var'lık ile bir'liği *hissetmenizden*, bu doğal halinizden başka bir şey değildir. O, ölçülemez ve yok edilemez bir şeyle, aslında siz olan, ama yine de sizden çok daha büyük bir şeyle birlik halidir. O ismin ve formun ötesinde bulunan gerçek doğanızı bulmaktır. Bu birliği hissedememe, kendinizden ve çevrenizdeki dünyadan ayrı olduğunuz illüzyonuna yol açar. O zaman siz kendinizi, bilinçli ya da bilinçsiz olarak, tecrit olmuş bir parça olarak algılarsınız. Bu durumda korkuya kapılırsınız ve içinizde ve dışınızda yaşadığınız çatışma normal haliniz haline gelir.

Ben Buda'nın aydınlanmayı basitçe "ıstırabın sonu" olarak tanımlayışını severim. Bunda insan-üstü bir şey yoktur, öyle değil mi? Kuşkusuz, bu eksik bir tanımlamadır. O bize sadece aydınlanmanın ne olmadığını söyler: yani, ıstıraplı bir hal olmadığını. Ama, artık ıstırap yoksa geriye ne kalmıştır? Buda bu konuda sessiz kalmıştır ve onun sessizliği bunu bizim bulmak zorunda olduğumuzu ima eder. Buda, olumsuz bir tanımlama kullanmıştır ki zihin onu inanacak bir şey haline, ya da insan-üstü bir başarı haline, erişmemizin olanaksız olduğu bir hedef haline getiremesin. Onun bu basiretli yaklaşımına karşın, Budistler'in çoğu hâlâ aydınlanmanın Buda için olduğuna -en azından bu yaşamda- kendileri için olmadığına inanır.

Siz Var'lık *sözcüğünü kullandınız. Bununla ne demek istediğinizi açıklayabilir misiniz?*

Var'lık, doğuma ve ölüme tâbi sayısız yaşam formunun ötesindeki sonsuz ve daima-var olan Bir (Tek) Yaşam'dır. Bununla birlikte, Var'lık sadece her formun ötesinde değil, aynı zamanda her formun derinliklerinde de bulunur, çünkü o her formun en içteki, görünmez ve yok edilemez özüdür. Bu onun sizin en derin benliğiniz, gerçek doğanız olduğu ve sizin ona ulaşabileceğiniz anlamına gelir. Ancak, onu zihninizle kavramaya çalışmayın. Onu anlamaya çalışmayın. Siz onu ancak zihin sessizleştiğinde bilebilirsiniz. Siz orada mevcutken, dikkatiniz tam ve yoğun bir biçimde Şimdi'de bulunurken, Var'lık hissedilebilir, ama o asla zihnen anlaşılamaz. Var'lığın farkındalığını yeniden kazanmak ve o "hissetme-idrakinde" kalabilmek aydınlanmadır.

***

Siz Var'lık *derken, Tanrı'dan mı söz ediyorsunuz? Eğer öyleyse neden Tanrı demiyorsunuz?*

Tanrı sözcüğü binlerce yıldır kötüye kullanıldığı için anlamını yitirmiştir. Ben onu bazen -tedbirli bir biçimde- kullanırım. Kötüye kullanmak derken, ben bu sözcüğün ardındaki kutsal âlemi, sonsuz enginliği bir an için bile görmemiş insanların, bu sözcüğü, sanki neden söz ettiklerini biliyorlarmış gibi, büyük bir inançla kullanmalarını kastediyorum. Ya da onlar -neyi yadsıdıklarını biliyorlarmış gibi- Tanrı sözcüğüne karşı çıkıyorlar. Bu kötüye-kullanma "*Bizim* Tanrımız tek gerçek Tanrıdır, *sizin* Tanrınız sahtedir," ya da Nietzche'nin ünlü sözü "Tanrı öldü" gibi saçma inançlara, iddialara ve egonun yanılgılarına neden olur.

Tanrı sözcüğü kapalı bir kavram haline gelmiştir. Bu sözcük, söylendiği anda zihinsel bir imaj yaratır, bu belki artık beyaz sakallı yaşlı bir adam imajı değildir, ama yine de sizin dışınızdaki birinin ya da bir şeyin zihinsel bir temsilidir; ve evet, bu biri ya da bir şey neredeyse kaçınılmaz bir biçimde hep *erkek* olarak algılanır.

Ne *Tanrı,* ne *Var'lık* ne de başka herhangi bir sözcük, sözcüğün ardındaki tarif olunamaz realiteyi tanımlayamaz ya da açıklayamaz, bu yüzden tek önemli soru kullanılan sözcüğün, işaret ettiği şeyi deneyimlemenize yardımcı mı olduğu, yoksa engellediği midir. O kendisinin ötesindeki o aşkın realiteyi mi işaret etmektedir, yoksa sadece inandığınız bir fikre, zihinsel bir puta dönüşmesine yardımcı mı olmaktadır?

Var'lık sözcüğü hiçbir şeyi açıklamaz, Tanrı sözcüğü de öyle. Bununla birlikte, *Var'lık* sözcüğü açık bir kavram olma avantajına sahiptir. O sonsuz ve görünmez olanı sonlu bir varlığa indirgemez. Onun zihinsel bir imgesini oluşturmak olanaksızdır. Hiç kimse Var'lığa tek başına sahip olduğunu iddia edemez. O sizin ta özünüzdür ve ona kendi mevcudiyetinizin hissi olarak, *Ben'im (I am)* idraki olarak bir anda ulaşabilirsiniz. Böylece *Var'lık* sözcüğü Var'lık deneyiminden sadece bir adım uzaktadır.

***

Bu realiteyi deneyimlemenin önündeki en büyük engel nedir?

Zihninizle özdeşleşme, ki bu düşünmenin durdurulamaz ve istem-dışı hale gelmesine neden olur. Düşünmeyi durduramamak korkunç bir derttir, ama biz bunu fark etmeyiz, çünkü hemen herkes bu derdi çekmektedir, böylece o normal bir durum olarak kabul edilir. Bu ardı arkası kesilmez zihinsel gürültü sizin Var'lığa ayrılmaz bir biçimde bağlı olan o içsel sessizlik ve sükûnet âlemini bulmanızı engeller. O ayrıca bir korku ve ıstırap gölgesi oluşturan sahte, zihin-ürünü bir benlik yaratır. Bunun üzerinde daha sonra daha ayrıntılı bir biçimde duracağız.

Filozof Descartes ünlü, "Düşünüyorum, o halde varım," bildiriminde bulunduğunda, en temel gerçeği bulduğuna inanıyordu. O, aslında en temel yanlışı ifade etmişti; o düşünmeyi Var'lığa ve kimliği düşünmeye eşitlemişti. İstem-dışı düşünür -ki hemen herkes bu durumdadır- aşikâr bir ayrılık hali içinde, sürekli sorunlardan ve çatışmadan oluşan delicesine karmaşık bir dünyada, zihnin sürekli-artan parçalanmasını yansıtan bir dünyada yaşar. Aydınlanma bir bütünlük, "bir olma", dolayısıyla huzur içinde olma halidir. O hem yaşamın tezahür etmiş veçhesi ile, dünya ile bir olmak, hem de en derin benliğinizle ve tezahür etmemiş yaşamla, Var'lıkla bir olmaktır. Aydınlanma sadece ıstırabın ve kendi içinizdeki ve dışınızdaki sürekli çatışmanın sonu değil, aynı zamanda kesintisiz düşünmenin korkunç esaretinin sonudur. Bu ne inanılmaz bir özgürlüktür!

Zihninizle özdeşleşme tüm gerçek ilişkinin önünü kesen donuk bir kavramlar, etiketler, imgeler, sözcükler, yargılar ve tanımlamalar perdesi yaratır. O sizinle kendinizin, sizinle diğer insanların, sizinle doğanın, sizinle Tanrı'nın arasına girer. Ayrılık illüzyonunu, sizin "diğerlerinden" tümüyle ayrı olduğunuz illüzyonunu yaratan bu düşünce perdesidir. O zaman siz -fiziksel görünümler ve ayrı formlar düzeyinin altında- *olan* her şeyle bir olduğunuz asli gerçeğini unutursunuz. "Unutmaktan" kastım, sizin artık bu bir'liği aşikâr bir realite olarak *hissedememenizdir*. Siz onun doğru olduğuna *inanabilirsiniz,* ama artık onun doğru olduğunu *bilmezsiniz.* Bir inanç rahatlatıcı olabilir. Ancak, o sadece sizin onu deneyimlemeniz yoluyla özgürleştirici hale gelir.

Düşünmek bir hastalık haline gelmiştir. Hastalık bir şeylerin dengesi bozulunca ortaya çıkar. Örneğin, bedende hücrelerin bölünmesi ve çoğalmasında yanlış bir şey yoktur, ama bu işlem tüm organizmaya aldırmadan sürdüğünde, hücreler dengesizce çoğalır ve biz hastalanırız.

Not: Zihin, eğer doğru biçimde kullanılırsa, muhteşem bir alettir. Ama, yanlış biçimde kullanılırsa, çok yıkıcı bir hale gelir. Meseleyi daha doğru biçimde koymak gerekirse, bu sizin zihninizi yanlış biçiminde kullanmanızdan değil, genelde hiç kullanmamanızdan kaynaklanır. O *sizi* kullanır. Hastalık da budur. Siz zihin *olduğunuza* inanırsınız. Yanılgı budur. Böylece alet sizi ele geçirmiştir, o sizi yönetmektedir.

Bu konuda sizinle tam aynı fikirde değilim. Benim de çoğu insan gibi bir hayli amaçsız bir biçimde düşündüğüm doğru, ama ben yine de zihnimi bazı şeyleri elde etmekte ve başarmakta kullanabilirim ve bunu her zaman yaparım.

Sizin sırf bir çapraz bilmeceyi çözebilmeniz ya da bir atom bombası yapabilmeniz, zihninizi kullandığınız anlamına gelmez. Köpeklerin kemik çiğnemeyi sevmeleri gibi, zihin de sorunları çiğnemekten hoşlanır. İşte bu yüzden o çapraz bilmeceler yapar ve atom bombaları yaratır. Her ikisinde de *sizin* bir çıkarınız yoktur. Size şunu sorayım: siz her istediğinizde zihninizden, düşüncelerden kurtulabilir misiniz? "Kapatma" düğmesini buldunuz mu?

Siz bununla düşünmeyi tümüyle durdurmayı mı kastediyorsunuz? Hayır, bunu -çok kısa bir süre dışında- yapamam.

O halde zihin sizi kullanmaktadır. Siz onunla bilinçsiz bir biçimde özdeşleşmişsinizdir, bu yüzden de onun kölesi olduğunuzun farkında bile değilsinizdir. Bu siz farkında olmadan bir varlığın size hâkim olmasına benzer, böylece siz o varlığı kendiniz olarak algılarsınız. Özgürlüğün başlangıcı sizin o hükmeden varlık -yani, düşünen- olmadığınızı idrak etmektir. Bunu bilmek sizin o varlığı gözlemlemenizi mümkün kılar. Siz *düşü-*

neni izlemeye başladığınız anda, daha yüksek bir bilinç düzeyi harekete geçer. O zaman siz düşüncenin ötesinde engin bir zekâ âleminin bulunduğunu, o düşüncenin o zekânın sadece minicik bir veçhesi olduğunu fark etmeye başlarsınız. Ayrıca, gerçekten önemli olan her şeyin -güzellik, sevgi, yaratıcılık, sevinç ve iç huzurunun- zihnin ötesinden kaynaklandığını da fark edersiniz. Böylece uyanmaya başlarsınız.

***

Kendini Zihinden Kurtarmak

"Düşüneni izlemek" derken tam olarak neyi kastediyorsunuz?

Birisi doktora gidip, "Ben kafamın içinde bir ses duyuyorum," dese, doktor onu büyük olasılıkla bir psikiyatriste gönderecektir. Oysa gerçek şu ki, çok benzer bir biçimde, herkes her zaman başının içinde bir ya da birkaç ses duyar: bunlar -onları durdurma gücüne sahip olduğunuzu fark etmediğiniz- istemdışı düşünce süreçleridir. Bunlar sürüp giden monologlar ya da diyaloglardır.

Siz de sokaklarda kendi kendisine durmadan konuşan ya da mırıldanan "kaçık" insanlarla karşılaşmışsınızdır. Eh, bu sizin ve diğer "normal" insanların yaptıklarından pek farklı değildir, sadece siz bunu yüksek sesle yapmazsınız, o kadar. Bu ses yorumda bulunur, tartışır, yargılar, kıyaslar, yakınır, beğenir, beğenmez vs. Bu ses ille de o sırada içinde bulunduğunuz durumla ilgili olmayabilir; o geçmişte olmuş şeyleri yeniden canlandırıyor, ya da gelecekte olabilecek şeyleri imgeliyor, onların provasını yapıyor olabilir. O, çoğunlukla, işlerin ters gittiğini, yani olumsuz sonuçları imgeler; buna endişe denir. Bazen bu sese görsel imgeler ya da "zihinsel filmler" de eşlik eder. Bu ses o anda içinde bulunduğunuz durumla ilgili olsa bile, o bu durumu geçmiş deneyimlere göre yorumlayacaktır. Çünkü bu ses sizin -hem tüm geçmişinizin hem de miras aldığınız ortak kültürel düşünce biçiminin bir sonucu olan- koşullanmış zihninize aittir. Böylece, siz mevcut durumu geçmişin gözleriyle görür, yargılar ve onunla ilgili tümüyle çarpıtılmış bir görüş elde edersiniz. Bu sesin bir insanın en kötü düşmanı olması yaygın görülen bir durumdur. Birçok insan kafasında -sürekli kendisine saldırıp onu cezalandıran ve yaşam enerjisini tüketen- bir işkenceciyle yaşar. Bu hem tarifsiz bir ıstırap ve mutsuzluğun, hem de hastalıkların nedenidir.

İyi haber şu ki siz kendinizi zihnin bu esaretinden *kurtarabilirsiniz.* Bu tek gerçek özgürlüktür. Hemen şimdi bu konuda ilk adımı atabilirsiniz. Kafanızdaki bu sesi dinleyin ve bunu elinizden geldiğince sık bir biçimde yapın. Özellikle, tekrarlanıp duran düşünce kalıplarına, zihninizde belki yıllardır çalıp duran o eski plâklara dikkat edin. Benim "düşüneni izlemekten" kastettiğim şey budur, ki bu "kafanızdaki sesi dinleyin, orada bir tanık olarak *bulunun*" demenin bir başka yoludur.

Siz bu sesi tarafsız bir biçimde, yani yargılamadan dinlemelisiniz. İşittiğiniz şeyi yargılamayın ya da suçlamayın, çünkü böyle yapmak aynı sesin bu kez arka kapıdan gelmesine neden olur. Çok geçmeden şunu fark edeceksiniz: ses *vardır* ve *ben* burada onu dinliyorum, izliyorum. Bu *ben* farkındalığı, bu kendi mevcudiyetinizi hissetmeniz, bir düşünce değildir. O zihnin ötesinden yükselir.

***

Böylece, siz bir düşünceyi dinlerken, sadece düşüncenin değil, kendinizin de -düşüncenin tanığı olarak- farkında olursunuz. Böylece, ortaya yeni bir bilinç boyutu çıkar. Siz düşünceyi dinlerken, düşüncenin ardında bilinçli bir mevcudiyeti -daha derin benliğinizi- hissedersiniz. O zaman düşünce üzerinizdeki gücünü yitirir ve hızla batıp kaybolur, çünkü siz artık zihne -onunla özdeşleşerek- güç vermemektesinizdir. Bu istemdışı ve kesintisiz biçimde düşünmenin sonunun başlangıcıdır.

Bir düşünce battığında, siz zihinsel akışta bir kesinti -bir düşünce-sizlik boşluğu- deneyimlersiniz. İlk önce bu aralıklar, boşluklar belki birkaç saniye kadar, yani kısa sürecektir, ama onlar yavaş yavaş uzayacaktır. Bu boşluklar ortaya çıktığında, siz içinizde belirli bir sessizlik ve huzur hissedersiniz. Bu sizin Var'lık ile bir olduğunuzu hissettiğiniz doğal halinizin -ortaya çıkması zihin tarafından engellenen o halin- başlangıcıdır. Uygulama sonucunda, bu sessizlik ve huzur duygusu derinleşecektir. Aslında, onun derinliğinin bir sonu yoktur. Siz ayrıca içinizin derinliklerinden süptil bir sevincin yükseldiğini de hissedeceksiniz; bu, Var'lığın sevincidir.

Bu transa benzer bir hal değildir. Kesinlikle değildir. Burada bilinç hiçbir biçimde yitirilmez. Bunun tam tersi olur. Eğer huzurun bedeli bilincinizi zayıflatmak ise, eğer sessizliğin bedeli canlılığınızı ve uyanıklığınızı yitirmek ise, o zaman onlara sahip olmaya değmez. Bu içsel birleşme hali içinde, siz zihinle-özdeşleştiğiniz hale kıyasla çok daha uyanık ve farkında olursunuz. Siz orada tümüyle mevcut olursunuz. Bu ayrıca fiziksel bedene yaşam veren enerji alanının titreşim frekansını da yükseltir.

Siz -ona Doğu'da verilen isimle- bu düşünce-sizlik âleminin daha derinlerine dalarken, saf bilinç halini fark edersiniz. O hal içinde, kendi mevcudiyetinizi öyle bir yoğunluk ve sevinçle hissedersiniz ki, bununla kıyaslandığında, tüm düşünceler, duygular, fiziksel bedeniniz ve tüm dış dünya önemsiz hale gelir. Ancak, bu bencil değil, benlik-ötesi bir haldir. O sizi daha önce "kendi benliğiniz" olarak düşündüğünüz şeyin ötesine götürür. Bu mevcudiyet aslında sizsinizdir, ama o aynı zamanda sizden hayal edilemez biçimde daha büyük bir şeydir. Benim burada anlatmaya çalıştığım şey size çelişkili, hatta aykırı gelebilir, ama onu ifade etmenin başka bir yolunu bulamıyorum.

***

"Düşüneni izlemek" yerine, siz ayrıca dikkatinizi Şimdi'ye yönelterek de düşünce akışında bir kesinti, bir boşluk yaratabilirsiniz. Sadece içinde bulunduğunuz anın yoğun bir biçimde bilincinde olun. Bu derin bir doyum veren bir şeydir. Bu yolla, bilincinizi zihinsel faaliyetten uzaklaştırıp, son derece uyanık ve farkında olduğunuz, ama düşünmediğiniz, bir düşünce-sizlik boşluğu yaratırsınız. Bu meditasyonun özüdür.

Günlük yaşamınızda bunu, normalde bir vasıta olan rutin bir faaliyete tüm dikkatinizi vererek, böylece onu kendi başına bir amaç haline getirerek uygulayabilirsiniz. Örneğin, evinizde ya da işyerinizde merdivenleri inip çıktığınız her seferinde, her adımınıza, her hareketinize, hatta soluk alıp verişinize bile çok dikkat edin. Tümüyle orada olun. Ya da, ellerinizi yıkarken, bu faaliyetle ilişkili tüm duyusal algılara, suyun sesine ve verdiği hisse, ellerinizin hareketine, sabunun kokusuna vs. dikkat edin. Veya arabanıza bindiğinizde, kapıyı kapattıktan sonra, birkaç saniye durun ve nefesinizin akışını izleyin. Sessiz ama güçlü bir mevcudiyet duygusunun farkında olun. Bu uygulamada başarınızı tek bir ölçütle ölçebilirsiniz: içinizde duyduğunuz huzurun derecesiyle.

***

Böylece, aydınlanma yolculuğunuzda tek en önemli adım şudur: Zihninizden ayrılmayı, onunla özdeşleşmemeyi öğrenmek. Düşünce akışınızda bir aralık, bir boşluk yarattığınız her seferinde bilincinizin ışığı güçlenir.

Bir gün kendinizi, kafanızdaki sese bir çocuğun maskaralıklarına gülümsediğiniz gibi gülümserken yakalayabilirsiniz. Bu sizin artık zihninizin içeriğini o kadar ciddiye almadığınız anlamına gelir, çünkü artık benlik duygunuz ona dayanmamaktadır.

Aydınlanma: Düşüncenin Üzerine Yükselmek

Düşünmek bu dünyada yaşayabilmek için gerekli bir şey değil midir?

Bakın, zihniniz sadece bir alettir. O orada belirli bir işte kullanılmak üzere bulunmaktadır ve bu iş tamamlandığında, siz bu aleti bir kenara bırakırsınız. Çoğu insanın düşüncelerinin yüzde 80 ila 90'ının sadece yararsız, boş ve tekrarlanan düşünceler olmakla kalmadığını, bunların çoğunlukla olumsuz doğasından ötürü zararlı olduğunu da söyleyebilirim. Düşüncelerinizi gözlemleyin, bunun doğru olduğunu göreceksiniz. O yaşam enerjisinin ciddi bir biçimde sızıp gitmesine neden olur.

Bu tür kesintisiz, adeta istem dışı düşünme aslında bir bağımlılıktır. Bir bağımlılığın tipik özelliği nedir? Basitçe ifade edersek, siz artık onu bırakma seçimine sahip olmadığınızı hissedersiniz. O sizden daha güçlü görünür. O ayrıca size sahte bir haz duygusu verir; bu kaçınılmaz bir biçimde acıya dönüşecek bir hazdır...

Biz düşünmeye neden bağımlı olalım ki?

Çünkü siz onunla özdeşleşmişsinizdir, bu da benlik duygunuzu zihninizin içeriğinden ve faaliyetinden aldığınız anlamına gelir. Çünkü siz düşünmeye son verdiğinizde sizin de var olmayacağınıza inanırsınız. Siz büyürken kendinizle, kim olduğunuzla ilgili -kişisel ve kültürel koşullanmanıza dayanan- bir zihinsel imaj oluşturursunuz. Biz buna hayalet benlik, ego diyebiliriz. O zihin faaliyetinden oluşur ve ancak kesintisiz düşünmeyle sürdürülebilir. Ego terimi farklı insanlara farklı şeyler ifade eder, ama ben burada onu zihinle bilinçsizce özdeşleşme sonucunda yaratılan sahte bir benlik anlamında kullanıyorum.

Ego için şimdiki an mevcut değildir. O sadece geçmişi ve geleceği önemli görür. Gerçeğin bu tam tersine çevrilişi egosal zihnin bu kadar bozuk-işlevli oluşunun nedenini oluşturur. O daima geçmişi canlı tutmakla ilgilenir, çünkü geçmişiniz olmadan siz kimsinizdir? O varlığının sürmesini sağlamak ve orada bir tür rahatlık, kurtuluş ya da doyum aramak için kendisini sürekli geleceğe projekte eder. O der ki: "Bir gün bu ya da şu gerçekleştiğinde ben iyi, mutlu, huzurlu olacağım." Ego şimdi ile, yaşanan an ile ilgileniyormuş göründüğünde bile, onun gördüğü şey şimdi değildir: O yaşanan an'ı geçmişin gözleriyle gördüğünden, onu tümüyle yanlış algılar. Ya da, yaşanan an'ı -hedefe götüren- bir vasıtaya indirger, ki bu daima zihnin-projekte-ettiği gelecekte yatan bir hedeftir. Zihninizi gözlemleyin, bunun böyle işlediğini göreceksiniz.

Şimdiki an özgürlüğün anahtarını barındırır. Ama, siz zihniniz *olduğunuz* sürece şimdiki an'ı bulamazsınız.

Ben analiz etme ve ayırt etme yeteneğimi yitirmek istemiyorum. Daha berrak, daha odaklanmış bir biçimde düşünmeye itirazım yok, ama zihnimi yitirmek istemiyorum. Düşünce armağanı bizim sahip olduğumuz en değerli şeydir. Onsuz, biz ancak bir başka hayvan türü oluruz.

Zihnin hâkimiyeti bilincin tekâmülünde bir aşamadan başka bir şey değildir. Bizim şimdi acil bir durumdan ötürü bir sonraki aşamaya geçmemiz gerekiyor; aksi takdirde bir canavara dönüşmüş olan zihin tarafından yok edilebiliriz. Ben bu konu üzerinde daha sonra ayrıntılı bir biçimde duracağım. Düşünmek ve bilinç eşanlamlı değildir. Düşünmek bilincin sadece küçük bir veçhesidir. Düşünce bilinç olmadan var olamaz, ama bilincin düşünceye ihtiyacı yoktur.

Aydınlanma, düşüncenin üzerine yükselmek demektir, düşüncenin altındaki bir düzeye, bir hayvan ya da bitki düzeyine geri düşmek değil. Aydınlanmış halde, siz düşünen zihninizi yine, gerektiğinde kullanırsınız, ama bunu eskisinden çok daha odaklanmış ve etkili bir biçimde yaparsınız. Siz onu çoğunlukla pratik amaçlarla kullanırsınız, ama şimdi istem dışı iç diyalogdan kurtulmuşsunuzdur ve içsel bir sessizlik ve sükûnet vardır. Siz zihninizi kullandığınızda ve özellikle yaratıcı bir çözüme ihtiyacınız olduğunda, her birkaç dakikada bir düşünce ile sessizlik, düşünce ile düşünce-sizlik arasında gidip gelirsiniz. Düşünce-sizlik hali düşüncesiz bilinçtir. Ancak bu şekilde yaratıcı biçimde düşünmek mümkündür, çünkü ancak bu şekilde düşünce gerçek bir güce sahip olabilir. Düşünce çok daha geniş bilinç âlemine bağlı olmadan, tek başına hızla kısır, anlamsız ve yıkıcı hale gelir.

Zihin aslında hayatta kalmanızı sağlayan bir makinedir. O, diğer zihinlere saldırı ya da onlara karşı kendini savunma, bilgi toplama, depolama ve analiz etme konularında iyidir, ama kesinlikle yaratıcı değildir. Tüm gerçek sanatçılar, bunu bilseler de bilmeseler de, bir düşünce-sizlik yerinden, içsel sessizlikten yaratırlar. Zihin sonra bu yaratıcı dürtüyü ya da içgörüyü şekillendirir, ona form verir. Büyük bilim adamları bile yaratıcı hamlelerinin zihinsel bir sessizlik zamanında geldiğini bildirmişlerdir. Amerika'nın, Einstein dahil olmak üzere, en seçkin matematikçileri arasında yapılan bir araştırmanın şaşırtıcı sonucu, onların çalışma yöntemlerinde düşünmenin "yaratıcı eylemin kısa, sonucu belirleme aşamasında küçük bir rol oynadığını" göstermişti.* Böylece, diyebiliriz ki bilim adamlarının büyük çoğunluğunun yaratıcı *olmamalarının* basit nedeni onların nasıl düşüneceklerini bilmemeleri değil, düşünmeyi nasıl durduracaklarını bilmemeleridir!

Dünya üzerindeki ya da bedeninizdeki yaşam mucizesi zihin yoluyla, düşünme yoluyla yaratılıp sürdürülmemiştir. Burada açıkça zihinden çok daha büyük bir akıl ve zekâ iş başındadır. Nasıl olur da, bir inç'in binde biri büyüklükte bir insan hücresi, DNA'sında, her biri altı yüz sayfadan oluşan bin kitabı dolduracak bilgi ve talimatlar içerebilir? Biz bedenin işleyişi hakkında daha çok şey öğrendikçe, onun içinde işleyen zekânın ne kadar engin olduğunu ve bu konuda ne kadar az şey bildiğimizi daha çok fark ediyoruz. Zihin onunla yeniden bağlantı kurduğunda, olağanüstü bir alete dönüşür. O zaman o kendisinden daha büyük bir şeye hizmet eder.

Duygu: Bedenin Zihninize Tepkisi

Peki, duygular hakkında ne diyeceksiniz? Ben zihnimden daha çok duygularıma kapılıp gidiyorum.

Ben zihin derken, bu sözcükle sadece düşünceleri kastetmiyorum. O aynı zamanda sizin duygularınız ve tüm bilinçsiz zihinsel-duygusal tepki kalıplarınızı da içerir. Duygu zihnin ve bedenin buluştuğu yerde ortaya çıkar. O bedenin zihninize gösterdiği tepkidir, ya da buna, zihninizin bedendeki bir yansıması da diyebiliriz. Örneğin, bir saldırı düşüncesi ya da düşmanca bir düşünce bedende öfke dediğimiz bir enerji birikimi yaratacaktır. Beden böylece dövüşmeye hazırlanır. Fiziksel ya da psi-

---

*A. Koestler, The Ghost in the Machine (Arkana, Londra 1989), s.180.

kolojik olarak tehdit edildiğiniz düşüncesi bedenin kasılmasına neden olur ve bu korku dediğimiz şeyin fiziksel yanıdır. Araştırmalar güçlü duyguların bedenin biyokimyasında bile değişikliklere neden olduğunu göstermiştir. Bu biyokim-yasal değişiklikler duygunun fiziksel ya da maddesel veçhesini temsil ederler. Kuşkusuz, siz tüm düşünce kalıplarınızın bilincinde değilsinizdir ve genelde yalnızca duygularınızı izleme yoluyla onları fark edebilirsiniz.

Düşüncelerinizle, hoşlandığınız ve hoşlanmadığınız şeylerle, yargılarınızla ve yorumlarınızla daha çok özdeşleştikçe, yani izleyen bilinç olarak orada daha az mevcut oldukça, siz bunun farkında olsanız da olmasanız da, duygusal enerji birikimi daha güçlü olacaktır. Eğer duygularınızı hissedemezseniz, eğer onlarla bağlantınız kesilmişse, en sonunda onları fiziksel düzeyde bir hastalık ya da hastalık belirtisi olarak deneyimleyeceksinizdir. Geçmiş yıllarda bu konu hakkında bir hayli şey yazılmıştır, o yüzden burada bu konuya girmemiz gerekmiyor. Güçlü bir bilinç-dışı duygusal kalıp sizin dışınızda, bir olay olarak bile tezahür edebilir. Örneğin, ben, içlerinde bir hayli öfke barındıran, ancak bunun farkında olmayan ve bu öfkeyi ifade etmeyen insanların diğer öfkeli insanların -çoğunlukla, görünürde bir neden olmadan- sözlü, hatta fiziksel saldırılarına uğradıklarını gözlemlemişimdir. Onların yaptıkları güçlü öfke yayını belirli insanlar tarafından bilinçaltı olarak algılanmakta ve onların gizli öfkelerini harekete geçirmektedir.

Eğer siz duygularınızı hissetmekte zorlanıyorsanız, işe dikkatinizi bedeninizin içsel enerji alanında odaklayarak başlayın. Bedeninizi içten-doğru hissedin. Bu ayrıca sizi duygularınızla temasa geçirecektir. Bunu daha sonra daha ayrıntılı bir biçimde araştıracağız.

***

Siz bir duygunun zihnin bedendeki bir yansıması olduğunu söylüyorsunuz. Ama, bazen ikisinin arasında bir çatışma olur: zihin "hayır" derken, duygu "evet" der, ya da bunun tersi olur.

Eğer zihninizi gerçekten tanımak istiyorsanız, beden size daima doğru bir yansıma verecektir, bu yüzden duyguya bakın, ya da daha iyisi, onu bedeninizde *hissedin*. Eğer onların arasında belirgin bir çatışma varsa, burada düşünce yalan, duygu gerçeği söylüyor olacaktır. Bu sizin kim olduğunuzla ilgili en yüksek gerçek değil, o sıradaki ruh halinizle ilgili görece gerçek olacaktır.

Yüzeydeki düşünceler ile bilinçsiz zihinsel süreçler arasında çatışma kesinlikle çok görülen, ortak bir durumdur. Siz bilinçsiz zihin faaliyetinizi *düşünceler olarak* fark edemeyebilirsiniz, ama o daima bedene *bir duygu olarak* yansıyacaktır ve siz bunu *fark edebilirsiniz*. Bir duyguyu bu şekilde izlemek, bir düşünceyi -daha önce tarif ettiğim gibi- dinlemek ya da izlemek ile temelde aynı şeydir. Aradaki tek fark, bir düşünce sizin kafanızda bulunurken, bir duygunun güçlü bir fiziksel unsura sahip olması ve böylece öncelikle bedende hissedilmesidir. O zaman siz -onun tarafından yönetilmeden- duygunun orada *olmasına* izin verebilirsiniz. Siz artık duygu *değilsinizdir*; siz izleyen, gözlemleyen mevcudiyetsinizdir. Eğer bunu uygularsanız, sizde bilinçsiz bulunan her şey bilincin ışığına çıkacaktır.

Öyleyse duygularımızı gözlemlemek düşüncelerimizi gözlemlemek kadar önemli, öyle mi?

Evet. Kendinize şunu sormayı alışkanlık haline getirin: Şu anda içimde ne olup bitiyor? Bu soru size doğru yönü gösterecektir. Ama, onu analiz etmeyin, sadece izleyin. Dikkatinizi içinizde odaklayın. Duygunun enerjisini hissedin. Eğer bir duygu mevcut değilse, dikkatinizi daha derinlere, bedeninizin içsel enerji alanına yöneltin. O, Var'lığa açılan kapıdır.

***

Bir duygu genelde büyütülmüş ve güçlendirilmiş bir düşünce kalıbını temsil eder ve onun çoğunlukla etkileyici enerji birikimi yüzünden, başlangıçta onu izleyebilecek kadar yeterince orada mevcut olmak kolay değildir. O sizi teslim almak, size hâkim olmak ister ve -eğer siz orada yeterince mevcut değilseniz- bunu çoğu kez başarır. Eğer siz orada mevcut olmadığınız için -ki bu normal bir şeydir- duyguyla bilinçsizce özdeşleşirseniz, duygu geçici olarak "siz" haline gelir. Çoğunlukla, sizin düşünüşünüz ile duygu arasında bir kısır döngü oluşur: onlar birbirini besler. Düşünce kalıbı kendisinin -bir duygu şeklinde- büyütülmüş bir yansımasını yaratır ve duygunun titreşim frekansı ilk düşünce kalıbını beslemeyi sürdürür. Zihnen duygunun nedeni olarak algılanan durum, olay ya da kişi üzerinde durarak, düşünce duyguyu enerjiyle besler, duygu da sonra düşünce kalıbını enerjiyle besler ve bu böyle sürüp gider.

Temelde, tüm duygular sizin ismin ve formun ötesinde kim olduğunuzla ilgili farkındalığınızı yitirmenizden kaynaklanan bir ilk, esas, ayırt edilmemiş duygunun biraz değişmiş halleridir. Onun ayırt edilmemiş doğasından ötürü, bu duyguyu tam olarak tarif edecek bir isim bulmak zordur. "Korku" bu duyguya yakındır, ama sürekli bir tehdit duygusunun ötesinde, o ayrıca derin bir terk edilmişlik ve eksiklik duygusu da içerir. En iyisi, o temel duygu kadar ayırt edilmemiş bir terim kullanıp, ona basitçe "acı" demek olabilir. Zihnin başlıca görevlerinden biri bu duygusal acıyla savaşmak ya da onu uzaklaştırmaktır, ki bu onun ardı arkası kesilmez faaliyetinin nedenlerinden biridir, ama zihnin yapabileceği tek şey bu acının üzerini geçici olarak örtmektir. Aslında, zihin bu acıdan kurtulmak için ne kadar uğraşırsa, acı da o kadar büyür. Zihin bunun çözümünü asla bulamaz ve sizin de bu çözümü bulmanıza izin veremez, çünkü o kendisi bu "sorunun" asli bir parçasıdır. Bir emniyet amirinin bir kundakçıyı bulmaya çalıştığını, ama kendisinin o kundakçı *olduğunu* düşünün. Siz benlik duygunuzu zihinle özdeşleşmekten, yani, ego'dan almaktan vazgeçene dek bu acıdan kurtulamazsınız. Siz bu özdeşleşmeyi bıraktığınızda zihin iktidardan düşer ve Var'lık kendisini sizin gerçek doğanız olarak açığa vurur.

Evet, şimdi ne soracağınızı biliyorum.

Şunu soracaktım: Sevgi ve sevinç gibi olumlu duygular için ne diyeceksiniz?

Onlar sizin doğal haliniz olan *Var'lığa içsel bağlılık* halinden ayrılmazlar. Her ne zaman düşünce akışında bir kesinti, bir boşluk meydana gelse, kısa sevgi, sevinç ya da derin huzur anları yaşanabilir. Çoğu insan için, böyle boşluklar nadiren ve tesadüfen, bazen zihnin büyük bir güzellik, aşırı fiziksel çaba, hatta büyük tehlike karşısında "konuşamaz" hale geldiği anlarda meydana gelir. Birden, içsel bir sessizlik olur. Ve o sessizlik içinde süptil ama yoğun bir sevinç vardır, sevgi vardır, huzur vardır.

Çoğunlukla, zihin düşünme denen gürültülü faaliyetine hızla yeniden başladığından, böyle anlar kısa sürer. Siz kendinizi zihnin hâkimiyetinden kurtarana dek sevgi, sevinç ve huzur büyüyüp gelişemez. Ama, onlar duygu değildirler. Onlar duyguların ötesinde çok daha derin bir düzeyde bulunurlar. Böylece, sizin önce duygularınızın tamamen bilincinde olmanız ve onları *hissedebilmeniz* gerekir ki, onların ötesinde bulunanı hissedebilesiniz. Duygu (emotion) aslında "karışıklık, rahatsızlık" anlamına gelir. Bu sözcük Latince bir sözcük olan ve "karıştırmak, rahatsız etmek" anlamına gelen *emovere*'den gelir.

Sevgi, sevinç ve huzur Var'lığın derin halleridir, ya da daha doğrusu, Var'lığa içsel bağlılık halinin üç veçhesidir. Böyle olduklarından, onların bir karşıtı, zıddı yoktur. Çünkü onlar zihnin ötesinden kaynaklanırlar. Öte yandan, duygular, dualistik zihnin bir parçası olduklarından, zıtlar yasasına tâbidirler. Bu basitçe, sizin kötü olmadan iyiye sahip olamayacağınız anlamına gelir. Böylece, aydınlanmamış, zihinle-özdeşleşme halinde, bazen yanlış bir biçimde sevinç olarak adlandırılan şey, çoğu kez, sürekli değişen acı/haz döngüsünün kısa-süren haz bölümüdür. Haz daima sizin dışınızdaki bir şeyden alınır, oysa sevinç içinizden yükselir. Bugün size haz veren bir şey yarın acı verebilir, ya da o gider ve yokluğu size acı verir. Ve çoğunlukla sevgi olarak görülen şey bir süre haz ve heyecan verici olabilir, ama o bağımlılık yaratıcı bir tutunma, bir anda zıddına dönüşebilecek bir aşırı muhtaçlık halidir. Böylece birçok "sevgi" ilişkisi, başlangıçtaki esrime hali geçtikten sonra, "sevgi" ile nefret, çekim ile saldırı arasında gider gelir.

Gerçek sevgi size ıstırap vermez. Bunu nasıl yapabilir ki? O birden nefrete dönüşmez, gerçek sevinç de acıya dönüşmez. Daha önce de söylediğim gibi, siz aydınlanmadan önce -kendinizi zihninizin esaretinden kurtarmadan önce- de kısa süren gerçek bir sevinç, gerçek sevgi ya da -bir yanda kendinizi çok canlı hissederken- derin bir iç huzuru yaşayabilirsiniz. Bunlar sizin gerçek doğanızın çoğunlukla zihin tarafından örtülüp saklanan veçheleridir. "Normal" bir alışkanlık-bağımlılık ilişkisi içinde bile, daha gerçek, daha asli bir şeyin, daha dürüst bir şeyin mevcudiyetinin hissedilebileceği anlar olabilir. Ama, bunlar çok geçmeden zihnin karışmasıyla yine örtülecek anlık şeyler olacaktır. O zaman bu size sahip olduğunuz çok değerli bir şeyi yitirmeniz gibi görünebilir, ya da zihniniz sizi bunun zaten bir illüzyon, bir yanılsama olduğuna ikna edebilir. Gerçek şu ki o bir illüzyon değildir ve siz onu yitiremezsiniz. O sizin zihin tarafından örtülebilecek, ama asla yok edilemeyecek doğal halinizin bir parçasıdır. Gökyüzü bulutlarla kaplanıp karardığında bile, güneş aslında yok olmamıştır. O hâlâ orada, bulutların ardında parlamaktadır.

Buda, acı ve ıstırabın arzular yüzünden ortaya çıktığını ve acıdan kurtulmak için arzu bağlarını koparmamız, yani arzulardan kurtulmamız gerektiğini söyler.

Tüm arzular zihnin Var'lığın sevinci yerine, dışsal şeylerde ve gelecekte kurtuluş ya da doyum aramasıdır. Ben zihnim olduğum sürece, ben bu arzular, bu gereksinimler, istekler bağlılıklar ve nefretlerimdir ve onlardan ayrı -salt bir olasılık, gerçekleşmemiş bir potansiyel, henüz filiz vermemiş bir tohum olanın dışında- bir "Ben" yoktur. O hal içindeyken, benim özgürleşme ya da aydınlanma arzum bile gelecekte doyum bulacak ya da gerçekleşecek bir başka arzudur. Bu yüzden, arzudan kurtulmuş hale gelmeye ya da aydınlanmaya "erişmeye" çalışmayın. Anda mevcut olun. Orada zihnin gözlemcisi olarak bulunun. Buda'dan alıntı yapmak yerine, Buda *olun,* "aydınlanmış varlık" *olun,* ki *Buda* sözcüğü bu anlama gelir.

İnsanlar inayet halinden düştüklerinden (mecazi olarak, cennetten kovulduklarından), zaman ve zihin âlemine girdiklerinden ve Var'lığın farkındalığını yitirdiklerinden beri, yani binlerce yıldır acının pençesinde olmuşlardır. O noktada, onlar kendilerini yabancı bir evrende -Kaynaktan ve birbirlerinden kopmuş bir halde- anlamsız parçalar olarak algılamaya başlamışlardır.

Siz zihninizle özdeşleştiğiniz sürece, ya da spiritüel bir deyişle, bilinçsiz olduğunuz sürece acı kaçınılmazdır. Ben burada, aslında, fiziksel acının ve hastalığın da ana nedeni olan duygusal acıdan söz ediyorum. İçerleme, nefret, kendine-acıma, suçluluk duygusu, öfke, depresyon, kıskançlık ve en hafif sinirlenme bile bir acı biçimidir. Ve her haz ya da duygusal yükseklik, içinde -ayrılmaz zıddı olan ve zamanla tezahür edecek olan- acının tohumunu taşır.

"Kafayı bulmak" için uyuşturucu kullanmış olan herkes o sırada duyulan yüksek hazzın eninde sonunda düşük bir hale dönüşeceğini, hazzın bir biçimde acıya dönüşeceğini bilir. Birçok insan ayrıca kendi deneyiminden yakın-mahrem bir ilişkinin nasıl kolayca ve hızla bir haz kaynağı olmaktan çıkıp bir acı kaynağına dönüşebileceğini bilir. Daha yüksek bir perspektiften görüldüğünde, olumlu ve olumsuz kutuplar aynı paranın iki yüzüdür, her ikisi de altta yatan ve zihinle-özdeşleşmiş egosal bilinç halinden ayrılmaz acının birer parçasıdır.

Acının iki düzeyi vardır: şimdi yarattığınız acı ve geçmişten gelen ve hâlâ zihninizde ve bedeninizde yaşayan acı. Şimdi acı yaratmayı bırakmak ve geçmiş acıyı ortadan kaldırmak, şimdi bundan söz etmek istiyorum.

2

BİLİNÇLİLİK: ACIDAN KURTULUŞ YOLU

Şimdi'de Daha Fazla Acı Yaratmayın

Kimsenin yaşamı acıdan ve üzüntüden tamamen arınmış değil. Bu durumda bu onlardan kaçınmak yerine, onlarla birlikte yaşamayı öğrenme meselesi değil mi?

İnsanın çektiği acının büyük bölümü gereksizdir. O gözlemlenmeyen zihin yaşamınızı yönettiği sürece kendi-yarattığınız bir şeydir.

Şimdi yarattığınız acı daima, *olanı* kabullenmemekten, *olana* bilinçsiz bir biçimde direnmekten kaynaklanır. Düşünce düzeyinde, direnme bir yargı biçimidir. Duygusal düzeyde, o bir olumsuzluk biçimidir. Acının yoğunluğu şimdiki an'a karşı direnmenin derecesine bağlıdır ve bu da zihninizle ne kadar güçlü bir biçimde özdeşleştiğinize bağlıdır. Zihin daima Şimdi'yi yadsımaya ve ondan kaçmaya çalışır. Bir başka deyişle, siz zihninizle ne kadar çok özdeşleşirseniz, o kadar çok acı çekersiniz. Ya da onu şöyle koyabiliriz: Siz Şimdi'yi ne kadar çok onurlandırır ve kabul ederseniz, acıdan, ıstıraptan -ve egosal zihinden- o kadar çok kurtulursunuz.

Zihin neden Şimdi'yi yadsıma ya da ona direnme alışkanlığındadır? Çünkü o -geçmiş ve gelecek olan- zaman olmadan işlev yapamaz ve kontrolü elinde tutamaz, böylece o zaman'sız-sonsuz Şimdi'yi bir tehdit olarak algılar. Zaman ve zihin aslında birbirinden ayrılmaz.

Bir an, Dünya'nın insan yaşamından yoksun olduğunu, onun üzerinde sadece bitkilerin ve hayvanların bulunduğunu hayal edin. Sizce o hâlâ bir geçmişe ve bir geleceğe sahip olur muydu? Bu durumda zamandan yine de anlamlı bir biçimde söz edebilir miydik? Eğer orada, "Saat kaç?" ya da "Bugün günlerden ne?" diye soracak biri yoksa, bu sorular gerçekten anlamsız olacaklardı. Meşe ağacı ya da kartal böyle bir soru karşısında şaşırabilirdi. "Ne zamanı?" diye soracaklardı onlar. "Eh, elbette o şimdi'dir. Zaman şimdidir. Başka ne olabilir ki?"

Evet, bizim bu dünyada işlev yapabilmek için zamana olduğu gibi zihne de ihtiyacımız var, ama bir an gelir, onlar bizim yaşamımızı ele geçirirler ve o noktada işlev-bozukluğu, acı ve ıstırap başlar.

Zihin, kontrolü elinde tutabilmek için, sürekli olarak şimdiki an'ı geçmiş ve gelecekle örtüp gizlemeye çalışır ve böylece, Şimdi'den ayrılmaz olan Var'lığın canlılığı ve sonsuz yaratıcı potansiyeli zaman tarafından örtülürken, gerçek doğanız da zihin tarafından örtülür. Ağır zaman yükü gittikçe artarak insan zihninde birikir. Tüm bireyler bu yük altında ıstırap çekerler, ama onlar bu değerli an'ı görmezden geldikleri ya da yadsıdıkları veya onu -sadece zihinde bulunan, aslında var olmayan- gelecek bir an'a ulaştıracak bir vasıtaya indirgedikleri her seferinde bu yükü artırırlar. Zamanın ortak ve bireysel insan zihninde birikimi ayrıca geçmişten büyük miktarda bir acı kalıntısı da barındırır.

Eğer artık kendiniz ve başkaları için acı yaratmak istemiyorsanız, eğer hâlâ içinizde yaşamayı sürdüren geçmiş acının kalıntısını artırmak istemiyorsanız, artık zaman yaratmayın, ya da en azından yaşamınızın günlük veçheleriyle başa çıkmak için gerekli olandan daha fazla zaman yaratmayın. Zaman yaratmayı nasıl durdurabilirsiniz? Şimdiki anın sahip olduğunuz tek şey olduğunu derin bir biçimde idrak edin. Şimdi'yi yaşamınızın asıl odağı yapın. Daha önce zamanda yaşayıp Şimdi'ye kısa ziyaretlerde bulunurken, artık Şimdi'de yaşayın ve yaşam-durumunuzun günlük veçheleriyle başa çıkmanız gerektiğinde geçmişe ve geleceğe kısa ziyaretlerde bulunun. Daima şimdiki an'a "evet" deyin. Zaten *var olan* bir şeye karşı içsel olarak direnmekten daha abes ve anlamsız bir şey olabilir mi? Şimdi olan, daima şimdi olan yaşamın kendisine karşı çıkmaktan daha anlamsız bir şey olabilir mi? *Olana* teslim olun. Yaşama "evet" deyin ve yaşamın nasıl birden -size karşı çalışmak yerine- sizin *için* çalışmaya başladığını görün.

***

Şimdiki an bazen kabul edilemezdir, tatsız ya da berbattır.

O olduğu gibidir. Zihnin onu nasıl etiketlediğini ve bu etiketleme sürecinin, sürekli olarak yargılayarak yaşamanın nasıl acı ve mutsuzluk yarattığını gözlemleyin. Zihnin çalışma biçimini izleyerek, onun direnç kalıplarının dışına çıkarsınız ve o zaman *şimdiki anın olmasına izin verebilirsiniz.* Bu size dış koşullara bağlı olmayan bir iç özgürlük, bir gerçek iç huzuru halini tattıracaktır. O zaman ne olduğunu görün ve eğer gerekliyse ya da mümkünse eyleme geçin.

Önce kabul edin, sonra eyleme geçin. Şimdiki an her ne içeriyorsa, onu sanki kendiniz seçmişsiniz gibi kabul edin. Daima onunla birlikte çalışın, ona karşı değil. Onu dostunuz ve müttefikiniz kılın, düşmanınız değil. Bu tüm yaşamınızı mucizevi bir biçimde dönüşüme uğratacaktır.

***

Geçmiş Acı: Acı-Bedenini Ortadan Kaldırmak

Siz Şimdi'nin gücüne erişemediğiniz sürece, deneyimlediğiniz her duygusal acı geride içinizde yaşamayı sürdüren bir acı kalıntısı bırakır. O zaten orada bulunan geçmişin acısıyla birleşir ve zihninize ve bedeninize yerleşir. Buna, elbette, çocukluğunuzda çektiğiniz, içine doğduğunuz dünyanın bilinçsizliğinin neden olduğu acı da dahildir.

Bu birikmiş acı, bedeninizi ve zihninizi işgal eden olumsuz bir enerji alanıdır. Eğer onu kendi başına bir varlık, görünmez bir varlık olarak görürseniz, gerçeğe çok yaklaşmış olursunuz. O duygusal acı-bedenidir. O iki tarzda var olur: uykuda ve aktif. Bir acı bedeni zamanın yüzde doksanında uykuda olabilir; ancak, o derin bir biçimde mutsuz bir insanda yüzde yüze kadar aktif olabilir. Bazı insanlar neredeyse tamamen acı-bedeniyle yaşarken, diğerleri onu sadece yakın ilişkilerde, ya da geçmişteki kayıp ve terk edilmeye, fiziksel ve duygusal yaralara bağlı durumlarda deneyimleyebilirler. Özellikle eğer o geçmişinizden kaynaklanan bir acı kalıbıyla rezonanstaysa, onu her şey aktive edebilir. O uyku aşamasından uyanmaya hazır olduğunda, bir düşünce, ya da size yakın biri tarafından söylenen masum bir söz bile onu aktive edebilir.

Bazı acı-bedenleri, örneğin sızlanıp duran bir çocuk gibi, sevimsiz ama nispeten zararsızdır. Diğerleri ise acımasız ve yıkıcı canavarlardır. Bazıları fiziksel olarak, birçoğu da duygusal olarak şiddetlidir. Bazıları çevrenizde bulunan ya da size yakın olan insanlara saldırırken, diğerleri size, yani ev sahiplerine saldırabilirler. O zaman yaşamınızla ilgili düşünceleriniz ve hisleriniz derin bir biçimde olumsuz ve kendini-yıkıcı hale gelir. Hastalıklar ve kazalar çoğunlukla bu şekilde yaratılırlar. Bazı acı-bedenleri ev sahiplerini intihara bile sürüklerler.

Siz bir insanı tanıdığınızı düşünürken ve birden bu yabancı, iğrenç yaratıkla ilk kez yüz yüze geldiğinizde, büyük bir şok yaşarsınız. Ancak, bunu kendinizde gözlemlemeniz bir başkasında gözlemlemenizden daha önemlidir. Kendinizde, her ne şekilde olursa olsun, herhangi bir mutsuzluk belirtisini gözlemleyin, o uyanan acı-bedeni olabilir. Bu sinirlenme, sabırsızlık, sıkıntılı bir ruh hali, incitme arzusu, öfke, hiddet, depresyon, ilişkinizde bir dram yaratma ihtiyacı vs. olabilir. O uyku halinden uyandığı anda onu yakalayın.

Acı-bedeni, var olan diğer her varlık gibi, varlığını sürdürmek ister ve o ancak sizin onunla bilinçsizce özdeşleşmenizi sağlayabilirse varlığını sürdürebilir. O sonra ayaklanıp sizi ele geçirebilir, "siz olur" ve sizin vasıtanızla yaşar. Onun sizin vasıtanızla "beslenmeye" ihtiyacı vardır. O kendi türündeki enerjiyle rezonansa giren her türlü deneyimle beslenecektir; bu daha fazla acı yaratan herhangi bir şey -öfke, yıkıcılık, nefret, üzüntü, duygusal dram, şiddet, hatta hastalık- olabilir. Böylece acı-bedeni, sizi ele geçirdiğinde, yaşamınızda kendi enerji frekansını geri yansıtan, beslenebileceği bir durum yaratacaktır. Acı sadece acıyla beslenebilir. Acı sevinçle beslenemez. O sevinci gerçekten sindirilemez bulur.

Bir kez acı-bedeni sizi ele geçirdiğinde, siz daha fazla acı istersiniz. Siz bir kurban ya da kurban-eden haline gelirsiniz. Siz acı vermek, ya da acı çekmek istersiniz, veya her ikisini birden istersiniz. İkisi arasında aslında çok fark yoktur. Elbette, siz bunun farkında değilsinizdir ve acı istemediğinizi hararetle iddia edeceksinizdir. Ama, yakından baktığınızda, düşünce ve davranış biçiminizin acıyı -kendiniz ve başkaları için- sürdürecek şekilde tasarlandığını göreceksiniz. Eğer siz bunun gerçekten bilincinde olsaydınız, bu kalıp yok olup giderdi, çünkü daha fazla acı istemek deliliktir ve hiç kimse bilinçli olarak deli değildir.

Ego'nun karanlık bir gölgesi olan acı-bedeni aslında bilincinizin ışığından korkar. O keşfedilmekten korkar. Onun varlığını sürdürmesi sizin onunla bilinçsizce özdeşleşmenize ve içinizde yaşayan acıyla yüzleşme konusundaki bilinçsiz korkunuza bağlıdır. Ama, eğer onunla yüzleşmezseniz, eğer bilincinizin ışığını acıya yöneltmezseniz, onu tekrar tekrar yaşamaya zorlanacaksınızdır. Acı-bedeni size bakmaya dayanamayacağınız tehlikeli bir canavar gibi görünebilir, ama sizi temin ederim ki, o sizin mevcudiyetinizin gücüne galip gelemeyecek asılsız bir hayalettir.

Bazı spiritüel öğretiler tüm acının aslında bir illüzyon olduğunu söylerler ve bu gerçektir. Burada mesele şudur: Bu sizin için gerçek midir? Salt inanç onu gerçek kılmaz. Siz yaşamınızın geriye kalan kısmında acı çekip, bir yandan da onun bir illüzyon olduğunu söyleyip durmak istiyor musunuz? Bu sizi acıdan kurtarır mı? Burada bizi ilgilendiren şey sizin bu gerçeği nasıl *gerçekleştirebileceğiniz,* onu kendi deneyiminizde nasıl gerçek kılabileceğinizdir.

Böylece, acı-bedeni sizin onu direkt olarak gözlemlemenizi ve onun ne olduğunu görmenizi istemez. Siz onu gözlemlediğiniz, içinizdeki enerji alanını hissettiğiniz ve ona dikkatinizi yönelttiğiniz anda, bu özdeşleşme kırılır. Daha yüksek bir bilinç boyutu gelir. Ben ona *anda mevcudiyet* derim. Siz şimdi acı-bedeninin tanığı ya da izleyicisisinizdir. Bu onun artık sizi "sizmiş gibi görünerek" kullanamayacağı ve kendisini sizin vasıtanızla tekrar dolduramayacağı anlamına gelir. Siz kendi en içteki gücünüzü bulmuşsunuzdur. Siz Şimdi'nin gücüne erişmişsinizdir.

Biz onunla özdeşleşmemizi kıracak kadar bilinçli hale geldiğimizde, acı-bedenine ne olur?

Bilinçsizlik onu yaratır; Bilinç onu kendisine, yani bilince dönüştürür. Aziz Petrus bu evrensel prensibi çok güzel bir biçimde ifade etmiştir: "Her şey ışığa maruz kaldığında ortaya çıkar ve ışığa maruz kalan her şey ışık haline gelir." Siz nasıl karanlıkla savaşamazsanız, acı-bedeniyle de savaşamazsınız. Bunu yapmaya çalışmak içsel çatışma ve daha fazla acı yaratır. Onu izlemek, gözlemlemek yeterlidir. Onu izlemek, onu o anda *olanın* bir parçası olarak kabul etmek anlamına gelir.

Acı-bedeni, zihinle doğal-olmayan bir özdeşleşme süreci sonucunda sizin genel enerji alanınızdan ayrılıp geçici olarak özerk hale gelen, kapana kısılmış yaşam-enerjisinden oluşur. O, kendi kuyruğunu kemirmeye çalışan bir hayvan gibi, kendi üzerine kapanmış ve yaşam-karşıtı haline gelmiştir. Sizce uygarlığımız neden bu kadar yaşam-yıkıcı hale gelmiştir? Ama, yaşam-yıkıcı güçler bile hâlâ yaşam-enerjisidir.

Siz özdeşleşmeyi kırmaya başlayıp, izleyici haline geldiğinizde, acı-bedeni bir süre daha işlemeye devam edip sizi onunla tekrar özdeşleşmeniz için kandırmaya çalışacaktır. Sizin artık onunla özdeşleşerek ona enerji vermemenize rağmen, o -artık itilmese de bir süre dönmeyi sürdürecek olan bir çıkrık gibi- belli bir devingenliğe sahiptir. Bu aşamada, o bedenin değişik yerlerinde ağrılar ve acılar da yaratabilir, ama bunlar kalıcı değildir. Orada mevcut olun, bilinçli kalın. İçsel alanınızın daima-tetik ve uyanık koruyucusu olun. Sizin acı-bedenini direkt olarak izleyebilecek ve onun enerjisini hissedebilecek kadar orada mevcut olmanız gerekir. O zaman o sizin düşünüşünüzü kontrol edemez. Düşünüşünüz acı-bedeninin enerji alanına uyumlandığı anda, siz onunla özdeşleşir ve onu yine düşüncelerinizle besliyor olursunuz.

Örneğin, eğer öfke acı-bedeninin hâkim enerji titreşimiyse ve siz öfkeli düşünceler düşünüyor, birinin size yapmış olduğu şey ya da sizin ona ne yapacağınız üzerinde duruyorsanız, o zaman siz bilinçsiz hale gelmişsinizdir ve acı-bedeni "siz" haline gelmiştir. Öfkenin olduğu her yerde, daima altta yatan bir acı vardır. Ya da karanlık bir ruh hali üzerinize çöküp de, siz olumsuz bir zihin-kalıbına girmeye ve yaşamınızın ne kadar berbat olduğunu düşünmeye başladığınızda, düşünüşünüz acı-bedenine uyumlanmış ve siz bilinçsiz ve acı-bedeninin saldırısına açık hale gelmiş olursunuz. Burada ben "bilinçsiz" sözcüğünü bir zihinsel ya da duygusal kalıpla özdeşleşme anlamında kullanıyorum. O izleyici'nin tümüyle yokluğu anlamına gelir.

Sürdürülen bilinçli dikkat acı-bedeni ile düşünce süreçleriniz arasındaki bağı koparır ve değişim-dönüşüm sürecini başlatır. Bu acının bilincinizin ateşinin yakıtı haline gelmesi gibidir, o zaman o daha parlak bir biçimde yanar. Bu kadim simya sanatının ezoterik anlamıdır: bu, adi metalin altına, ıstırabın bilince dönüştürülmesidir. Böylece, içsel bölünme şifa bulur ve siz tekrar bütün hale gelirsiniz. O zaman sizin sorumluluğunuz daha fazla acı yaratmamaktır.

Bu süreci özetleyeyim: Dikkatinizi içinizdeki histe odaklayın, Onun acı-bedeni olduğunu bilin. Onun orada olduğunu kabul edin. Onun hakkında *düşünmeyin,* hissetmenin düşünmeye dönüşmesine izin vermeyin. Yargılamayın ya da analiz etmeyin. Ondan kendinize bir kimlik yaratmayın. Orada mevcut kalın ve içinizde olup bitenin gözlemcisi olmayı sürdürün. Sadece duygusal acının değil, ama aynı zamanda "gözlemleyenin," sessiz izleyicinin de farkında olun. Bu, Şimdi'nin gücü, kendi bilinçli mevcudiyetinizin gücüdür. Sonra neler olduğunu görün.

***

Birçok kadının acı-bedeni özellikle âdet öncesi dönemde uyanır. Ben daha sonra bunun nedeni hakkında daha ayrıntılı olarak konuşacağım. Şimdilik, sadece şunu söyleyeceğim: Eğer o dönemde onun tarafından ele geçirilmek yerine, uyanık ve mevcut kalıp içinizde ne hissettiğinizi *izleyebilirseniz,* bu en güçlü spiritüel uygulama için bir fırsat sağlar ve tüm geçmiş acının hızlı bir biçimde dönüşüme uğratılması mümkün olur.

Acı-Bedeniyle Ego Özdeşleşmesi

Az önce tarif ettiğim süreç, çok derin bir biçimde güçlü, ancak basit bir süreçtir. O bir çocuğa bile öğretilebilir ve inşallah bir gün çocukların okulda öğrendikleri ilk şeylerden biri olacaktır. Bir kez siz içinizde olup bitenin izleyicisi olarak orada mevcut olma temel prensibini anladığınızda -ve onu deneyimleyerek "anladığınızda"- en etkili değişim-dönüşüm vasıtası hizmetinizde olur.

Bu, acıyla özdeşleşmeyi kırma sürecinde yoğun bir içsel dirençle karşılaşabileceğinizi yadsımak değildir. Özellikle eğer yaşamınızın büyük bölümünü duygusal acı-bedeninizle özdeşleşerek geçirmişseniz ve benlik duygunuzun bütünü ya da büyük bir bölümü ona yatırım yapmışsa böyle bir dirençle karşılaşabilirsiniz. Bu özdeşleşme ve yatırım sizin acı-bedeninizden mutsuz bir benlik yaratmış ve bu zihin-ürünü kurgunun gerçek siz olduğuna inanmış olduğunuz anlamına gelir. Bu durumda, kimliğinizi yitirme konusundaki bilinçsiz korku bu özdeşleşmenin-kırılmasına karşı güçlü bir direnç yaratacaktır. Bir başka deyişle, siz bilinmeyene bir sıçrama yapıp, aşina olduğunuz mutsuz benliği yitirmeyi göze almaktansa, acı içinde olmayı -acı-bedeni *olmayı*- tercih edebilirsiniz.

Eğer bu size uyuyorsa, kendi içinizdeki direnci gözlemleyin. Acınıza bağlılığınızı gözlemleyin. Çok uyanık olun. Mutsuz olmaktan aldığınız garip zevki gözlemleyin. Onun hakkında konuşma ya da onu düşünme dürtüsünü, içinizden gelen bu zorlayıcı hissi gözlemleyin. Eğer bu direnci bilinçli hale getirirseniz o ortadan kalkacaktır. O zaman dikkatinizi acı-bedenine yöneltebilir, orada tanık olarak mevcut olabilir ve böylece onun değişim-dönüşümünü başlatabilirsiniz.

Bunu sadece *siz* yapabilirsiniz. Hiç kimse onu sizin *için* yapamaz. Ama, eğer gerçekten bilinçli birini bulabilecek kadar şanslıysanız, eğer o insanla birlikte olabilir ve ona mevcudiyet hali içinde katılabilirseniz, bu yararlı olabilir ve süreci hızlandırabilir. Bu yolla, sizin kendi ışığınız hızla güçlenecektir. Bir odun hararetle yanan bir başka odunun yanına konduğunda, ve bir süre sonra onlar tekrar birbirlerinden ayrıldıklarında, birinci odun çok daha büyük bir hararetle yanıyor olacaktır. Ne de olsa, bu aynı ateştir. Böyle bir ateş olmak bir spiritüel öğretmenin işlevlerinden biridir. Bazı terapistler de, eğer zihin düzeyini aşmışlarsa ve sizinle çalışırken yoğun bir bilinçli mevcudiyet halini yaratıp sürdürebiliyorlarsa, bu işlevi yerine getirebilirler.

Korkunun Kökeni

Siz korkunun altta yatan temel duygusal acımızın bir parçası olduğunu söylediniz. Peki, korku nasıl ortaya çıkar ve insanların yaşamlarında neden o kadar çok korku vardır? Ve belli ölçüde korku kendimizi korumamızı sağlaması açısından sağlıklı bir şey değil midir? Eğer ben ateşten korkmuyorsam, elimi ona sokup yakabilirim.

Sizin elinizi ateşe sokmamanızın nedeni korku değil, elinizin yanacağını bilmenizdir. Sizin gereksiz bir tehlikeden sakınmak için korkuya ihtiyacınız yoktur, bunun için asgari düzeyde bir zekâ ve sağduyu yeterlidir. Böyle pratik meseleler için, geçmişte öğrenilmiş dersleri uygulamak yararlıdır. Şimdi eğer birisi sizi ateşle ya da fiziksel şiddetle *tehdit etmişse*, siz korku gibi bir şey hissedebilirsiniz. Bu tehlikeden içgüdüsel bir geri çekilmedir, ama o burada sözünü ettiğimiz psikolojik korku hali değildir. Psikolojik korku hali herhangi bir somut ve gerçek ani tehlikeyle ilişkili değildir. O -huzursuzluk, endişe, sinirlilik, gerilim, korku, fobi vs. gibi- birçok şekilde gelir. Bu tür psikolojik korku daima, şu anda olan bir şeyden değil, *olabilecek* bir şeyden, bu düşünceden kaynaklanır. Zihniniz gelecekteyken, siz şimdi'de ve burada'sınızdır. Bu bir endişe aralığı yaratır. Ve eğer siz zihninizle özdeşleşmiş ve Şimdi'nin gücü ve sadeliği ile temasınızı yitirmişseniz, bu endişe aralığı sizin değişmez refakatçiniz olur. Siz daima şimdiki anla başa çıkabilirsiniz, ama sadece bir zihin projeksiyonu olan şeyle başa çıkamazsınız; siz gelecekle başa çıkamazsınız.

Dahası, siz zihninizle özdeşleştiğiniz sürece, ego -daha önce anlattığım gibi- yaşamınızı yönetir. İncelikli savunma mekanizmalarına rağmen, hayalet doğasından ötürü, ego çok savunmasız ve güvensizdir ve kendisini sürekli olarak tehdit altında görür. Ego dıştan çok güvenli görünse bile bu böyledir. Şimdi, bir duygunun bedeninizin zihninize gösterdiği tepki olduğunu hatırlayın. Beden sürekli olarak ego'dan, sahte, zihinürünü benlikten ne mesajı almaktadır? Tehlike, ben tehdit altındayım. Ve bu sürekli mesaj tarafından üretilen duygu nedir? Elbette, korku.

Korkunun görünüşte birçok nedeni vardır. Kaybetme korkusu, başarısızlık korkusu, incinme korkusu vs., ama nihai olarak tüm korku ego'nun ölüm, yani yok olma korkusudur. Ego'ya göre, ölüm daima köşe başında beklemektedir. Bu zihinle-özdeşleşme hali içinde, ölüm korkusu yaşamınızın her veçhesini etkiler. Örneğin, bir tartışmada haklı çıkmak, özdeşleştiğiniz zihinsel-pozisyonu savunmak gibi görünüşte önemsiz ve "normal" bir gereksinim bile ölüm korkusundan kaynaklanır. Eğer siz zihinsel bir pozisyonla özdeşleşirseniz ve sonra haksız çıkarsanız, zihne-dayalı benlik duygunuz ciddi bir biçimde yok olma tehdidi hisseder. Böylece siz ego olarak haksız çıkmayı, yanılıyor olmayı kaldıramazsınız. Haksız çıkmak ölmektir. Bunun uğruna savaşlar yapılmış ve sayısız ilişki bozulmuştur.

Bir kez siz zihninizle özdeşleşmeyi bıraktığınızda, haklı ya da haksız olmanız benlik duygunuz için hiçbir fark yaratmaz, böylece haklı çıkmak için duyduğunuz o çok zorlayıcı ve derin bir biçimde bilinçsiz gereksinim -ki o bir şiddet biçimidir- artık var olmayacaktır. Siz bu durumda ne hissettiğinizi ya da ne düşündüğünüzü açıkça ve kararlı bir biçimde belirtebilirsiniz, ama onunla ilgili olarak saldırgan ya da savunmacı bir tutuma girmezsiniz. Siz o zaman benlik duygunuzu zihninizden değil, içinizdeki daha derin ve gerçek bir yerden almaktasınızdır. İçinizdeki her türlü savunmacılığa dikkat edin. Siz neyi savunuyorsunuz? İllüzyoni bir kimliği, zihninizdeki bir imajı, bir hayali varlığı. Bu kalıbı bilinçlendirerek, ona tanık olarak, siz onunla özdeşleşmeyi bırakırsınız. O zaman, bilincinizin ışığında, bilinçsiz kalıp hızla eriyip yok olacaktır. Bu ilişkileri kemirip aşındıran tüm tartışmaların ve güç oyunlarının sonudur. Başkaları üzerinde güce sahip olmaya çalışmak, kuvvet kılığına bürünmüş zayıflıktır. Gerçek güç içimizdedir ve ona şimdi ulaşabiliriz.

Böylece korku, zihniyle özdeşleşmiş, dolayısıyla Var'lık halinde köklenmiş gerçek gücünden, daha derin benliğinden kopmuş bir insanın değişmez refakatçisi olacaktır. Zihni aşmış insanların sayısı henüz çok azdır, böylece karşılaştığınız ya da tanıdığınız hemen herkesin bir korku hali içinde yaşadığını varsayabilirsiniz. Sadece onun yoğunluğu değişir. O ölçeğin bir ucunda endişe ve korku, öbür ucunda belirsiz bir huzursuzluk ve uzak bir tehdit duygusu arasında değişir. Çoğu insan, o ancak daha ağır bir hale geldiğinde onun bilincine varır.

Ego'nun Bütünlük Arayışı

Egosal zihnin ayrılmaz bir parçası olan duygusal acının bir başka veçhesi de derinlere-gömülü bir yoksunluk, bir eksiklik, bir bütün-olmama duygusudur. Bazı insanlarda bu bilinçli, diğerlerinde bilinçsizdir. Eğer o bilinçliyse, tedirginlik ve sürekli olarak değerli olmadığını ya da yeterince iyi olmadığını hissetmek şeklinde tezahür eder. Eğer o bilinçsizse, sadece dolaylı olarak şiddetli bir arzu, istek ve ihtiyaç olarak hissedilir. Her iki durumda da, çoğunlukla, insanlar içlerinde hissettikleri bu boşluğu doldurmak için ego'nun-doyumunun ve özdeşleşecek şeylerin peşine düşerler. Böylece onlar temelde kendilerini daha iyi hissetmek, daha tamam hissetmek için malın-mülkün, paranın, başarının, gücün, ünün ya da özel bir ilişkinin peşine düşer, bunlar için uğraşıp çabalarlar. Ama, onlar tüm bu şeylere eriştiklerinde bile, çok geçmeden boşluğun hâlâ orada olduğunu, onun dipsiz bir kuyu olduğunu anlarlar. O zaman başları gerçekten dertte olur, çünkü artık kendilerini aldatamazlar. Eh, aldatabilirler de ve bunu yaparlar da, ama bunu yapmak giderek zorlaşır.

Egosal zihin yaşamınızı yönettiği sürece, gerçekten rahat ve huzur içinde olamazsınız; siz -istediğiniz şeyi elde ettiğiniz, bir arzunuzu doyuma uğrattığınız o kısa zamanlar dışında- doyum içinde olamazsınız. Ego bir şeyden alınan bir benlik duygusu olduğundan, o dışsal şeylerle özdeşleşmeye ihtiyaç duyar. O sürekli olarak hem savunulmaya hem de beslenmeye ihtiyaç duyar. En yaygın ego özdeşleşmeleri mal-mülk, yaptığınız iş, toplumsal statü ve itibar, bilgi, eğitim, fiziksel görünüm, özel yetenekler, ilişkiler, kişisel ve ailesel geçmiş, inanç sistemleri ile ve ayrıca siyasi, milliyetçi, ırkçı, dini ve diğer ortak özdeşleşmelerle ilgilidir. Bunların hiçbiri siz değildir.

Siz bunu korkutucu bulmuyor musunuz? Ya da bunu bilmek bir çare olabilir mi? Siz tüm bu şeyleri er ya da geç bırakmak zorunda kalacaksınız. Belki siz henüz bunu inanılması güç bir şey olarak görüyorsunuz ve ben kesinlikle sizden kimliğinizin bu şeylerde bulunamayacağına *inanmanızı* istemiyorum. Siz bunun gerçeğini kendiniz *bileceksiniz.* Siz bunu en geç ölümün yaklaştığını hissettiğinizde bileceksiniz. Ölüm siz olmayan her şeyin soyulup gitmesidir. Yaşamın sırrı "ölmeden ölmek," ve ölüm diye bir şeyin olmadığını görmektir.

3

ŞİMDİ'YE DERİN BİR BİÇİMDE GİRMEK

Kendinizi Zihinde Aramayın

Tam bilinçliliğe ya da spiritüel aydınlanmaya yaklaşabilmek için önce zihnimin işleyişi hakkında bir hayli şey öğrenmem gerektiğini düşünüyorum.

Hayır, gerekmiyor. Zihnin sorunları zihin düzeyinde çözülemez. Bir kez siz temel işlev-bozukluğunu anladığınızda, gerçekten, öğrenmeniz ya da anlamanız gereken başka bir şey yoktur. Zihnin karmaşıklıklarını incelemek sizi iyi bir psikolog yapabilir, ama bunu yapmak -tıpkı deliliğin incelenmesinin akıllılığı yaratmaya yeterli olmadığı gibi- sizi zihnin ötesine götürmeyecektir. Siz bilinçsizlik halinin temel işleyiş biçimini zaten anladınız: bu zihinle özdeşleşmektir, ki o sahte benliği, ego'yu yaratır ve onu Var'lıkta köklenen gerçek benliğinizin yerine geçirir. Siz o zaman, İsa'nın dediği gibi, "üzüm asmasından koparılmış bir dal" haline gelirsiniz.

Ego'nun gereksinimleri bitmek bilmez. O kendini savunmasız ve tehdit altında hisseder ve bu yüzden bir korku ve istek hali içinde yaşar. Bir kez siz temel işlev-bozukluğunun nasıl işlediğini bildiğinizde, artık onun tüm tezahürlerini araştırmaya, onu karmaşık bir kişisel sorun haline getirmeye gerek yoktur. Ego, elbette, bunu sever. O daima, kendi illüzyoni benlik duygusunu desteklemek ve güçlendirmek için, bağlanacağı bir şey arar ve böylece sizin sorunlarınıza seve seve bağlanacaktır. İşte bu yüzden, birçok insanın benlik duygusunun büyük bir bölümü onların sorunlarına yakından bağlıdır. Bir kez bu olduğunda, onların istedikleri son şey bu sorunlardan kurtulmaktır; çünkü bu benliğin kaybı anlamına gelecektir. Acı ve ıstıraba bir hayli bilinçsiz ego yatırımı olabilir.

Böylece bir kez bilinçsizliğin kökenini zihinle -ki bu duyguları da içerir- özdeşleşme olarak görüp kabul ettiğinizde, onun dışına çıkarsınız. Siz orada *mevcut* hale gelirsiniz. Orada mevcut olduğunuzda, zihinle karışmadan, onun olduğu gibi olmasına izin verebilirsiniz. Zihin kendi başına işlev-bozukluğuna sahip değildir. O olağanüstü bir alettir. İşlev-bozukluğu siz kendinizi zihinde aradığınızda ve onu gerçek benliğinizle karıştırdığınızda başlar. O zaman, o egosal zihin haline gelir ve tüm yaşamınızı ele geçirir.

Zaman İllüzyonunu Sona Erdirin

Zihinle özdeşleşmekten kurtulmak neredeyse olanaksız gibi görünüyor. Biz hepimiz kendimizi ona kaptırmış durumdayız. Siz bir balığa uçmasını nasıl öğretebilirsiniz ki?

İşte bunun anahtarı: Zaman illüzyonunu sona erdirin. Zaman ve zihin birbirinden ayrılmaz. Zihinden zamanı ayırın, zihin durur ve siz onu kullanmayı seçmedikçe öyle kalır.

Zihninizle özdeşleşmeniz zamanın kapanına kısılmanız anlamına gelir: bu neredeyse yalnızca bellek ve beklentiyle yaşamaya zorlanmaktır. Bu zihninizin geçmiş ve gelecekle bitmek bilmez bir biçimde meşgul olmasına ve şimdiki an'ı onurlandırma, kabullenme ve *onun olmasına izin verme* konusunda isteksizliğe neden olur. Bu zorlanma, bu dürtü geçmiş size bir kimlik verdiği, gelecek de bir kurtuluş, bir doyum vaat ettiği için ortaya çıkar. Bunların her ikisi de illüzyondur.

Ama, bir zaman duygusu olmadan, biz bu dünyada nasıl işlev yapabiliriz? O zaman artık ulaşmak için çaba gösterilecek hiçbir hedef olmayacaktır. Ben o zaman kim olduğumu bile bilmeyeceğim, çünkü benim bugünkü kimliğimi oluşturan şey geçmişimdir. Bence zaman çok değerli bir şey ve bizim onu boşa harcamak yerine, akıllıca kullanmayı öğrenmemiz gerekiyor.

Zaman hiç de değerli bir şey değildir, çünkü o bir illüzyondur. Sizin değerli olarak algıladığınız şey zaman değil, zamanın dışındaki tek noktadır: Şimdi. O gerçekten değerlidir. Siz zaman -geçmiş ve gelecek- üzerinde ne kadar çok odaklanırsanız, Şimdi'yi, var olan en değerli şeyi de o kadar çok kaçırırsınız.

Şimdi neden en değerli şeydir? Birincisi, çünkü o *tek* şeydir. O var olan her şeydir. Ebedi şimdiki an, içinde tüm yaşamınızın geliştiği yerdir, o değişmez tek etkendir. Yaşam şimdidir. Yaşamınızın şimdi *olmadığı* bir zaman asla olmamıştır ve olmayacaktır. İkincisi, Şimdi sizi zihnin sınırlarının ötesine götürebilecek tek noktadır. O sizin sonsuz ve form'suz *Var'lık* âlemine tek giriş noktanızdır.

Hiçbir Şey Şimdi'nin Dışında Varolamaz

Geçmiş ve gelecek şimdi kadar, bazen ondan daha gerçek değil midir? Ne de olsa, geçmiş bizim şimdi kim olduğumuzu ve nasıl algıladığımızı ve davrandığımızı belirler. Ve gelecek hedeflerimiz şimdi hangi eylemlerde bulunacağımızı belirler.

Siz benim söylediğim şeyin özünü henüz kavramadınız, çünkü onu zihinsel olarak anlamaya çalışıyorsunuz. Zihin bunu anlayamaz. Sadece *siz* anlayabilirsiniz. Lütfen, sadece dinleyin.

Siz hiç Şimdi'nin dışında bir şey deneyimlediniz mi, yaptınız mı, düşündünüz mü ya da hissettiniz mi? Ve bunu yapabileceğinizi sanıyor musunuz? Herhangi bir şeyin Şimdi'nin dışında vuku bulması ya da *olması* mümkün mü? Yanıt aşikârdır, öyle değil mi?

Hiçbir şey geçmişte vuku bulmamıştır; o Şimdi'de vuku bulmuştur.

Hiçbir şey gelecekte vuku bulmayacaktır; o Şimdi'de vuku bulacaktır.

Sizin geçmiş olarak düşündüğünüz şey eski bir Şimdi'nin zihinde depolanmış anısıdır. Siz geçmişi hatırladığınızda, bir anıyı yeniden canlandırırsınız ve bunu şimdi yaparsınız. Gelecek ise hayal edilen bir Şimdi'dir, o zihnin bir projeksiyonudur. Gelecek geldiğinde, Şimdi olarak gelir. Siz gelecek hakkında düşündüğünüzde, bunu şimdi yaparsınız. Geçmiş ve gelecek, aşikâr bir biçimde, kendi başına bir realiteye, bir gerçekliğe sahip değildir. Tıpkı ayın kendi başına bir ışığa sahip olmayıp, sadece güneşin ışığını yansıtabilmesi gibi, geçmiş ve gelecek de sadece ebedi şimdinin ışığının, gücünün ve realitesinin solgun yansımalarıdır. Onların realitesi Şimdi'den "ödünç alınmıştır."

Benim burada söylediğim şeyin özü zihin tarafından anlaşılamaz. Siz onu kavradığınız anda, zihinden Var'lık haline, zamandan anda mevcudiyete doğru bir bilinç değişimi olur. Birden, her şey size canlı gelir, enerji yayar, Var'lığı yayar.

***

Spiritüel Boyutun Anahtarı

Yaşamı tehdit eden acil durumlarda, zamandan anda mevcudiyete doğru bilinç değişimi bazen doğal bir biçimde meydana gelir.

Bir geçmişe ve geleceğe sahip kişilik bir an için geri çekilir ve onun yerini -çok sessiz, ama aynı zamanda çok uyanık ve tetik olan- yoğun bir bilinçli mevcudiyet alır. O durumda nasıl bir tepkinin gösterilmesi gerekiyorsa, bu o bilinç halinden ortaya çıkar.

Bazı insanların dağcılık, otomobil yarışı gibi tehlikeli faaliyetlere katılmalarının nedeni -onlar bunun farkında olmasalar da- bu faaliyetlerin onları Şimdi'de -zamandan, sorunlardan, düşünmekten, kişiliğin yüklerinden özgür olan o yoğun bir biçimde canlı halde- bulunmaya zorlamasıdır. Bu faaliyetler sırasında şimdiki andan bir saniye bile uzaklaşmak ölüm anlamına gelebilir. Ne yazık ki, onlar bu hal içinde olabilmek için belli bir faaliyete bağlı ve muhtaç olurlar. Ama, sizin bunun için dağların zirvelerine tırmanmanız gerekmez. Siz bu hal içine şimdi girebilirsiniz.

***

Kadim zamanlardan beri, tüm geleneklerin spiritüel üstatları spiritüel boyutun anahtarı olarak Şimdi'yi işaret etmişlerdir. Buna rağmen, görünüşte o bir sır olarak kalmıştır. O kesinlikle kiliselerde ve tapınaklarda öğretilmez. Eğer siz bir kiliseye giderseniz, İncil'den, "Yarını düşünmeyin, çünkü yarın kendi başının çaresine bakacaktır," ya da "Ellerini sabana koyup *geriye bakan* hiç kimse Tanrı'nın Âlemi'ne giremez," gibi sözlerin okunduğunu duyabilirsiniz. Ya da, yarın için endişelenmeden sonsuz Şimdi'de rahatlık içinde yaşayan ve geçimleri Tanrı tarafından bol bol sağlanan güzel çiçekler hakkındaki parçayı dinleyebilirsiniz. Bu öğretilerin derinliği ve radikal doğası anlaşılıp kabul edilmemiştir. Görünüşte hiç kimse bu öğretilerin yaşanması ve böylece derin bir içsel değişim-dönüşüm meydana getirmesi için verilmiş olduklarını idrak etmemiştir.

***

Zen'in tüm özü Şimdi'nin bıçak sırtında yürümekten -hiçbir sorunun, hiçbir ıstırabın, özde *siz* olmayan hiçbir şeyin içinizde barınamayacağı ölçüde tamamen, bütünüyle Şimdi'de *mevcut olmaktan*- oluşur. Şimdi'de, zamanın yokluğunda, tüm sorunlarınız ortadan kalkar. Istırabın zamana ihtiyacı vardır; o Şimdi' de varlığını sürdüremez.

Büyük Zen üstadı Rinzai, öğrencilerinin dikkatini zamandan uzaklaştırabilmek için, sık sık parmağını kaldırıp yavaşça şöyle sorardı: "Şu anda eksik olan nedir?" Bu zihin düzeyinde bir yanıtı gerektirmeyen güçlü bir soruydu. O sizin dikkatinizi derin bir biçimde Şimdi'ye çekmek için tasarlanmıştı. Zen geleneğinde benzer bir soru da şudur: "Eğer şimdi değilse ne zaman?"

***

Şimdi, ayrıca, İslam'ın mistik kolu olan Sufizm (tasavvuf) öğretisinin de merkezini oluşturur. Sufiler'in, "Sufi, şimdiki anın çocuğudur," diye bir deyişi vardır. Ve Sufizm'in büyük şairi ve öğretmeni Mevlâna Celâleddin Rumi şöyle der: "Geçmiş ve gelecek Tanrı'yı bizim gözümüzden saklar; her ikisini de ateşe atıp yakın."

On üçüncü yüzyılın spiritüel öğretmeni Üstat Eckhart tüm bunları çok güzel bir biçimde özetlemiştir: "Zaman ışığın bize erişmesini engelleyen şeydir. Tanrı ile aramızda zamandan daha büyük bir engel yoktur."

***

Şimdi'nin Gücüne Erişmek

Az önce, siz ebedi şimdiden ve geçmiş ile geleceğin gerçek olmadığından söz ederken, ben kendimi pencerenin dışındaki şu ağaca bakarken buldum. Daha önce de ona birkaç kez bakmıştım, ama bu kez o farklıydı. Dışsal algılama pek değişmemişti, sadece renkler şimdi daha parlak ve canlı görünüyorlardı. Ama, şimdi ona bir boyut eklenmişti. Bunu açıklamak zor. Nasıl olduğunu bilmiyorum, ama görünmeyen bir şeyin farkına vardım, bunun o ağacın özü, içsel ruhu olduğunu hissettim. Ve bir biçimde, ben onun bir parçasıydım. Şimdi bu ağacı daha önce gerçekten görmemiş olduğumu anlıyorum, gördüğüm sadece onun düz ve ölü bir imgesiymiş. Ben bu ağaca şimdi baktığımda, bu farkındalığın bir kısmı hâlâ mevcut, ama onun kayıp gittiğini hissedebiliyorum. Evet, bu deneyim şimdiden geçmişe doğru geri çekiliyor. Böyle bir şey geçici bir izlenimden daha fazla bir şey olabilir mi?

Siz bir an için zamandan özgürleşmiştiniz. Şimdi'ye girmiş ve dolayısıyla da ağacı zihin perdesi olmadan algılamıştınız. *Var'lığın* farkındalığı sizin algınızın bir parçası haline gelmişti. Zaman'sız-sonsuz boyutla birlikte farklı türde bir biliş, her canlının, her şeyin içinde yaşayan ruhu "öldürmeyen" bir biliş gelir. Bu yaşamın kutsallığını ve gizemini yok etmeyen, *olan* her şey için derin bir sevgi ve saygı içeren bir biliştir. Bu zihnin, hakkında hiçbir şey bilmediği bir biliştir.

Zihin ağacı bilemez. O sadece ağaç *hakkındaki* olguları ya da bilgiyi bilebilir. Benim zihnim *sizi* bilemez, o sadece sizinle ilgili etiketleri, yargıları, olguları ve kanıları bilebilir. Sadece *Var'lık* direkt olarak bilir.

Zihnin ve zihin bilgisinin de bir yeri vardır. Bu yer günlük yaşamın uygulama alanındadır. Ancak, o sizin -diğer insanlarla ve doğayla ilişkileriniz de dahil olmak üzere- yaşamınızın tüm veçhelerini ele geçirdiğinde, korkunç bir asalak haline gelebilir ve eğer bu asalak kontrol edilmezse sonunda gezegen üzerindeki tüm yaşamı -ve en sonunda ev sahibini de öldürerek, kendisini- öldürebilir.

Siz az önce, zaman'sız-sonsuz olanın algınızı nasıl dönüşüme uğratabileceğini -bir an için- gördünüz. Ama, ne kadar güzel ve derin olursa olsun, bir deneyim yetmez. Gereken ve bizi ilgilendiren şey bilinçte kalıcı bir değişimdir.

Öyleyse şimdiki-an'ı yadsımayı ve ona direnmeyi içeren eski kalıbı kırın. Gerekmediği zaman, dikkatinizi geçmiş ve gelecekten çekmeyi uygulamanız haline getirin. Günlük yaşamda, zaman boyutunun dışına mümkün olduğunca çok çıkın. Eğer Şimdi'ye direkt olarak girmeyi zor buluyorsanız, işe zihninizin alışkanlık haline getirdiği Şimdi'den kaçma eğilimini gözlemleyerek başlayın. O zaman geleceğin genelde şimdiki andan daha iyi ya da daha kötü olarak hayal edildiğini gözlemleyeceksiniz. Eğer hayal edilen gelecek daha iyiyse, bu size umut ya da zevkli bir beklenti verir. Eğer o daha kötüyse, endişe yaratır. Her ikisi de illüzyondur. Kendinizi-gözlemleme, yoluyla, otomatik olarak yaşamınızda daha fazla *mevcut olmaya* başlarsınız. Mevcut olmadığınızı fark ettiğiniz anda, mevcut *olursunuz.* Zihninizi gözlemleyebildiğinizde, artık onun kapanına kısılı değilsinizdir. Bu durumda bir başka etken, zihne ait olmayan bir etken devreye girmiştir: *tanık-olan mevcudiyet.*

Zihninizin -düşüncelerinizin, duygularınızın, değişik durumlarda gösterdiğiniz tepkilerin- izleyicisi olarak orada mevcut olun. Kendi tepkilerinizle -en azından tepki vermenize neden olan durum ya da kişiyle ilgilendiğiniz kadar- ilgilenin. Ayrıca, dikkatinizin ne kadar sık bir biçimde geçmişte ya da gelecekte bulunduğuna dikkat edin. Gözlemlediğiniz şeyi yargılamayın ya da analiz etmeyin. Düşünceyi izleyin, duyguyu hissedin, tepkiyi gözlemleyin. Onlardan kişisel bir sorun çıkarmayın. O zaman gözlemlediğiniz bu şeylerden daha güçlü bir şeyi hissedeceksiniz: zihninizin içeriğinin ardındaki sessiz, gözlemleyen mevcudiyeti, sessiz izleyiciyi.

***

İmajınızın tehdit edilmesi, yaşamınızda korku yaratan bir sorunla karşılaşmanız, işlerin "kötüye gitmesi" ya da geçmişten duygusal bir kompleksin ortaya çıkması gibi belli durumlar güçlü bir duygusal birikime sahip bir tepkiyi tahrik ettiğinde orada yoğun bir mevcudiyete ihtiyaç vardır. Bu olaylarda, sizin eğiliminiz "bilinçsiz" hale gelmektir. O durumda, tepki ya da duygu sizi ele geçirir, siz o "olursunuz." Siz onu oynarsınız. Siz kendinizi haklı, karşı tarafı haksız çıkarır, saldırır, savunursunuz... ancak bu siz değilsinizdir, bu tepkisel kalıptır, zihnin alışılmış varoluş biçimidir.

Zihinle özdeşleşme ona daha fazla enerji verir, zihni gözlemleme ise ondan enerji çeker. Zihinle özdeşleşme daha fazla zaman yaratır; zihni gözlemleme zaman'sız-sonsuz boyutu açar. Zihinden çekilen enerji mevcudiyete dönüşür. Bir kez siz mevcut olmanın ne anlama geldiğini hissedebildiğinizde, zamana pratik nedenlerden ötürü ihtiyaç olmadığında zaman boyutunun dışına çıkmayı seçmek ve Şimdi'ye daha derin bir biçimde girmek çok daha kolay hale gelir. Bu sizin pratik nedenlerden ötürü ona başvurmanız gerektiğinde zamanı -geçmişi ya da geleceği- kullanma yeteneğinizi azaltmaz. Bu sizin zihninizi kullanma yeteneğinizi zayıflatmaz. Aslında, bu onu güçlendirir. Siz zihninizi kullandığınızda, o daha keskin, daha odaklanmış olacaktır.

Psikolojik-Zamanı Bırakmak

Zamanı yaşamınızın pratik veçhelerinde kullanmayı öğrenin -ki biz buna "saat-zamanı" diyebiliriz- ama, bu pratik meseleleri hallettiğinizde hemen şimdiki-anın farkındalığına dönün. Bu yolla, geçmişle özdeşleşmek ve geleceğe sürekli olarak zorlayıcı bir dürtüyle projeksiyon yapmak olan "psikolojik-zamanın" bir birikimi olmayacaktır.

Saat-zamanı sadece bir randevu vermek ya da bir gezi plânlamak değildir. O geçmişten ders almayı, böylece aynı hataları sürekli olarak tekrarlamamayı da içerir. O hedefler oluşturup onlara ulaşmak için çalışmayı da içerir. O geleceği geçmişten öğrenilen fiziksel ve matematiksel kalıplara ve yasalara dayanarak tahmin etmeyi ve bu tahminlerimize dayanarak uygun eylemlerde bulunmayı da içerir.

Ama orada, geçmişe ve geleceğe başvurmadan yapamayacağımız pratik yaşam alanında bile, şimdiki an esas etken olarak kalır: Geçmişten herhangi bir ders mevcut konuyla ilgili hale gelir ve *şimdi* uygulanır. Herhangi bir plânlama ve belli bir hedefe ulaşmak için çalışma *şimdi* yapılır.

Aydınlanmış insanın esas dikkat odağı daima Şimdi'dir, ama o hâlâ çevresel olarak zamanın farkındadır. Bir başka deyişle, o saat-zamanını kullanmayı sürdürür, ama psikolojik-zamandan özgürdür.

Bunu uygularken dikkatli olun ki farkında olmadan saat-zamanını psikolojik-zamana dönüştürmeyesiniz. Örneğin, eğer geçmişte bir hata yaptıysanız ve ondan şimdi ders aldıysanız, siz saat-zamanını kullanmaktasınızdır. Öte yandan, eğer zihnen hâlâ onun üzerinde duruyor, kendinizi eleştiriyor, pişmanlık ve suçluluk duyuyorsanız, o zaman onu benlik duygunuzun bir parçası haline getirme hatasını işliyor olursunuz ve böylece o -daima yanlış bir kimlik duygusuyla bağlantılı olan- psikolojik-zaman haline gelir. Bağışlamazlık kesinlikle ağır bir psikolojik-zaman yükünü gösterir.

Eğer kendinize bir hedef belirler ve ona ulaşmak için çalışırsanız, siz saat-zamanını kullanmaktasınızdır. Siz nereye ulaşmak istediğinizin farkındasınızdır, ama bu anda attığınız adımı onurlandırmakta ve tüm dikkatinizi ona vermektesinizdir. Eğer sonra -belki mutluluğu, doyumu ya da daha tam bir benlik duygusunu onda aradığınız için- hedefiniz üzerinde aşırı derecede odaklanırsanız, artık Şimdi'yi onurlandırmaz olursunuz. O hiçbir asli değere sahip olmadan, sadece geleceğe doğru bir atlama taşı haline indirgenmiş olur. O zaman saat-zamanı psikolojik-zamana dönüşür. Yaşam yolculuğunuz artık bir serüven olmaz, o sadece bir şeye erişme, bir şeyi elde etme, "onu yapma" konusunda saplantılı bir ihtiyaç haline gelmiştir. Artık siz ne yol kenarındaki çiçekleri görüp koklar, ne de Şimdi'de mevcutken tüm çevrenizde gelişen yaşamın güzelliğinin ve mucizesinin farkında olursunuz.

***

Ben Şimdi'nin çok büyük bir öneme sahip olduğunu anlayabiliyorum, ama zamanın tümüyle bir illüzyon olduğuna, bu görüşünüze katılmıyorum.

Ben "zaman bir illüzyondur" derken, niyetim felsefi bir bildirimde bulunmak değildir. Ben sadece size basit bir olguyu hatırlatıyorum; bu o kadar aşikâr bir olgudur ki siz onu kavramakta zorlanabilir, hatta anlamsız bulabilirsiniz; ama o bir kez bütünüyle idrak edildiğinde, tüm zihin-ürünü karmaşıklık ve "sorun" tabakalarını bir kılıç gibi kesip geçebilir. Tekrar söyleyeyim: şimdiki an sizin sahip olduğunuz tüm şeydir. Yaşamınızın "bu an" olmadığı bir zaman asla olmamıştır. Bu bir olgu, bir gerçek değil midir?

Psikolojik-Zaman Deliliği

Eğer onun ortak tezahürlerine bakarsanız psikolojik-zamanın zihinsel bir hastalık olduğu konusunda hiçbir kuşkunuz kalmaz. Onlar -en yüksek hayrın gelecekte yattığı ve dolayısıyla sonucun kullanılan vasıtayı mazur gösterdiği varsayımıyla iş gören, örneğin, komünizm, milliyetçi sosyalizm (faşizm) ya da herhangi bir milliyetçilik veya katı dini inanç sistemleri şeklinde ortaya çıkarlar. Burada sonuç bir fikirdir, zihnin-projekte-ettiği gelecekte kurtuluşa herhangi bir şekilde (mutluluk, doyum, eşitlik, özgürlük vs. şeklinde) erişilecek bir noktadır. Ve çoğu kez de o noktaya erişme vasıtası insanların şimdi köleleştirilmeleri, işkence görmeleri ve katledilmeleridir.

Örneğin, Rusya'da, Çin'de ve diğer ülkelerde komünizmin gelişmesini sağlamak, oralarda "daha iyi bir dünya" yaratmak için elli milyon insanın öldürüldüğü tahmin edilmektedir.* Bu, gelecekteki bir cennete olan inancın nasıl şimdi bir cehennem yarattığıyla ilgili tüyler ürpertici bir örnektir. Psikolojik-zamanın ağır ve tehlikeli bir zihinsel hastalık olduğu konusunda herhangi bir kuşku olabilir mi?

Bu zihin kalıbı *sizin* yaşamınızda nasıl işler? Siz daima bulunduğunuz yerden başka bir yere ulaşmaya çalışıyor musunuz? *Yaptığınız* şeylerin çoğu sadece bir sonuca ulaşma vasıtası mı? Doyumunuz daima gelecekte mi, ya da seks, yemek, içki, uyuşturucu veya heyecan gibi kısa-ömürlü hazlarla mı sınırlı? Siz daima bir şey olma, bir şey elde etme, bir şeye erişme üzerinde mi odaklanıyorsunuz ya da yeni heyecanların ve hazların peşinden mi koşuyorsunuz? Eğer daha fazla şey elde ederseniz daha doyumlu hale geleceğinize, yeterince iyi ya da psikolojik olarak tamam olacağınıza inanıyor musunuz? Bir erkeğin ya da kadının yaşamınıza anlam kazandırmasını mı bekliyorsunuz?

Normal, zihinle-özdeşleşmiş ya da aydınlanmamış bilinç hali içindeyken, Şimdi'de yatan güç ve sonsuz yaratıcı potansiyel psikolojik-zaman tarafından tamamen örtülüp gizlenir. O zaman yaşamınız canlılığını, tazeliğini, hayret ve hayranlık duygusunu yitirir. Eski düşünce, duygu, davranış, tepki ve arzu kalıpları tekrar tekrar sergilenip durur, bu zihninizde bulunan ve

---

* Z.Brzezinski, *The Grand Failure* (Charles Scribner's Sons, New York 1989), s.239-40

size bir tür kimlik veren, ama Şimdi'nin realitesini çarpıtan, olduğundan başka gösteren ya da gizleyen bir senaryodur. Zihin o zaman doyum vermeyen şimdiki andan bir kaçış olarak geleceğe saplantılı bir biçimde bağlanır.

Olumsuzluğun ve Istırabın Kökleri Zamandadır

Ama, geleceğin şimdi'den daha iyi olacağı inancı her zaman bir illüzyon değildir. Şimdi korku ve endişe yaratıcı olabilir, işler gelecekte daha iyi olabilir ve çoğu kez de olur.

Çoğunlukla, gelecek geçmişin bir kopyasıdır. Yüzeysel değişiklikler olabilir, ama *gerçek* değişim nadirdir ve o Şimdi'nin gücüne erişerek geçmişi ortadan kaldıracak kadar yeterince mevcut olabilmenize bağlıdır. Sizin gelecek olarak algıladığınız şey şimdiki bilinç halinizin asli bir parçasıdır. Eğer zihniniz geçmişin ağır bir yükünü taşıyorsa, aynı şeyi daha fazla deneyimleyeceksinizdir. Geçmiş kendini anda mevcudiyetin yokluğu yoluyla sürdürür. Geleceği şekillendiren şey bu andaki bilincinizin niteliğidir, ki bu gelecek, elbette, ancak Şimdi olarak deneyimlenebilir.

Siz on milyon dolar kazanabilirsiniz, ama bu yüzeysel, derine inmeyen bir değişimdir. Bu kez daha lüks bir çevrede aynı koşullanmış kalıpları sergilemeye devam edeceksinizdir. İnsanlar atomu parçalamayı öğrenmişlerdir. Şimdi on-yirmi kişiyi tahta bir sopayla öldürmek yerine, bir insan sadece bir düğmeye basarak bir milyon insanı öldürebilir. Peki, bu *gerçek* bir değişim midir?

Eğer geleceği belirleyen şey bilincinizin bu andaki niteliği ise, peki, bilincinizin niteliğini belirleyen şey nedir? O andaki mevcudiyet dereceniz. Böylece, gerçek değişimin meydana gelebileceği ve geçmişin ortadan kaldırılabileceği tek yer Şimdi'dir.

***

Tüm olumsuzluğa neden olan şey psikolojik-zamanın birikimi ve şimdiki anın yadsınmasıdır. Huzursuzluğa, endişeye, gerilime, üzüntüye -tüm korku hallerine- çok fazla gelecekte bulunmak ve yeterince anda mevcut olmamak neden olur. Suçluluk duygusu, içerleme, yakınma, acı, üzüntü, burukluk ve tüm bağışlamama hallerine çok fazla geçmişte bulunmak ve yeterince şimdiki anda mevcut olmamak neden olur.

Çoğu insan tüm olumsuzluktan arınmış bir bilinç halinin mümkün olduğuna inanmakta zorlanır. Ancak, bu tüm spiritüel öğretilerin işaret ettikleri özgürlük halidir. O illüzyoni bir gelecekte değil, tam şimdi ve burada kurtuluş vaadidir.

Siz zamanı tüm ıstırabınızın ya da sorunlarınızın nedeni olarak görüp kabullenmekte zorlanabilirsiniz. Siz bu ıstıraplara yaşamınızdaki belirli durumların neden olduğuna inanırsınız ve geleneksel bir görüş noktasından görüldüğünde, bu doğrudur. Ama, siz zihnin temel sorun-yaratıcı işlev-bozukluğuyla -onun geçmişe ve geleceğe bağlılığı ve Şimdi'yi yadsımasıyla- başa çıkana dek, sorunlar aslında birbiri ile değiştirilebilir. Eğer tüm sorunlarınız ya da ıstırap ve mutsuzluğun algılanan nedenleri bugün mucizevi bir biçimde ortadan kalkmış olsa, ama siz yine de daha mevcut, daha bilinçli hale gelmemişseniz, çok geçmeden kendinizi -her nereye giderseniz gidin sizi izleyen bir gölge gibi- benzer bir dizi sorunla ya da ıstırap nedeniyle birlikte bulurdunuz. Nihai olarak, tek bir sorun vardır: zamana-bağlı zihnin kendisi.

Sorunlarımdan tümüyle kurtulabileceğim bir noktaya erişebileceğime inanamıyorum.

Haklısınız. Siz o noktaya asla erişemezsiniz, çünkü siz *şimdi* o noktada *bulunuyorsunuz.*

Zamanda bir kurtuluş yoktur. Siz gelecekte özgür olamazsınız. Özgürlüğün anahtarı anda mevcut olmaktır, böylece siz ancak şimdi özgür olabilirsiniz.

Yaşam-Durumunuzun Altındaki Yaşamı Bulmak

Şimdi nasıl özgür olabileceğimi anlamıyorum. Ben şu anda yaşamımdan son derece mutsuzum. Bu bir olgu ve kesinlikle öyle olmadığı halde kendimi her şeyin iyi olduğuna ikna etmeye çalışırsam kendimi aldatıyor olurum. Benim için şimdiki an çok mutsuz; ve hiç de özgürleştirici değil. Benim devam etmemi sağlayan şey gelecekte bir düzelme olması umudu ya da olasılığı.

Bakın, o aslında tamamen zaman tarafından zaptedildiği halde siz dikkatinizin şimdiki anda bulunduğunu sanıyorsunuz.

Sizin "yaşamım" dediğiniz şey daha doğru biçimde "yaşam-durumunuz" olarak isimlendirilebilir. O psikolojik-zamandır: yani, geçmiş ve gelecek. Geçmişte belli şeyler sizin istediğiniz gibi olmamıştır. Siz hâlâ geçmişte olup bitene direnmektesinizdir ve şimdi de, *olana* direnmektesinizdir. Umut sizin devam etmenizi sağlar, ama umut sizi geleceğe odaklanmış halde tutar ve bu odaklanma Şimdi'yi yadsımanızı ve dolayısıyla da mutsuzluğunuzu sürdürür.

Mevcut yaşam-durumumun geçmişte olup biten şeylerin bir sonucu olduğu doğru, ama o hâlâ benim mevcut durumum ve ona saplanıp kalmak beni mutsuz ediyor.

Bir süre için yaşam-durumunuzu unutun ve dikkatinizi yaşamınıza verin.

Aradaki fark nedir?

Yaşam-durumunuz zamanda bulunur.

Yaşamınız ise şimdi'dir.

Yaşam durumunuz zihnin-ürünüdür.

Yaşamınız ise gerçektir.

"Yaşama götüren dar giriş kapısını" bulun. Ona Şimdi denir. Yaşamınızı bu an'a daraltın. Yaşam-durumunuz sorunlarla dolu olabilir -ki çoğu yaşam-durumu öyledir- ama, şu anda herhangi bir sorununuz olup olmadığına bakın. Yarın ya da on dakika sonra değil, şimdi. Şimdi bir sorununuz var mı?

Siz sorunlarla dolu olduğunuzda, yeni bir şeyin girebilmesi için yer, bir çözüm için yer yoktur. Bu yüzden, yapabildiğiniz her an bir yer açın, bir boşluk yaratın ki yaşam-durumunuzun altındaki yaşamı bulabilesiniz.

Duyularınızı tam olarak kullanın. Bulunduğunuz yerde olun. Çevrenize bakın. Sadece bakın, yorumlamayın. Işığı, şekilleri, renkleri, dokuları görün. Her bir şeyin sessiz mevcudiyetinin farkında olun. Her şeyin olmasına izin veren boşluğun farkında olun. Sesleri dinleyin; onları yargılamayın. Seslerin altındaki sessizliği dinleyin. Bir şeye -herhangi bir şeye- dokunun ve onun Var'lığını hissedin, onu kabul ve tasdik edin. Nefes alıp verişinizin ritmini gözlemleyin; içinize girip çıkan havayı hissedin, bedeninizdeki yaşam enerjisini hissedin. İçinizde ve dışınızda, her şeyin *olmasına* izin verin. Her şeyin "oluşuna" izin verin. Şimdi'ye derin bir biçimde girin.

Siz bu durumda zihinsel soyutlamanın, zamanın zayıf düşürücü ve hissizleştirici dünyasını geride bırakmaktasınızdır. Siz, yavaş yavaş, dünya'yı zehirlediği ve yok ettiği gibi, yaşam enerjinizi de tüketen deli zihnin dışına çıkmaktasınızdır. Siz zaman rüyasından şimdiki an'a uyanmaktasınızdır.

***

Tüm Sorunlar Zihnin İllüzyonlarıdır

Bu sanki üzerinizden ağır bir yük kaldırılmış gibi bir duygu veriyor. Bir hafiflik duygusu hissediyorsunuz. Ben kendimi berrak hissediyorum... ama sorunlarım hâlâ orada beni bekliyorlar, öyle değil mi? Onlar çözülmediler. Bu durumda ben geçici olarak onlardan kaçmış olmuyor muyum?

Eğer siz kendinizi cennette bulmuş olsaydınız, çok geçmeden zihniniz "evet, ama..." diyecekti. Nihai olarak, bu sorunlarınızı çözmenizle ilgili bir şey değildir. Bu hiçbir sorunun *olmadığını* idrak etmekle ilgili bir şeydir. Sadece şimdi başa çıkılacak ya da değişene veya başa çıkılabilecek hale gelene dek kendi haline bırakılıp şimdiki anın "oluşunun" bir parçası olarak kabul edilecek durumlar vardır. Sorunlar zihnin-ürünüdür ve onların varlıklarını sürdürebilmek için zamana ihtiyaçları vardır. Onlar Şimdi'nin gerçekliğinde varlıklarını sürdüremezler.

Dikkatinizi Şimdi üzerinde odaklayın ve bana şu anda ne sorununuz olduğunu söyleyin.

***

Sizlerden bir yanıt alamadım, çünkü dikkatiniz tümüyle Şimdi'de olduğunda bir sorununuzun olması mümkün değildir. Bu ya başa çıkılması ya da kabullenilmesi gereken bir durumdur, o kadar. Onu neden bir soruna dönüştürmeli ki? Neden herhangi bir şeyi bir soruna dönüştürmeli ki? Yaşam zaten yeterince zor değil mi? Sizin sorunlara neden ihtiyacınız vardır? Zihin bilinçsiz bir biçimde sorunları sever, çünkü onlar size bir tür kimlik verirler. Bu normaldir ve delice bir şeydir. "Sorun," sizin şimdi bir eylemde bulunma konusunda gerçek niyetiniz ya da olanağınız olmadan bir durum üzerinde zihnen durduğunuz ve onu bilinçsiz olarak benlik duygunuzun bir parçası kıldığınız anlamına gelir. Bu durumda yaşam-durumunuz tarafından öyle ezilirsiniz ki yaşam duygunuzu, Var'lık duygunuzu yitirirsiniz. Ya da dikkatinizi şimdi *yapabileceğiniz* tek bir şey üzerinde odaklamak yerine, zihninizde gelecekte yapacağınız ya da yapabileceğiniz onlarca şeyin delice yükünü taşımaktasınızdır.

Bakın, bir sorun yarattığınızda, acı da yaratırsınız. Bunu yapmamak tümüyle basit bir seçimi, basit bir kararı gerektirir: ne olursa olsun, artık kendim için daha fazla acı yaratmayacağım. Artık daha fazla sorun yaratmayacağım. Bu, basit bir seçim olmasına karşın, çok radikal bir seçimdir de. Siz ıstırap çekmekten gerçekten bıkıp usanmadıkça, gerçekten canınıza yetmedikçe bu seçimi yapmazsınız. Ve Şimdi'nin gücüne ulaşmadıkça, bunu yürütemezsiniz. Eğer kendiniz için daha fazla acı yaratmazsanız, o zaman başkaları için de daha fazla acı yaratmazsınız. O zaman, artık güzelim Dünya'yı, içsel yerinizi ve ortak insan psişesini de sorun-yaratmanın olumsuzluğuyla kirletmezsiniz.

***

Eğer bir ölüm-kalım durumunda, öylesine acil bir durumda kalmışsanız, bunun bir sorun olmadığını bilirsiniz. Bu durumda zihin gezinip onu bir sorun haline getirecek *zamanı* bulamamıştır. Gerçek bir acil durumda zihin durur; siz Şimdi'de tümüyle mevcut hale gelirsiniz ve sonsuz derecede daha güçlü bir şey idareyi ele geçirir. İşte bu yüzden sıradan insanların birdenbire son derece cesur eylemlerde bulunabildikleri durumlar yaşanır. Herhangi bir acil durumda, siz ya sağ kalırsınız ya da kalamazsınız. Her iki durumda da, bu bir sorun değildir.

Bazı insanlar ben sorunların illüzyon olduğunu söylediğimde kızarlar. Bu durumda benim onları kimlik duygularından yoksun bıraktığımı, böyle bir tehdidi hissederler. Onlar sahte bir benlik duygusuna çok fazla zaman-yatırımı yapmışlardır. Yıllardır, onlar bilinçsiz bir biçimde bütün kimliklerini sorunları ya da ıstırapları olarak tanımlamışlardır. Bu sorunlar ya da ıstıraplar olmadan onlar kim olacaklardır?

İnsanların söyledikleri, düşündükleri ya da yaptıkları şeylerin çoğu aslında korku tarafından yönlendirilir, ki korku daima sizin gelecekte odaklanmanız ve Şimdi ile temasınızı yitirmenizle bağlantılıdır. Şimdi'de hiçbir sorun olmadığı gibi, hiçbir korku da yoktur.

Şimdi başa çıkmanız gereken bir durum ortaya çıktığında, eğer o şimdiki-anın farkındalığından kaynaklanıyorsa, sizin eyleminiz net, kesin ve direkt olacaktır. O ayrıca, büyük olasılıkla, etkili bir eylem olacaktır. O zihninizin geçmiş koşullanmasından kaynaklanan bir tepki değil, duruma sezgisel bir karşılık olacaktır. Siz zamana-bağlı zihnin tepki göstereceği diğer durumlarda ise hiçbir şey yapmamayı, sadece Şimdi'de merkezlenmiş olarak kalmayı daha etkili bulacaksınızdır.

Bilinç Tekâmülünde Dev Bir Hamle

Ben tarif ettiğiniz bu zihinden ve zamandan kurtulma halini kısa anlar için yaşadım, ama geçmiş ve gelecek o kadar ezici bir biçimde güçlü ki bu anları uzun bir süre koruyamıyorum.

Zamana-bağlı bilinç tarzı insan psişesine derin bir biçimde gömülüdür. Ama, bizim burada yaptığımız şey dünyanın ortak bilincinde meydana gelen çok derin bir değişim-dönüşümün bir parçasıdır: bu, bilincin madde, form ve ayrılık rüyasından uyanışıdır. Bu, zamanın sona erişidir. Biz binlerce yıldır insan yaşamına hükmetmiş zihin kalıplarını kırıyoruz. Geniş bir ölçekte akla hayale sığmaz ıstırap yaratmış zihin kalıplarını. Ben "kötü" sözcüğünü kullanmıyorum. Onu bilinçsizlik ya da delilik olarak adlandırmak daha yararlıdır.

Eski bilinç tarzının, ya da daha doğrusu bilinçsizliğin bu parçalanıp sona erişi: bu bizim yapmak zorunda olduğumuz bir şey mi, yoksa o zaten, her halükârda olacak mı? Yani, bu kaçınılmaz bir değişim mi?

Bu bir perspektif meselesidir. Yapma ve kendiliğinden meydana gelme aslında tekil bir süreçtir; siz bilincin bütünü ile bir olduğunuzdan, ikisini ayıramazsınız. Ama, insanların bunu yapacaklarının mutlak bir garantisi yoktur. Bu kaçınılmaz ya da kendiliğinden meydana gelen bir süreç değildir. Sizin işbirliğiniz onun asli bir parçasıdır. Siz ona nasıl bakarsanız bakın, o insan ırkı olarak varlığımızı sürdürmemizin tek şansı olduğu gibi, bilinç tekâmülünde de dev bir hamledir.

Var'lığın Sevinci

Psikolojik-zaman tarafından ele geçirilmenize izin verdiğiniz konusunda sizi uyarması için basit bir ölçüt kullanabilirsiniz. Kendinize şunu sorun: Yaptığım şeyde sevinç, rahatlık ve hafiflik var mı? Eğer yoksa, zaman şimdiki anı örtüp karartıyor ve yaşam bir yük ya da bir mücadele olarak algılanıyor demektir.

Eğer yaptığınız şeyde bir sevinç, rahatlık ya da hafiflik yoksa, bu ille de sizin *yaptığınız* şeyi değiştirmeniz gerektiği anlamına gelmez. *Nasıl*'ı değiştirmek yeterli olabilir. "Nasıl" daima "ne"den daha önemlidir. Elde etmek istediğiniz sonuçtan çok, bunu nasıl *yaptığınıza* daha fazla dikkat verip veremeyeceğinize bakın. En büyük dikkati yaşanan anın sunduğu şeye verin. Bu, *olanı* tamamen kabul ettiğiniz anlamına gelir, çünkü siz en büyük dikkati bir şeye verip de aynı zamanda ona direnemezsiniz. Siz şimdiki an'ı onurlandırır onurlandırmaz, tüm mutsuzluk ve mücadele ortadan kalkar ve yaşam sevinç ve huzurla akmaya başlar. Şimdiki-anın farkındalığıyla davrandığınızda, yaptığınız her şey -en basit eylem bile- bir nitelik, özen ve sevgi duygusuyla dolu hale gelir.

***

Öyleyse eyleminizin meyvesiyle, sonucuyla ilgilenmeyin, dikkatinizi sadece eylemin kendisine verin. Sonuç kendiliğinden gelecektir. Bu güçlü bir spiritüel uygulamadır. Var olan en eski ve güzel spiritüel öğretilerden biri olan *Bhagavad Gita*'da, eyleminizin sonucuna bağlı-olmamaya Karma Yoga denir. O, "kutsal eylem" yolu olarak tanımlanır.

Şimdi'den uzaklaşma dürtüsü ortadan kalktığında, Var' lık sevinci yaptığınız her şeye akar. Dikkatiniz Şimdi'ye döndüğü anda, bir mevcudiyet, bir sessizlik, bir huzur hissedersiniz. Siz artık doyum için geleceğe bağlı olmaz, kurtuluşu onda aramazsınız. Dolayısıyla da, sonuçlara bağlı olmazsınız. Bu durumda, ne başarısızlık ne de başarı sizin içsel Var'lık halinizi değiştirebilecek güce sahiptir. Siz yaşam-durumunuzun altındaki yaşamı bulmuşsunuzdur.

Psikolojik-zamanın yokluğunda, siz benlik duygunuzu kişisel geçmişinizden değil, Var'lıktan alırsınız. Dolayısıyla, zaten olduğunuz şeyden başka bir şey haline gelme psikolojik gereksinimi artık hissedilmez. Dünyada, yaşam-durumunuz düzeyinde, siz gerçekten zengin, bilgili, başarılı, şundan ya da bundan özgür hale gelebilirsiniz, ama Var'lığın daha derin boyutunda siz *şimdi* tamam ve bütünsünüzdür.

O bütünlük hali içinde, biz hâlâ dışsal hedeflerin peşine düşebilir, ya da bunu yapmayı isteyebilir miyiz?

Elbette, ama, gelecekte bir şeyin ya da birisinin sizi kurtaracağı veya mutlu edeceği illüzyoni beklentisine sahip olmazsınız. Yaşam-durumunuz söz konusu olduğunda erişilecek ya da elde edilecek şeyler olabilir. Bu form, kazanma ve kaybetme dünyasıdır. Bununla birlikte, daha derin bir düzeyde siz zaten tamamsınızdır ve bunu idrak ettiğinizde, yaptığınız şeyin ardında oyunbaz, sevinç dolu bir enerji olur. Psikolojik-zamandan kurtulmuş olarak, artık hedeflerinizin peşine korku, öfke, hoşnutsuzluk ya da "biri haline gelme" gereksinimi tarafından yönetilen acımasız bir kararlılıkla düşmezsiniz. Ego için benlik kaybı olan başarısızlık korkusu yüzünden hareketsiz ve atıl da kalmazsınız. Daha derin benlik duygunuzu Var'lıktan aldığınızda, "bir şey haline gelme" psikolojik gereksiniminden kurtulduğunuzda, ne mutluluğunuz ne de benlik duygunuz sonuca bağlı olur ve böylece korkudan kurtulursunuz. Siz kalıcılığı-sürekliliği onun bulunamayacağı bir yerde, yani form, kazanma-kaybetme, doğum-ölüm dünyasında aramazsınız. Durumların, koşulların, yerlerin ya da insanların sizi mutlu etmelerini talep etmez ve böylece onlar beklentilerinize uygun davranmadıklarında ıstırap çekmezsiniz.

Bu durumda her şey onurlandırılır, ama hiçbir şey önemli olmaz. Formlar doğar ve ölürler, ancak siz formların altındaki ebedi-olanın farkındasınızdır. Siz "gerçek olan hiçbir şeyin tehdit edilemeyeceğini"* bilirsiniz.

Bu sizin Var'lık haliniz olduğunda, siz nasıl olur da başarılı olamazsınız? Siz zaten, çoktan başarmışsınızdır.

---

* A Course in Miracles (Mucizeler Kursu) (Foundation for Inner Peace, 1990), Introduction

4

ZİHNİN ŞİMDİ'DEN KAÇMA STRATEJİLERİ

Şimdi'nin Yitirilmesi: Esas Yanılgı

Ben zamanın sonuçta bir illüzyon olduğunu tamamen kabul etsem bile, bu benim yaşamımda ne fark yaratacak? Ben hâlâ tamamen zamanın hükmettiği bir dünyada yaşamak zorundayım.

Bir şeyi akli olarak kabul etmek sadece bir başka inançtır ve yaşamınız için büyük bir fark yaratmayacaktır. Bu gerçeği idrak etmek için, onu yaşamanız gerekir. Bedeninizin her hücresi yaşam dolu olduğunu hissedecek kadar anda mevcut olduğunda ve siz o yaşamı her an Var'lık sevinci olarak hissedebildiğinizde, o zaman sizin zamandan özgür olduğunuz söylenebilir.

Ama, ben hâlâ yarın faturaları ödemek zorundayım ve ben hâlâ başka herkes gibi yaşlanıp öleceğim. Öyleyse zamandan özgür olduğumu nasıl söyleyebilirim?

Sorun yarının faturaları değildir. Sorun fiziksel bedenin ölümü değildir. Sorun Şimdi'nin yitirilmesidir, ziyan edilmesidir; ya da daha doğrusu, bir durumu, olayı veya duyguyu kişisel bir soruna ve ıstıraba dönüştüren esas yanılgıdır. Şimdinin yitirilmesi Var'lığın yitirilmesidir.

Zamandan özgürleşmek kimliğiniz için geçmiş ve doyumunuz için gelecek psikolojik gereksiniminden özgürleşmektir. O hayal edebileceğiniz en derin bilinç değişim-dönüşümünü temsil eder. Bazı nadir vakalarda, bu bilinç değişimi çarpıcı ve kökten bir biçimde, yani temelli olarak meydana gelir. Bu, çoğunlukla, yoğun bir ıstırabın ortasında mutlak bir teslimiyet yoluyla meydana gelir. Ancak, çoğu insanın bunun üzerinde çalışması gerekir.

Siz zaman'sız-sonsuz bilinç halini ilk kez kısa bir süre için gördüğünüzde, zaman ve anda-mevcudiyet boyutları arasında gidip gelmeye başlarsınız. Önce dikkatinizin ne kadar seyrek bir biçimde gerçekten Şimdi'de bulunduğunun farkına varırsınız. Ama, anda mevcut *olmadığınızı bilmek* büyük bir başarıdır: bu biliş -başlangıçta sadece birkaç saniye sürse bile- mevcudiyettir. Sonra, giderek artan bir sıklıkla, bilincinizi geçmiş ve gelecek yerine şimdiki anda odaklamayı *seçersiniz* ve her ne zaman Şimdi'yi yitirdiğinizi fark ederseniz, onun içinde sadece birkaç saniye değil, çok daha uzun bir süre kalabilirsiniz. Böylece, siz anda mevcudiyet haline sağlam bir biçimde yerleşmeden önce, yani tam bilinçli olmadan önce, bir süre bilinç ve bilinçsizlik arasında, anda mevcudiyet hali ile zihinle özdeşleşme hali arasında gider gelirsiniz. Siz tekrar tekrar Şimdi'yi kaybeder ve ona geri dönersiniz. En sonunda, anda-mevcudiyet sizin hâkim haliniz olur.

Çoğu insan, anda-mevcudiyeti ya hiç deneyimlemez ya da seyrek olarak, onun ne olduğunu tanımadan, tesadüfen ve kısa bir süre için deneyimler. Çoğu insan bilinç ile bilinçsizlik arasında değil, sadece bilinçsizliğin farklı düzeyleri arasında gidip gelir.

Sıradan Bilinçsizlik ve Derin Bilinçsizlik

"Bilinçsizliğin farklı düzeyleri" derken neyi kastediyorsunuz?

Bildiğiniz gibi, uyurken siz sürekli olarak rüyasız uyku aşamaları ile rüya hali arasında gider gelirsiniz. Benzer şekilde, uyanık haldeyken çoğu insan sadece sıradan bilinçsizlik ile derin bilinçsizlik arasında gider gelir. Benim sıradan bilinçsizlik dediğim şey sizin düşüncelerinizle, duygularınızla, tepkilerinizle, arzularınızla ve nefretlerinizle özdeşleşmenizdir. Bu çoğu insanın normal halidir. O haldeyken, siz egosal zihin tarafından yönetilirsiniz ve Var'lığın farkında olmazsınız. Bu ağır bir acı ya da mutsuzluk hali değil, neredeyse sürekli bir hafif huzursuzluk, hoşnutsuzluk, can sıkıntısı ya da sinirlilik halidir, bu fonda duyulan bir tür cızırtı gibidir. Siz bu cızırtının farkında olmayabilirsiniz, çünkü o "normal" yaşamın bir parçasıdır. Bu, bir havalandırmanın uğultusu gibi, sürekli arkadan gelen düşük bir gürültüyü o kesilene dek fark etmemenize benzer. Bu gürültü birden kesildiğinde, siz bir rahatlama hissedersiniz. Birçok insan bu temel huzursuzluktan kurtulmak için bilinçsiz bir çabayla alkolü, uyuşturucuları, seksi, yemeği, televizyonu, hatta alışverişi bir anestetik (hissi iptal eden bir uyuşturucu) olarak kullanır. Bu olduğunda, aşırıya kaçmadan kullanıldığında çok zevk verici olabilecek bir faaliyet zorlayıcı ya da bağımlı kılıcı bir nitelikle dolar ve onun vasıtasıyla elde edilen şey son derece kısa ömürlü bir rahatlama olur.

Sıradan bilinçsizliğin huzursuzluğu, işler "ters gittiğinde", ego tehdit edildiğinde, yaşam-durumunuzda gerçek veya hayal edilen büyük bir mücadele, tehdit ya da kayıp veya bir ilişkide çatışma olduğunda derin bilinçsizliğin acısına dönüşür; bu daha ağır ya da aşikâr bir ıstırap veya mutsuzluk halidir. Bu sıradan bilinçsizliğin yoğunlaşmış bir versiyonudur; Burada o tür olarak değil, derece olarak farklıdır.

Sıradan bilinçsizlikte, *olana* alışılmış direnme ya da onu yadsıma -çoğu insanın normal yaşam olarak kabul ettiği- huzursuzluğu ve hoşnutsuzluğu yaratır. Bu direnme ego'ya bir meydan okuma ya da tehdit yüzünden yoğunlaştığında, bu öfke, ağır korku, saldırganlık, depresyon vs. gibi yoğun bir olumsuzluk meydana getirir. Derin bilinçsizlik, çoğunlukla, acı-bedeninin aktive edilmesi ve sizin onunla özdeşleşmeniz anlamına gelir. Fiziksel şiddet ancak derin bilinçsizlik durumunda ortaya çıkar. O ayrıca bir insan kalabalığı, hatta tüm bir ulus olumsuz bir ortak enerji alanı ürettiğinde kolayca meydana gelebilir.

Sizin bilinç düzeyinizin en iyi göstergesi yaşam mücadeleleriyle, zorluklarıyla nasıl başa çıktığınızdır. Bu mücadeleler yoluyla bilinçsiz bir insan daha da derin bir biçimde bilinçsiz hale gelme ve bilinçli bir insan daha yoğun bir biçimde bilinçli hale gelme eğilimi gösterir. Siz bir mücadelenin sizi uyandırmasına da izin verebilirsiniz, daha derin bir uykuya çekmesine de. Sıradan bilinçsizlik rüyası o zaman bir kâbusa dönüşür.

Eğer siz bir odada tek başınıza oturmak, ormanda yürümek, ya da birini dinlemek gibi normal durumlarda bile orada mevcut olamıyorsanız, o zaman bir şey "kötüye gittiğinde," ya da zor insanlar veya durumlarla, kayıpla ya da kayıp tehdidiyle karşılaştığınızda kesinlikle bilinçli kalamayacaksınızdır. O zaman siz bir tepki tarafından ele geçirileceksinizdir, ki bu sonuçta daima bir korku biçimidir ve siz derin bilinçsizliğe çekileceksinizdir. Bu mücadeleler, zorluklar sizin sınavlarınızdır. Sizin gözleriniz kapalı olarak ne kadar uzun bir süre oturabileceğiniz ya da hangi vizyonları göreceğiniz değil, sadece bu zorluklarla başa çıkma biçiminiz size ve diğerlerine bilincinizin hangi düzeyde bulunduğunu gösterecektir.

Böylece yaşamınıza, her şeyin nispeten daha yolunda gittiği sıradan durumlarda daha fazla bilinç getirmek gerekir. Bu şekilde, siz anda-mevcudiyet gücü açısından gelişirsiniz. Bu sizde ve çevrenizde yüksek titreşim frekanslı bir enerji alanı yaratır. Nasıl karanlık ışığın mevcudiyetinde varlığını sürdüremezse, hiçbir bilinçsizlik, olumsuzluk uyuşmazlık ve şiddet de bu alana girip varlığını sürdüremez.

Siz -anda mevcut olmanın asli bir parçası olan- düşüncelerinizin ve duygularınızın tanığı olmayı öğrendiğinizde, sıradan bilinçsizliğin arka plândaki "cızırtısının" ilk kez farkına vardığınızda ve içinizin ne kadar nadiren rahat ve huzurlu olduğunu fark ettiğinizde şaşırabilirsiniz. Düşünme düzeyinizde, yargılama, hoşnutsuzluk ve Şimdi'den uzağa zihinsel projeksiyon şeklinde bir hayli direnç bulacaksınız. Duygusal düzeyde, gizli bir huzursuzluk, gerilim, can sıkıntısı ya da sinirlilik cereyanı olacaktır. Her ikisi de alışılmış direnme hali içindeki zihnin veçheleridir.

Onlar Ne Arıyorlar?

Carl Jung, kitaplarından birinde bir Kızılderili şefle yaptığı bir konuşmayı anlatır. Bu konuşma sırasında, Kızılderili şef onun algısına göre çoğu beyaz insanın gergin bir yüze, sabit bakışlara ve kaba bir davranış tarzına sahip olduğunu belirtir ve şöyle ekler: "Onlar daima bir şey arıyorlar. Ne arıyorlar? Beyazlar daima bir şey istiyorlar. Onlar daima huzursuz ve rahatsızlar. Biz onların ne istediklerini bilmiyoruz. Onların deli olduklarını düşünüyoruz."

Kuşkusuz, bu sürekli gizli huzursuzluk cereyanı Batı endüstriyel uygarlığının yükselişinden uzun zaman önce başlamıştır, ama bu şimdi Doğu'nun büyük bölümü de dahil olmak üzere neredeyse tüm dünyayı kaplayan Batı uygarlığında ağır bir biçimde tezahür etmektedir. O, İsa zamanında da vardı, ondan altı yüzyıl önce, Buda zamanında da vardı, ondan uzun zaman önce de vardı. Siz neden daima endişelisiniz? İsa, havarilerine şöyle sormuştu: "Endişeli düşünce ömrünüzü bir gün bile uzatabilir mi?" Ve Buda, ıstırabın kökünün bizim sürekli isteyişimiz ve arzulayışımızda bulunduğunu öğretmiştir.

Şimdi'ye ortak bir işlev-bozukluğu olarak direnmek, özünde Var'lığın farkındalığının yitirilmesine bağlıdır ve bu bizim insani özeliklerini yitirmiş endüstriyel uygarlığımızın temelini oluşturur. Bu arada Freud da bu gizli huzursuzluk cereyanının varlığını saptamış ve ondan *Uygarlık ve Hoşnutsuzlukları* adlı kitabında söz etmiştir, ama o bu huzursuzluğun gerçek kökenini saptayamamış ve ondan kurtuluşun mümkün olduğunu fark edememiştir. Bu ortak işlev-bozukluğu çok mutsuz ve şiddet dolu bir uygarlık yaratmıştır; ve bu uygarlık sadece kendisi için değil, gezegen üzerindeki tüm yaşam için de bir tehdit haline gelmiştir.

Sıradan Bilinçsizliği Ortadan Kaldırmak

Öyleyse biz bu ıstırap kaynağından nasıl kurtulabiliriz?

Onu bilinçli hale getirin. İçinizde ortaya çıkan huzursuzluk, hoşnutsuzluk ve gerilimin nasıl gereksiz yargılama, *olana* direnme ve Şimdi'yi yadsıma sonucunda ortaya çıktığını gözlemleyin. Siz bilincin ışığını ona yönelttiğinizde, bilinçsiz olan her şey eriyip yok olur. Bir kez siz sıradan bilinçsizliği nasıl ortadan kaldıracağınızı bildiğinizde, anda-mevcudiyetinizin ışığı pırıl pırıl parlayacak ve derin bilinçsizliğin aşağı çekişini hissettiğiniz her seferinde onunla başa çıkmanız çok daha kolay olacaktır. Bununla birlikte, sıradan bilinçsizlik çok normal olduğundan, başlangıçta onu fark etmeniz kolay olmayabilir.

Kendinizi gözlemleyerek zihinsel-duygusal halinizi izlemeyi bir alışkanlık haline getirin. "Ben şu anda huzurlu muyum?"

sorusu kendinize sık sık sorabileceğiniz iyi bir sorudur. Ya da, "Şu anda içimde ne oluyor?" diye sorabilirsiniz. İçinizde ne olduğuyla, en azından dışarıda ne olduğuyla ilgilendiğiniz kadar ilgilenin. Eğer içinizi yoluna koyarsanız, dışarısı da yoluna girecektir. Esas realite içinizde, ikincil realite dışınızdadır. Ama, bu soruları hemen yanıtlamayın. Dikkatinizi içinize yöneltin. İçinize bir bakın. Zihniniz ne tür düşünceler üretiyor? Ne hissediyorsunuz? Dikkatinizi bedeninize yöneltin. Bedeninizde bir gerilim hissediyor musunuz? Bir kez düşük düzeyde bir huzursuzluk, geri plânda bir cızırtı bulunduğunu saptadığınızda, Şimdi'yi yadsıyarak yaşamdan nasıl kaçtığınızı, ona nasıl direndiğinizi ya da onu nasıl yadsıdığınızı görmeye çalışın. İnsanların şimdiki an'a bilinçsizce direnmelerinin birçok yolu vardır. Size birkaç örnek vereceğim. Uygulamayla, sizin kendini-gözlemleme, içsel halinizi izleme gücünüz keskinleşecektir.

Mutsuzluktan Kurtuluş

Yaptığınız şeyi yaptığınız için içerliyor musunuz? Bu sizin işiniz olabilir, ya da siz bir şeyi yapmayı kabul etmişsinizdir ve onu yapmaktasınızdır, ama bir yanınız ona içerlemekte ve direnmektedir. Size yakın bir insana karşı açığa vurulmamış bir içerleme taşıyor musunuz? Bundan dolayı yaydığınız enerjinin çok zararlı etkileri olduğunu, onunla hem kendinizi hem de çevrenizdekileri kirlettiğinizin farkında mısınız? İçinize iyice bir bakın. İçinizde içerlemenin, gönülsüzlüğün en ufak bir kırıntısı var mı? Eğer varsa, onu hem zihinsel hem de duygusal düzeyde gözlemleyin. Zihniniz bu durumla ilgili nasıl düşünceler üretiyor? Sonra duyguya bakın, bedeniniz bu düşüncelere hangi duyguyla tepki gösteriyor? Duyguyu hissedin. O hoş bir his mi, yoksa nahoş bir his mi veriyor? O içinizde bulunmasını gerçekten *seçeceğiniz* bir enerji mi? Siz bir seçime *sahip misiniz*?

Belki siz aldatıldınız, sömürüldünüz, belki meşgul olduğunuz faaliyet sıkıcı usandırıcıdır, belki size yakın olan biri sahtekârdır, sinir bozucudur ya da bilinçsizdir, ama tüm bunlar konu dışıdır. Bu durumla ilgili düşüncelerinizin ve duygularınızın geçerli bir nedeninin olup olmaması, sizin haklı olup olmamamız hiç fark etmez. Gerçek, *sizin* olana direnmenizdir. Siz şimdiki an'ı bir hasım, bir düşman haline getirmektesinizdir. İçsel ile dışsal olan arasında mutsuzluk ve çatışma yaratmaktasınızdır. Sizin mutsuzluğunuz sadece içsel varlığınızı ve çevrenizdekileri değil, aynı zamanda ayrılmaz bir parçası olduğunuz ortak insan psişesini de kirletmektedir. Gezegenin kirlenmesi, sadece içsel psişik bir kirlenmenin -milyonlarca bilinçsiz bireyin içsel alanının sorumluluğunu üstlenmemesinin- dışsal bir yansımasıdır.

Bu durumda, ya yaptığınız şeyi yapmayı bırakın, ilgili kişiyle konuşup ne hissettiğinizi tam olarak ifade edin, ya da zihninizin bu durum çevresinde yarattığı ve sahte bir benlik duygusunu güçlendirmekten başka bir amaca hizmet etmeyen olumsuzluğu bırakın. Onun boşunalığını, yararsızlığını görüp kabul etmek önemlidir. Olumsuzluk bir durumla başa çıkmanın asla en iyi, en uygun yolu değildir. Aslında, çoğu durumda o sizi içinde eli kolu bağlı, sıkışmış bir halde tutar, gerçek değişimi engeller. Olumsuz enerjiyle yapılan herhangi bir şey onun tarafından kirletilecek ve zamanla daha fazla acıya, daha fazla mutsuzluğa neden olacaktır. Dahası, her olumsuz iç hali bulaşıcıdır: Mutsuzluk fiziksel bir hastalıktan daha kolayca yayılır. Rezonans yasası yoluyla, o -onlar bağışık, yani çok bilinçli olmadıkça- başkalarında gizli olumsuzluğu harekete geçirir ve besler.

Siz dünyayı kirletiyor musunuz, yoksa kirliliği temizliyor musunuz? Siz, tıpkı gezegenden sorumlu olduğunuz gibi, içsel alanınızdan da sorumlusunuz; bundan, başka kimse sorumlu değildir. İçiniz nasılsa dışarısı da öyledir: Eğer insanlar içsel kirliliği temizlerlerse, dışsal kirlilik yaratmayı da bırakacaklardır.

Sizin önerdiğiniz gibi olumsuzluğu nasıl bırakabiliriz?

Onu bırakarak. Elinizde tuttuğunuz kızgın bir kömürü nasıl bırakırsınız? Taşıdığınız ağır ve gereksiz bir yükü nasıl bırakırsınız? Artık o acıyı çekmek ya da o yükü taşımak istemediğinizi görüp kabul ederek ve sonra onu bırakarak.

Derin bilinçsizliğin de, acı-bedeni gibi, ya da diğer derin acı (örneğin, sevdiğiniz bir insanı yitirmek) gibi, durumu kabullenmenin mevcudiyetinizin ışığıyla -sürdürülen dikkatinizle- birleştirilmesi yoluyla dönüşüme uğratılması gerekir. Öte yandan, sıradan bilinçsizlikteki birçok kalıp bir kez siz onları artık istemediğinizi ya da onlara ihtiyacınızın olmadığını, bir seçime sahip olduğunuzu, sizin bir otomatik davranış yığını olmadığınızı bildiğinizde kolayca bırakılabilir. Tüm bunlar sizin Şimdi'nin gücüne erişebileceğiniz anlamına gelir. Onsuz, siz hiçbir seçime sahip değilsinizdir.

Eğer siz bazı duygulara olumsuz diyorsanız, bu durumda daha önce açıkladığınız gibi bir zihinsel iyi-kötü kutbiyeti yaratmıyor musunuz?

Hayır. Kutbiyet daha önceki bir aşamada zihniniz şimdiki an'ı kötü olarak yargıladığında yaratılmıştı; bu yargı o zaman olumsuz duyguyu yaratmıştı.

Ama, siz bazı duygulara olumsuz dediğinizde, aslında onların orada bulunmamaları, bu duygulara sahip olmamamız gerektiğini söylüyor olmuyor musunuz? Benim anlayışıma göre, on-

ları kötü diye yargılamak ya da onlara sahip olmamamız gerektiğini söylemek yerine, ortaya çıkan her türlü duyguyu hissetmemize izin vermeliyiz. İçerlemek pekâlâdır; öfkelenmek, sinirlenmek, huysuzlanmak pekâlâdır; aksi takdirde biz duygularımızı bastırır, içsel çatışma ya da yadsımaya düşeriz. Her şey olduğu gibi pekâlâdır.

Elbette. Bir kez bir zihin kalıbı, bir duygu, ya da bir tepki ortaya çıktığında, onu kabul edin. Siz o meselede bir seçime sahip olacak kadar yeterince bilinçli değildiniz. Bu bir yargı değil, sadece bir olgudur. Eğer siz bir seçime sahip *olsaydınız*, ya da bir seçime sahip *olduğunuzu* idrak etmiş olsaydınız, ıstırabı mı yoksa sevinci mi, rahatlığı mı yoksa rahatsızlığı mı, huzuru mu yoksa çatışmayı mı seçerdiniz? Siz sizi doğal esenlik halinizden, yaşam sevincinizden koparan bir düşünce ya da duyguyu mu seçerdiniz? Ben böyle bir duyguya olumsuz diyorum, ki bu sadece kötü anlamına gelir. "Bunu yapmamalıydın," anlamında değil, ama sadece, midenizin rahatsızlanması gibi, basit olgusal anlamda kötü.

İnsanların sadece yirminci yüzyılda yüz milyonu aşkın insanı öldürmüş olmaları nasıl mümkün olabilir?* İnsanların birbirlerine bu büyüklükte bir acı vermeleri hayal edilemez bir şeydir. Ve bu hesaba onların birbirlerine ve diğer canlılara günbegün uygulamayı sürdürdükleri zihinsel, duygusal ve fiziksel şiddet, işkence, acı ve zulüm dahil değildir.

Onlar doğal halleriyle, içlerindeki yaşam sevinciyle temasta oldukları için mi bu şeklide davranırlar? Elbette değil. Sadece derin bir biçimde olumsuz bir halde bulunan, kendini gerçekten çok kötü hisseden insanlar nasıl hissettiklerinin bir yansıması olarak böyle bir realite yaratırlar. Şimdi onlar ken-

---

* R. L. Sivard, *World Military and Social Expenditures 1996, 16. Baskı* (World Priorities, Washington D.C., 1996), s. 7.

dilerini yaşatan doğayı ve gezegeni yok etmekle meşguldürler. İnanılmaz, ama gerçek. İnsanlar tehlikeli bir biçimde deli ve hasta bir türdür. Bu bir yargı değil, bir olgudur. Ama, akıllılığın hemen orada, deliliğin altında olduğu da bir gerçektir. Şifa ve kurtuluş hemen şimdi mümkündür.

Sizin söylediğiniz şeye geri dönersek, içerlemenizi, huysuzluğunuzu, öfkenizi vs. kabul ettiğinizde artık onları körlemesine sergilemeye zorlanmayacağınız ve onları başkalarına projekte etmenizin daha az olası olduğu kesinlikle doğrudur. Ama, kendinizi aldatıp aldatmadığınızı merak ediyorum. Siz kabullenmeyi bir süre için uyguladığınızda, bir nokta gelir, artık bu olumsuz duyguların yaratılmadığı bir sonraki aşamaya geçmeniz gerekir. Eğer bunu yapmazsanız, "kabullenmeniz" ego'nun mutsuzluğa düşmeyi sürdürmesine izin veren bir zihinsel etiket haline gelir ve böylece diğer insanlardan, çevrenizden, burada ve şimdi'nizden ayrılık duygusunu güçlendirir. Bildiğiniz gibi, ayrılık ego'nun kimlik duygusunun temelidir. Gerçek kabullenme bu hisleri bir anda dönüşüme uğratır. Ve siz her şeyin dediğiniz gibi "pekâlâ" olduğunu (ki bu elbette doğrudur) gerçekten derin bir biçimde biliyorsanız, o zaman bu olumsuz hisleri ilk başta hissetmezdiniz. *Olanı* yargılamasaydınız, ona direnmeseydiniz, bu olumsuz hisler de ortaya çıkmazlardı. Siz zihninizde "her şeyin pekâlâ olduğu" fikrine sahipsiniz, ama derinlerde buna gerçekten inanmıyorsunuz ve böyle eski zihinsel-duygusal direnç kalıpları hâlâ yerindedir. Sizin kendinizi kötü hissetmenize neden olan da budur.

Bu da pekâlâdır.

Siz bilinçsiz olma hakkınızı, acı çekme hakkınızı mı savunuyorsunuz? Endişelenmeyin, hiç kimse bunu sizden alıp götürmeyecek. Siz belli türde bir yiyeceğin sizi hasta ettiğini fark ettiğinizde, bu yiyeceği yemeyi ve hasta olmanın pekâlâ olduğunu iddia etmeyi sürdürür müsünüz?

Her Neredeyseniz, Tamamen Orada Olun

Sıradan bilinçsizliğe başka örnekler de verebilir misiniz?

Kendinizi konuşurken ya da düşünürken, içinde bulduğunuz bir durum, diğer insanların yaptıkları ya da söyledikleri şeyler, çevreniz, yaşam-durumunuz ve hatta hava durumu hakkında yakınırken yakalamaya çalışın. Yakınmak daima *olanı* kabul etmemektir. O, değişmez bir biçimde, bilinçsiz bir olumsuz birikim taşır. Siz yakındığınızda, kendinizi bir kurban yaparsınız. Açıkça, çekinmeden konuştuğunuzda ise gücünüzde olursunuz. Öyleyse eğer gerekliyse ya da mümkünse eyleme geçerek veya açıkça konuşarak durumu değiştirin; durumu bırakın ya da kabul edin. Bunun dışında her şey deliliktir.

Sıradan bilinçsizlik daima Şimdi'nin yadsınmasıyla bağlantılıdır. Şimdi, elbette, burada anlamına da gelir. Siz burada ve şimdi'nize direniyor musunuz? Bazı insanlar daima başka bir yerde olmayı tercih ederler. Onların "burada"sı asla yeterince iyi değildir. Kendinizi gözlemleyerek, sizin yaşamınızda da durumun böyle olup olmadığını görün. Her nerede bulunuyorsanız, tamamen orada olun. Eğer burada ve şimdi'nizi katlanılmaz buluyorsanız ve o sizi mutsuz ediyorsa, üç seçeneğe sahipsinizdir: ya o durumdan uzaklaşın, ya onu değiştirin ya da tümüyle kabul edin. Eğer yaşamınızın sorumluluğunu üstlenmek istiyorsanız, bu üç seçenekten birini seçmelisiniz ve şimdi seçmelisiniz. Sonra sonuçları kabul edin. Hiçbir bahane yaratmadan. Hiçbir olumsuzluk yaratmadan. Hiçbir psişik kirlilik yaratmadan. İçsel alanınızı temiz tutun.

Eğer eyleme geçmeyi -durumdan uzaklaşmayı ya da onu

değiştirmeyi- seçerseniz, önce, eğer mümkünse, olumsuzluğu bırakın. Neyin gerektiğiyle ilgili içgörüden kaynaklanan eylem, olumsuzluktan kaynaklanan eylemden daha etkilidir.

Herhangi bir eylem, çoğunlukla, eylemsizlikten daha iyidir, özellikle uzun bir süredir mutsuz bir duruma saplanıp kalmışsanız. Eğer o eylem bir hataysa, en azından bir şey öğrenirsiniz, ki bu durumda o artık bir hata olmaz. Eğer öylece saplanıp kalırsanız, hiçbir şey öğrenemezsiniz. Korku sizin eyleme geçmenizi engelliyor mu? Korkuyu kabul ve tasdik edin, onu izleyin, dikkatinizi ona verin, onunla tümüyle mevcut olun. Böyle yapmak korku ile sizin düşünüşünüz arasındaki bağı keser. Korkunun zihninize yükselmesine izin vermeyin. Şimdi' nin gücünü kullanın. Korku ona üstün gelemez.

Eğer burada ve şimdi'nizi değiştirmek için yapabileceğiniz bir şey gerçekten yoksa ve o durumdan uzaklaşamıyorsanız, o zaman tüm içsel direnci bırakarak burada ve şimdi'nizi bütünüyle kabul edin. O zaman mutsuzluk, içerleme hissetmekten ve kendine acımaktan hoşlanan sahte, mutsuz benlik varlığını sürdüremez. Buna teslimiyet denir. Teslimiyet zayıflık değildir. Onun içinde büyük bir güç vardır. Sadece teslim olmuş bir insan ruhsal güce sahiptir. Teslimiyet yoluyla, siz durumdan içsel olarak özgür olursunuz. O zaman durumun sizin bir çaba göstermenize gerek kalmadan değiştiğini görebilirsiniz. Her iki durumda da siz özgürsünüzdür.

Ya da yapmanız "gereken," ama yapmadığınız bir şey var mı? Kalkın ve onu şimdi yapın. Veya, eğer seçiminiz buysa, eylemsizliğinizi, tembelliğinizi ya da pasifliğinizi şu anda tamamen kabul edin. Ona bütünüyle girin. Onun keyfini çıkarın. Olabildiğiniz kadar tembel ya da eylemsiz olun. Eğer onun içine bütünüyle ve bilinçli olarak girerseniz, çok geçmeden onun dışına çıkacaksınızdır. Ya da belki bunu yapmayacaksınızdır. Her iki halde de, hiçbir içsel çatışma, direnme ve olumsuzluk yoktur.

Gergin misiniz? Şimdiki an'ı ona ulaşma vasıtasına indirgeyecek kadar geleceğe ulaşmakla mı meşgulsünüz? Gerginliğe (strese) "burada" olmak, ama "orada" olmayı istemek, ya da şimdi'de bulunmak ama gelecekte olmayı istemek yol açar. Bu sizi içsel olarak parçalayan bir bölünmedir. Böyle bir içsel bölünme yaratmak ve onunla yaşamak delice bir şeydir. Herkesin bunu yapması onu daha az delice kılmaz. Eğer bunu yapmak zorundaysanız, kendinizi geleceğe projekte etmeden ve şimdiki an'a direnmeden de hızlı hareket edebilir, hızlı çalışabilir, hatta koşabilirsiniz. Hareket eder, çalışır ve koşarken bunu bütünüyle yapın. O anın enerji akışının, yüksek enerjinin tadını çıkarın. Şimdi artık gergin değilsinizdir, artık kendinizi ikiye bölmemektesinizdir. Sadece hareket etmekte, koşmakta, çalışmakta ve bundan zevk almaktasınızdır. Ya da her şeyi bırakıp, parka gidip bir sırada oturabilirsiniz. Ancak, bunu yaptığınızda, zihninizi izleyin. O diyebilir ki: "Çalışıyor olman gerekirdi. Boşa zaman harcıyorsun." Zihni gözlemleyin. Ona gülümseyin.

Geçmiş, dikkatinizin büyük bölümünü alıyor mu? Sık sık onun hakkında olumlu ya da olumsuz biçimde konuşup düşünüyor musunuz? Başardığınız büyük şeyler, serüvenleriniz, deneyimleriniz, ya da kurban-olma öykünüz ve size yapılan korkunç şeyler veya belki sizin bir başkasına yapmış olduğunuz şeyler hakkında... Düşünce süreçleriniz suçluluk duygusu, kibir, içerleme, öfke, pişmanlık ya da kendine-acıma yaratıyor mu? Eğer öyleyse, o zaman siz sadece sahte bir benlik duygusunu güçlendirmekle kalmıyor, ama psişenizde geçmişin bir birikimini yaratarak bedeninizin yaşlanma sürecini de hızlandırıyor olursunuz. Çevrenizde geçmişe tutunma konusunda güçlü bir eğilime sahip olanları gözlemleyerek bunu kendiniz de görebilirsiniz.

Her an geçmişi geride bırakın. Sizin ona ihtiyacınız yoktur. Ona sadece şimdiki an'ı mutlak şekilde ilgilendirdiğinde başvurun. Bu anın gücünü ve Var'lığın tamlığını hissedin. Mevcudiyetinizi hissedin.

***

Endişeli misiniz? Sık sık, "eğer... olursa, ne olur?" diye düşünüyor musunuz? Eğer öyleyse siz, kendini gelecekteki hayali bir duruma projekte eden ve korku yaratan zihninizle özdeşleşmişsinizdir. Sizin böyle bir durumla başa çıkmanızın hiçbir yolu yoktur, çünkü o mevcut değildir. O zihinsel bir hayalettir. Siz sadece şimdiki an'ı kabul ve tasdik ederek bu sağlığı ve yaşamı kemiren deliliği durdurabilirsiniz. Soluk alıp verişinizin farkında olun. Havanın bedeninize girip çıkışını hissedin. İçsel enerji alanınızı hissedin. Zihnin hayali projeksiyonlarının tersine, gerçek yaşamda başa çıkmanız gereken tüm şey *bu andır*. Kendinize gelecek yıl, yarın ya da beş dakika sonra değil, şu anda hangi "soruna" sahip olduğunuzu sorun. Bu anda yolunda olmayan ne vardır? Siz Şimdi ile daima başa çıkabilirsiniz, ama gelecekle asla başa çıkamazsınız, bunu yapmak zorunda da değilsiniz. Ne önce ne de sonra, ancak ona ihtiyacınız olduğu anda yanıt, güç, doğru eylem ya da kaynak ortaya çıkacaktır.

"Bir gün bunu yapacağım." Hedefiniz şimdiki an'ı sonuca götüren bir vasıtaya indirgeyeceğiniz kadar çok dikkatinizi alıyor mu? O sizin yaptığınız şeyden sevinç duymanızı engelliyor mu? Siz yaşamaya başlamayı mı bekliyorsunuz? Eğer böyle bir zihin kalıbı geliştirirseniz, neyi başarırsanız başarın, neyi elde ederseniz edin, şimdiki an asla yeterince iyi olmayacak, gelecek daima daha iyi görünecektir. Bu kalıcı bir doyumsuzluk için mükemmel bir reçetedir, öyle değil mi?

Siz "beklemeyi" alışkanlık haline mi getirdiniz? Yaşamınızın ne kadarını bekleyerek harcıyorsunuz? Benim "küçük-ölçekte bekleme" dediğim şey postanede kuyrukta beklemek, trafik sıkışıklığında, havaalanında beklemek, ya da birisinin gelmesini, bir işin bitmesini vs. beklemektir. "Büyük-ölçekte bekleme" ise bir sonraki tatili, daha iyi bir işi, çocukların büyümelerini, gerçekten anlamlı bir ilişkiyi, başarıyı, para kazanmayı, önemli olmayı, aydınlanmayı beklemektir. İnsanların tüm yaşamlarını yaşamaya başlamayı bekleyerek geçirmeleri az görülen bir şey değildir.

Beklemek bir zihinsel haldir. Temelde, bu sizin geleceği istediğiniz, şimdi'yi istemediğiniz anlamına gelir. Siz elde ettiğiniz şeyi istememekte, elde etmediğiniz şeyi istemektesinizdir. Her tür bekleyişle siz, bilinçsiz olarak, burada ve şimdi, yani olmak istemediğiniz yer ile, projekte edilen gelecek, yani olmak istediğiniz yer arasında içsel bir çatışma yaratırsınız. Bu sizin şimdi'yi yitirmenize yol açarak yaşam kalitenizi büyük ölçüde düşürür.

Yaşam-durumunuzu düzeltmeye, iyileştirmeye çalışmakta yanlış bir şey yoktur. Siz yaşam-durumunuzu düzeltebilirsiniz, ama yaşamınızı düzeltemezsiniz. Yaşam asıl olandır. Yaşam en derin içsel Var'lığınızdır. O zaten bütündür, tamamdır, kusursuzdur. Yaşam-durumunuz sizin koşullarınızdan ve deneyimlerinizden oluşur. Hedefler belirleyip onlara erişmeye çalışmakta yanlış bir şey yoktur. Hata bunu yaşam hissinin, Var'lığın yerine geçirmekte yatar. Var'lığa tek giriş noktası Şimdi'dir. Siz o hatayı yaptığınızda, bir yapının temeline hiç dikkat etmeyen, üst yapı üzerinde çalışmaya bir hayli zaman harcayan bir mimar gibi olursunuz.

Örneğin, birçok insan zengin olmayı bekler. Zenginlik gelecekte gelemez. Siz mevcut realitenizi -şu anda bulunduğunuz yeri, kimliğinizi, ne yaptığınızı- onurlandırıp, tümüyle kabul ve tasdik ettiğinizde, elde ettiğiniz şeyi tümüyle kabullendiğinizde, elde ettiğiniz şey için şükran duymakta, *olan* için şükran duymakta, Var'lık için şükran duymaktasınızdır. Şimdiki an için ve *şimdiki yaşamın* bütünü için şükran duymak gerçek zenginliktir. O gelecekte gelemez. Sonra, zamanla, o zenginlik sizin için çeşitli şekillerde tezahür eder.

Eğer elde ettiğiniz şey size doyum vermiyorsa, ya da mevcut yoksunluğunuz için düş kırıklığı veya öfke duyuyorsanız, bu sizi zengin olmaya güdüleyebilir, ama sonuçta büyük bir servet kazansanız bile, içsel yoksunluğu deneyimlemeyi ve derinlerde kendinizi doyumsuz hissetmeyi sürdüreceksinizdir. Siz paranın satın alabileceği birçok heyecan verici deneyim yaşayabilirsiniz, ama onlar gelip geçecek ve sizi daima boş bir hisle ve daha fazla fiziksel ya da psikolojik doyum ihtiyacıyla bırakacaklardır. Siz Var'lıkta kalamayacak ve böylece gerçek zenginlik olan şimdiki yaşamın doluluğunu hissedemeyeceksiniz.

Öyleyse bir zihin hali olarak beklemeyi bırakın. Beklemeye kaydığınızı fark ettiğinizde... kendinizi o halden hemen kurtarın. Şimdiki an'a girin. Sadece olun ve olmanın tadını çıkarın. Eğer orada, anda mevcutsanız, sizin herhangi bir şeyi beklemenize asla ihtiyaç yoktur. Böylece bir dahaki sefere birisi size, "Seni beklettiğim için özür dilerim," dediğinde, ona, "Özür dilemene gerek yok, ben beklemiyordum. Ben burada durmuş, yaşadığım anın tadını çıkarıyordum," diyebilirsiniz.

Bunlar sıradan bilinçsizliğin bir parçası olan, zihnin şimdiki an'ı yadsıma stratejilerinin sadece birkaçıdır. Onlar normal yaşamın bir parçası olduklarından kolayca fark edilmeyebilirler; bu arka plânda sürekli hoşnutsuzluk şeklinde bulunan bir cızırtıdır. Ama, siz içsel zihinsel-duygusal halinizi giderek daha çok izledikçe, geçmişin ya da geleceğin, yani bilinçsizliğin kapanına kısıldığınızda bunu fark etmeniz ve zaman rüyasından şimdiki an'a uyanmanız daha kolay olacaktır. Ancak, dikkatli olun: Zihinle özdeşleşmeye dayanan sahte, mutsuz benlik zamanda yaşar. O şimdiki anın kendisinin ölümü olduğunu bilir ve bu yüzden onun tarafından tehdit edildiğini hisseder. O sizi şimdi'nin dışına çıkarmak için elinden gelen her şeyi yapacaktır. O sizi zamanın kapanına kısılı tutmaya çalışacaktır.

Yaşam Yolculuğunuzun İçsel Amacı

Söylediğiniz şeyin doğruluğunu görebiliyorum, ama hâlâ yaşam yolculuğumuzda bir amacımızın olması gerektiğini düşünüyorum; aksi takdirde öylesine sürüklenir dururuz; ve amaç gelecek anlamına gelir, öyle değil mi? Bunu şimdiki anda yaşamakla nasıl bağdaştırabiliriz?

Siz bir yolculuğa çıktığınızda, nereye gittiğinizi ya da en azından gittiğiniz yönü bilmeniz kesinlikle yararlıdır, ama unutmayın: yolculuğunuzla ilgili nihai olarak gerçek olan tek şey bu anda attığınız adımdır. Var olan tek şey budur.

Yaşam yolculuğunuzun bir dışsal amacı, bir de içsel amacı vardır. Dışsal amaç hedefinize ya da gideceğiniz yere erişmek, giriştiğiniz işi başarmak, şunu ya da bunu elde etmektir, ki bu elbette, gelecek anlamına gelir. Ama, eğer gideceğiniz yer ya da gelecekte atacağınız adımlar dikkatinizin büyük bölümünü işgal ediyorsa, onlar sizin için şimdi attığınız adımdan daha önemli hale gelmişlerse, o zaman siz yolculuğun içsel amacını tamamen kaçırmışsınızdır, ki bu amacın sizin *nereye* gittiğinizle ya da *ne yaptığınızla* hiçbir ilgisi yoktur, ama *nasıl* yaptığınızla her türlü ilgisi vardır. Onun gelecekle hiçbir ilgisi yoktur, ama bilincinizin şu andaki niteliğiyle her türlü ilgisi vardır. Dışsal amaç yatay uzay ve zaman boyutuna aittir; içsel amaç ise Var'lığınızın zaman'sız-sonsuz Şimdi'nin dikey boyutunda derinleşmesiyle ilgilidir. Dışsal yolculuğunuz bir milyon adım içerebilir; içsel yolculuğunuz ise sadece bir adım içerir: şu anda attığınız adım. Siz bu bir adımın daha derin bir biçimde farkında olurken, onun gidilecek yeri ve tüm diğer adımları zaten içerdiğini fark edersiniz. Bu bir adım o zaman mükemmelliğin bir ifadesine, büyük bir güzellik ve nitelik eylemine dönüşür. O sizi Var'lığa götürecektir ve ondan Var'lığın ışığı yayılacaktır.

Bu sizin içsel yolculuğunuzun, kendi içinize yaptığınız yolculuğun hem amacı hem de bu amacın gerçekleşmesidir.

***

Dışsal amacımıza ulaşıp ulaşmamamız, dünyada başarılı olup olmamamız önemli midir?

Siz içsel amacınızı idrak etmediğiniz sürece bu sizin için önemli olacaktır. İdrak ettikten sonra ise dışsal amaç sizin sırf ondan zevk aldığınız için oynamaya devam edebileceğiniz bir oyun olacaktır. Dışsal amacınızda tamamen başarısız olup, aynı zamanda içsel amacınızı bütünüyle başarmak da mümkündür. Ya da bunun tersi de mümkündür ve bu aslında daha sık görülen bir şeydir: dışsal zenginlik ve içsel yoksulluk, ya da İsa' nın dediği gibi, "dünyayı kazanıp ruhunu yitirmek." Nihai olarak, kuşkusuz, *her* dışsal amaç er ya da geç "başarısızlığa" mahkûmdur, çünkü o "her şeyin geçiciliği" yasasına tâbidir. Dışsal amacınızın size kalıcı bir doyum veremeyeceğini ne kadar çabuk idrak ederseniz, o kadar iyidir. Siz dışsal amacınızın sınırlılığını gördüğünüzde, onun sizi mutlu edeceği beklentisini, bu gerçekçi-olmayan beklentiyi bırakır ve onu içsel amacınıza tabi kılarsınız.

Geçmiş Huzurunuzda Varlığını Sürdüremez

Geçmiş hakkında gereksiz bir biçimde düşünme ya da konuşmanın bizim şimdiki andan kaçma yollarımızdan biri olduğunu söylediniz. Ama, hatırladığımız ve belki özdeşleştiğimiz geçmişin dışında, geçmişin içimizde çok daha yerleşik, çok daha derinlere kök salmış bir başka düzeyi yok mudur? Ben, özellikle ilk çocukluk deneyimleri, hatta geçmiş-yaşam deneyimleriyle yaşamımızı koşullandıran bilinçsiz geçmişten söz ediyorum. Ve bir de coğrafi olarak nerede yaşadığımızla ve içinde yaşadığımız tarihi dönemle ilgili kültürel-toplumsal koşullanmamız vardır. Tüm bu şeyler bizim dünyayı nasıl gördüğümüzü, nasıl tepki gösterdiğimizi, ne düşündüğümüzü, ne tür ilişkilere sahip olduğumuzu, hayatımızı nasıl yaşadığımızı belirler. Biz tüm bunların bilincine nasıl varabilir ya da onlardan nasıl kurtulabiliriz? Bu ne kadar bir zaman alır? Ve bunu yapsak bile, geriye ne kalır?

İllüzyon sona erdiğinde geriye ne kalır?

Onun bu anda bir düşünce, bir duygu, bir arzu, bir tepki ya da başınıza gelen bir olay olarak tezahür ettiği durumlar dışında, içinizdeki bilinçsiz geçmişi araştırmaya gerek yoktur. İçinizdeki bilinçsiz geçmiş hakkında her neyi bilmeniz gerekiyorsa, şimdiki anın zorlukları, mücadeleleri onu ortaya çıkaracaktır. Eğer siz geçmişe dalarsanız, o dipsiz bir kuyu haline gelecektir. Daima daha fazlası vardır. Siz geçmişi anlamak ya da ondan kurtulmak için daha fazla zamana ihtiyacınızın olduğunu, bir başka deyişle, geleceğin sizi eninde sonunda geçmişten kurtaracağını düşünebilirsiniz. Bu bir illüzyondur. Sadece şimdi sizi geçmişten kurtarabilir. Daha fazla zaman sizi zamandan kurtaramaz. Şimdi'nin gücüne erişin. Anahtar budur.

Şimdi'nin gücü nedir?

O mevcudiyetinizin gücünden, yani, bilincinizin düşünce formlarından kurtulmasından başka bir şey değildir.

Bu yüzden geçmişle şimdi başa çıkın. Siz geçmişe daha fazla dikkat verdikçe, onu daha çok güçlendirirsiniz ve ondan bir "benlik" yaratma olasılığınız artar. Yanlış anlamayın: Dikkat gereklidir, ama geçmişe geçmiş olarak değil. Dikkatinizi şimdi'ye verin; dikkatinizi şimdi ortaya çıkan davranışınıza, tepkilerinize, ruh hallerinize, düşüncelerinize, duygularınıza, korkularınıza ve arzularınıza verin. İçinizde geçmiş *vardır.* Eğer siz tüm bu şeyleri eleştirel ya da analitik olarak değil, yargılamadan izleyecek kadar orada yeterince mevcut olabilirseniz, o zaman siz geçmişle başa çıkıyor ve onu mevcudiyetinizin gücüyle ortadan kaldırıyor olursunuz. Siz kendinizi geçmişe giderek bulamazsınız. Siz kendinizi şimdi'ye gelerek bulursunuz.

Geçmişi anlayarak böylece neden belli şeyleri yaptığımızı, belli şekillerde tepki gösterdiğimizi, ya da neden bilinçsizce kendi dram türümüzü, ilişki kalıplarımızı vs. yarattığımızı anlamak yararlı değil midir?

Siz şimdiki realitenizin daha çok bilincine vardıkça, birden koşullanmanızın *neden* o şekilde işlev yaptığı, örneğin, ilişkilerinizin neden belli kalıpları izlediği konusunda belli içgörüler alabilir ve geçmişte olan şeyleri hatırlayabilir ya da onları daha berrak bir biçimde görebilirsiniz. Bu iyidir ve yararlı olabilir, ama ille de gerekli değildir. Gerekli olan şey sizin anda bilinçli mevcudiyetinizdir. *Bu* geçmişi ortadan kaldırır. Bu dönüştürücü etkendir. Bu yüzden geçmişi anlamaya çalışmayın, elinizden geldiği kadar anda mevcut olun. Geçmiş sizin huzurunuzda varlığını sürdüremez. O sadece sizin yokluğunuzda var olabilir.

5

MEVCUDİYET HALİ

O Sizin Olduğunu Düşündüğünüz Şey Değildir

Siz anahtar olarak anda-mevcudiyet halinden söz edip duruyorsunuz. Ben onu aklen anladığımı düşünüyorum, ama onu gerçekten deneyimlemiş olup olmadığımı bilmiyorum. Merak ediyorum, o benim olduğunu düşündüğüm şey mi, yoksa tamamen farklı bir şey mi?

O sizin olduğunu düşündüğünüz şey değildir! Siz mevcudiyet hakkında düşünemezsiniz ve zihin onu anlayamaz. Mevcudiyeti anlamak mevcut *olmaktır.*

Küçük bir deney yapın. Gözlerinizi kapayıp kendi kendinize, "Bir sonraki düşüncemin ne olacağını merak ediyorum," deyin. Sonra çok dikkatli bir biçimde bir sonraki düşünceyi bekleyin. Bir fare deliğini izleyen bir kedi gibi olun. O delikten hangi düşünce çıkacaktır? Bunu şimdi deneyin.

***

Ne oldu?

Bir düşüncenin gelmesi için oldukça uzun bir süre beklemek zorunda kaldım.

Kesinlikle. Siz yoğun bir mevcudiyet hali içinde olduğunuz sürece düşünceden özgürsünüzdür. Siz sessiz, hareketsiz, ama son derece tetiksinizdir. Bilinçli dikkatiniz belli bir düzeyin altına düştüğü anda, düşünce hücum eder. Zihinsel gürültü tekrar başlar, sessizlik yitirilir. Yine zamana geri dönmüşsünüzdür.

Bazı Zen üstatlarının öğrencilerinin mevcudiyet derecelerini sınamak için onlara arkadan yavaşça sokulup birden bir sopayla vurdukları bilinir. Büyük bir şok! Eğer öğrenci orada tümüyle mevcutsa ve tetik bir haldeyse, eğer o İsa'nın mevcudiyet için kullandığı bir benzetmede olduğu gibi, "kalçalarını sarılı, lambasını yanar halde tutuyorsa," üstadın arkadan sokulduğunu fark edecek ve ya onu durduracak ya da bir kenara çekilecektir. Ama, eğer o arkasına bir sopa yerse, bu onun düşünceye gömülü olduğu, yani orada bulunmadığı, bilinçsiz olduğu anlamına gelecektir.

Günlük yaşamda mevcut kalmanıza, kendi içinizde derin bir biçimde köklenmeniz yardımcı olur; aksi takdirde, inanılmaz bir devinirlik ve hıza sahip olan zihin sizi azgın bir nehir gibi sürükleyip götürecektir.

"Kendi içinizde köklenmek" sözüyle neyi kastediyorsunuz?

Bu tamamen bedeninizde bulunmak anlamına gelir. Dikkatinizin bir kısmının daima bedeninizin içsel enerji alanında bulunması anlamına gelir. Bedeni içten doğru hissetmek anlamına gelir. Beden farkındalığı sizi mevcut tutar. O sizi Şimdi'ye demirler (bkz. 6. Bölüm).

"Beklemenin" Ezoterik anlamı

Bir anlamda, mevcudiyet hali beklemeyle kıyaslanabilir. İsa bazı mesellerinde bekleme benzetmesini kullanmıştır. Bu şimdi' nin bir yadsınması olan alışılmış sıkıntılı ya da huzursuz bekleyiş türü değildir. Bu dikkatinizin gelecekte bir noktada odaklandığı ve şimdi'nin istediğiniz şeyi elde etmenizi önleyen tatsız bir engel olarak algılandığı bir bekleyiş değildir. Niteliksel olarak farklı bir bekleyiş türü vardır, o sizin tüm dikkatinizi gerektirir. Her an bir şey olabilir ve eğer siz tam anlamıyla uyanık ve sessiz değilseniz, onu kaçırırsınız. İsa'nın sözünü ettiği bu tür bir bekleyiştir.

O haldeyken, tüm dikkatiniz Şimdi'de bulunur. Hayal kurmaya, düşünmeye, hatırlamaya, beklemeye harcanacak bir dikkat yoktur. O hal içinde hiçbir gerilim ve korku yoktur, sadece uyanık-tetik bir mevcudiyet vardır. Siz bütün Var'lığınızla, bedeninizin her hücresiyle orada mevcutsunuzdur. O hal içinde, bir geçmişe ve bir geleceğe sahip olan "siz," bir başka deyişle, kişilik varlığını sürdüremez. Bununla birlikte, değerli hiçbir şey yitirilmemiştir. Siz hâlâ kendinizsiniz. Aslında, eskisine kıyasla çok daha tam bir biçimde kendinizsiniz. Daha doğrusu, siz ancak *şimdi* gerçekten kendiniz olabilirsiniz.

"Efendisinin geri dönüşünü bekleyen bir hizmetkâr gibi olun," der, İsa. Hizmetkâr efendinin hangi saatte geleceğini bilmez. Böylece o efendisinin gelişini kaçırmamak için uyanık, tetik, hazır ve sessiz bir biçimde bekler. Bir başka meselde, İsa lambalarını yanar halde tutacak (anda mevcut kalacak) yeterince gaz yağına (bilince) sahip olmayan ve bu yüzden gelin ve damadı (Şimdi'yi) kaçırıp düğün şölenine (aydınlanma) gidemeyen beş dikkatsiz (bilinçsiz) kadından söz eder. Bu beş kadın yeterince gaz yağına sahip olan (bilinçli kalan) beş bilge kadının karşıtını simgeler.

İncil'leri yazan adamlar bile bu mesellerin anlamını anlamamış, böylece onlar yazılırken ilk yanlış yorumlar ve çarpıtmalar ortaya çıkmıştır. Bunu izleyen yanlış yorumlarla birlikte, gerçek anlam tümüyle yitirilmiştir. Bunlar dünyanın sonu değil, psikolojik-zamanın sonuyla ilgili mesellerdir. Onlar egosal zihnin aşılmasını ve tamamen yeni bir bilinç hali içinde yaşama olanağını işaret ederler.

Güzellik Mevcudiyetinizin Sessizliğinde Ortaya Çıkar

Az önce anlattığınız şey, benim ara sıra, doğada yalnızken kısa anlar için deneyimlediğim bir şeydir.

Evet. Zen üstatları ani bir içgörüyü, bir düşünce-sizlik ve tam mevcudiyet anını tanımlamak için *satori* sözcüğünü kullanırlar. *Satori* kalıcı bir değişim-dönüşüm olmamasına rağmen, o geldiğinde şükran duyun, çünkü o size aydınlanmanın bir tadını, bir duyumunu verir. Siz, gerçekten de, onu, ne olduğunu bilmeden ve önemini anlamadan birçok kez deneyimlemiş olabilirsiniz. Doğanın güzelliğinin, ihtişamının, kutsallığının farkına varmak için orada mevcut olmak gerekir. Siz hiç berrak bir gecede uzayın sonsuzluğuna gözlerinizi dikip de, onun mutlak sessizliği ve akla hayale sığmaz enginliği karşısında huşu içinde kaldınız mı? Siz ormanda akan bir derenin sesini hiç gerçekten dinlediniz mi? Ya da sessiz bir yaz akşamı alacakaranlıkta öten bir kuşun sesini? Böyle şeylerin farkında olmak için, zihnin sessizleşmesi gerekir. Sizin sorunlardan, geçmiş ve gelecekten, tüm bilginizden oluşan kişisel yükünüzü bir an olsun bırakmanız gerekir; aksi takdirde, bakar ama görmez, duyar ama işitmezsiniz. Burada sizin tüm mevcudiyetiniz gerekir.

Dışsal formların güzelliğinin ötesinde, burada daha fazla bir şey vardır: bu isimlendirilemez, sözle anlatılamaz olan, derin, içsel ve kutsal bir özdür. Her ne zaman her nerede bir güzellik varsa, bu içsel öz bir biçimde ışık saçar. Siz ancak orada mevcut olduğunuzda, o kendisini gözlerinizin önüne serer. Bu isimsiz öz ve sizin mevcudiyetiniz bir ve aynı olabilir mi? Sizin mevcudiyetiniz olmadan o orada olabilir mi? Ona derinlemesine girin. Bunu kendiniz bulun.

***

Siz o mevcudiyet anlarını yaşadığınızda, büyük olasılıkla, kısa bir süre için bir düşünce-sizlik hali içine girdiğinizi fark etmemişsinizdir. Çünkü o hal ile düşünce akışı arasındaki aralık çok dardır. Zihin yeniden devreye girmeden önce *satori*'niz sadece birkaç saniye sürmüş olabilir, ama o yine de yaşanmıştır; aksi takdirde siz o güzelliği deneyimleyemezdiniz. Zihin güzelliği ne tanıyabilir ne de yaratabilir. Sadece birkaç saniye için, siz orada tümüyle mevcutken, o güzellik ya da kutsallık hissedilir. O aralığın darlığından ve dikkatinizin yokluğundan ötürü, siz büyük olasılıkla güzelliğin algısı, düşünce-siz farkındalığı ile, onu düşünce olarak isimlendirip yorumlama arasındaki temel farkı görememişsinizdir: Zaman aralığı o kadar dardır ki bu tek bir süreç olarak görünmüştür. Ancak gerçek şu ki, düşünce devreye girdiği anda, sahip olduğunuz tüm şey o güzelliğin bir anısı olur.

Algı ile düşünce arasındaki zaman aralığı ne kadar genişse, siz bir insan olarak o kadar fazla derinleşir, yani daha bilinçli olursunuz.

Birçok insan zihnine öylesine hapsolmuştur ki doğanın güzelliği onlar için gerçekten mevcut değildir. Onlar, "Ne güzel bir çiçek," diyebilirler, ama bu sadece mekanik zihinsel bir etiketlemedir. Onlar sessiz ve orada mevcut olmadıklarından -tıpkı kendilerini tanımadıkları, kendi özlerini, kutsallıklarını hissetmedikleri gibi- çiçeği de gerçekten görmezler, onun özünü, kutsallığını hissetmezler.

Biz zihnin öylesine çok hâkimiyeti altında bulunan bir kültürde yaşadığımızdan, modern resim, mimari, müzik ve edebiyatın büyük bölümü güzellikten, içsel özden yoksundur. Bunun nedeni bu eserleri yaratan insanların kendilerini -bir an bile- zihinlerinden kurtaramamalarıdır. Bu yüzden onlar asla, içlerinde bulunan, gerçek yaratıcılık ve güzelliğin ortaya çıktığı o yerle temasta değildirler. Zihin kendi haline bırakıldığında sadece resim sergilerinde değil, dışarıda da hilkat garibeleri ve çirkinlikler yaratır. Kent manzaralarına ve sanayi bölgelerine bir bakın. Hiçbir uygarlık bu kadar çok çirkinlik üretmemiştir.

Saf Bilinci İdrak Etmek

Mevcudiyet ile Var'lık aynı şey midir?

Siz Var'lığın bilincine vardığınızda, gerçekte olan şey Var'lığın kendisinin bilincine varmasıdır. Var'lık kendisinin bilincinde olduğunda, bu mevcudiyettir. Var'lık, bilinç ve yaşam eşanlamlı olduğundan, biz mevcudiyetin bilincin kendisinin bilincine varması, ya da yaşamın kendisinin bilincine varması anlamına geldiğini söyleyebiliriz. Ama, sözlere bağlanmayın ve bunu anlamak için çaba göstermeyin. Sizin anda mevcut olabilmek için anlamanız gereken hiçbir şey yoktur.

Söylediğiniz şeyi anlıyorum, ama o Var'lığın, en yüksek ve aşkın realitenin henüz tamam olmadığını, bir tekâmül sürecinde bulunduğunu ima eder görünüyor. Tanrı'nın kişisel tekâmül için zamana ihtiyacı var mıdır?

Evet, ama sadece tezahür etmiş evrenin sınırlı perspektifinden görüldüğünde. İncil'de Tanrı şöyle bildirir: "Ben Alfa ve Omega'yım ve Ben yaşayan Varlığım." Tanrı'nın bulunduğu *-sizin* de yuvanız olan- zaman'sız âlemde başlangıç ve son, Alfa ve

Omega bir'dir ve var olan her şeyin özü ebediyen, tezahür etmemiş bir bir'lik ve mükemmellik hali içinde mevcuttur; bu insan zihninin hayal edebileceği ya da kavrayabileceği her şeyin ötesindedir. Bizim görünüşte ayrı formlar dünyamızda, zaman' sız-sonsuz mükemmellik kavranılamaz bir kavramdır. Burada -ebedi Kaynak'tan yayılan ışık olan- bilinç bile tekâmül sürecine tâbi görünür, ama bu bizim sınırlı algımızdan dolayı böyledir. Bu mutlak koşullarda böyle değildir. Yine de, kısa bir süre daha bu dünyada bilincin tekâmülünden söz etmek istiyorum.

Var olan her şey Var'lığa, Tanrı-özüne, belli bir derecede bilince sahiptir. Bir taş bile ilkel bir bilince sahiptir; aksi takdirde o varolmazdı ve onun atomları ve molekülleri dağılırdı. Her şey canlıdır. Güneş, dünya, bitkiler, hayvanlar, insanlar, hepsi değişik derecelerde bilincin ifadesidir, form olarak tezahür etmiş bilinçtir.

Bilinç şekiller ve formlar -düşünce formları ve maddi formlar- aldığında dünya ortaya çıkar. Bu gezegende bulunan milyonlarca yaşam formuna bakın. Denizdeki, karadaki, havadaki formlara bakın ve bu formlar milyonlarca kez kopyalanmış, üremiştir. Hangi amaçla? Birisi ya da bir şey form ile bir oyun mu oynamaktadır? Hindistan'ın kadim kâhinleri de kendi kendilerine bu soruyu sormuşlardır. Onlar dünyayı *lila* olarak, Tanrı'nın oynadığı bir tür ilahi oyun olarak görmüşlerdir. Bireysel yaşam formlarının bu oyunda çok önemli olmadıkları bellidir. Denizde, çoğu yaşam formu doğduktan sonra ancak birkaç dakika hayatta kalır. İnsan formu da oldukça çabuk bir biçimde toprağa dönüşür ve o gittiğinde sanki asla var olmamış gibi görünür. Bu trajik ya da acımasız bir şey midir? Sadece, eğer her bir form için ayrı bir kimlik yaratırsanız, eğer onun bilincinin kendini formda ifade eden Tanrı-özü olduğunu unutursanız. Ama, siz kendi Tanrı-özünüzü saf bilinç olarak idrak edene dek bunu gerçekten *bilemezsiniz*.

Eğer akvaryumunuzda bir balık doğarsa ve siz ona John adını verirseniz, bir doğum belgesi yazarsanız, ona kendi aile tarihini anlatırsanız ve iki dakika sonra o bir başka balık tarafından yenirse, bu trajik bir şeydir. Ama bu sadece, aslında böyle bir şey olmadığı halde, siz ona ayrı bir benlik projekte ettiğiniz için trajiktir. Siz dinamik bir sürecin, moleküler bir dansın bir parçasını tutup ondan ayrı bir varlık yaratmışsınızdır.

Bilinç formlar kılığına bürünür ve bir an gelir bu formlar bilincin kendisini onların içinde tamamen yitireceği bir karmaşıklığa erişirler. Günümüz insanlarında, bilinç tamamen büründüğü kılıkla özdeşleşmiştir. O kendisini sadece form olarak bilir ve dolayısıyla fiziksel ya da psikolojik formunun yok olacağı korkusuyla yaşar. Bu egosal zihindir ve önemli bir işlevbozukluğu da burada başlar. Sanki tekâmül çizgisi boyunca bir yerlerde bir şeyler çok ters gitmiş gibi görünür. Ama bu bile *lila*'nın, ilahi oyunun bir parçasıdır. En sonunda, bu görünüşteki işlev-bozukluğunun yarattığı ıstırabın baskısı bilinci formla özdeşleşmeyi bırakmaya zorlar ve onu form rüyasından uyandırır: O öz benlik-bilincini tekrar kazanır, ama bu bilinç şimdi onu yitirdiği zamana kıyasla çok daha derin bir düzeydedir.

Bu süreç İsa tarafından müsrif oğul meselinde açıklanır; meselde oğul baba evini terk eder, servetini boş yere harcar, yoksul düşer ve sonra çektiği ıstırap onu eve dönmeye zorlar. O eve döndüğünde, babası onu eskisinden de *daha büyük bir sevgiyle* karşılar. Oğlun hali eskiden olduğu gibidir, ama aynı değildir. Ona bir derinlik boyutu katılmıştır. Mesel bilinçsiz mükemmellikten, görünüşte kusurluluk ve "kötülük" yoluyla bilinçli mükemmelliğe yapılan bir yolculuğu anlatır.

Şimdi zihninizin izleyicisi olarak orada mevcut olmanın daha derin ve büyük önemini görebiliyor musunuz? Siz her ne zaman zihninizi izlerseniz, bilinci zihin formlarından geri çeker, ona tekrar sahip çıkarsınız, ki bilinç o zaman izleyici ya da tanık haline gelir. Sonuçta, izleyici -formun ötesindeki saf bilinç- daha güçlü, zihinsel oluşumlar da daha zayıf hale gelir. Biz zihni izlemekten söz ederken gerçekten kozmik öneme sahip bir olayı kişiselleştiriyoruz: sizin vasıtanızla, bilinç formla özdeşleşme rüyasından uyanıyor ve formdan geri çekiliyor. Bu kronolojik zamana göre büyük olasılıkla hâlâ uzak gelecekte bulunan bir olayın habercisi, ama aynı zamanda şimdiden onun bir parçasıdır. Bu olaya "dünyanın sonu" denir.

***

Bilinç fiziksel ve zihinsel formlarla özdeşleşmekten kurtulduğunda, bizim saf ya da aydınlanmış bilinç veya mevcudiyet diyebileceğimiz şey haline gelir. Bu şimdiden az sayıda bireyde meydana gelmiştir ve bu *-olacağı* konusunda hiçbir garanti bulunmamasına rağmen- çok yakında çok daha büyük bir ölçekte meydana gelmeye yönelmiş görünmektedir. İnsanların çoğu hâlâ egosal bilinç tarzının pençesinde bulunmaktadır: onlar zihinleriyle özdeşleşmiş ve onun tarafından yönetilmektedirler. Eğer onlar kendilerini zamandaki zihinlerinden kurtaramazlarsa, onun tarafından yok edileceklerdir. Onlar giderek daha çok karmaşa, çatışma, şiddet, hastalık, çaresizlik ve delilik yaşayacaklardır. Egosal zihin batan bir gemi haline gelmiştir. Eğer onun dışına çıkıp kurtulamazsanız, onunla birlikte batarsınız. Ortak egosal zihin bu gezegende bulunan en tehlikeli biçimde deli ve yıkıcı varlıktır. Eğer insan bilinci değişmeden kalırsa bu gezegende ne olacağını sanıyorsunuz?

Çoğu insan için, kendi zihinlerinden kurtulup soluklanabildikleri tek ara zaman zaman düşüncenin altındaki bir bilinç düzeyine dönmektir. Herkes bunu her gece uyku sırasında yapar. Bu ayrıca seks, alkol ve aşırı zihinsel faaliyeti bastıran diğer uyuşturucular vasıtasıyla da belli bir dereceye kadar meydana gelir. Eğer büyük ölçülerde tüketilen alkol, yatıştırıcı ilaçlar ve diğer yasadışı uyuşturucular olmasa, insan zihninin deliliği şimdi olduğundan daha da aşikâr hale gelirdi. Şuna inanıyorum ki, eğer bu uyuşturuculardan yoksun bırakılsaydı, nüfusun büyük bir bölümü kendisi ve diğer insanlar için bir tehlike haline gelirdi. Bu uyuşturucular, elbette, sizi sadece işlevbozukluğuna saplanmış bir halde tutarlar. Onların yaygın kullanımı sadece eski zihin yapılarının yıkılışını ve daha yüksek bilincin ortaya çıkışını erteler. Bunları kullananlar bu uyuşturucularla zihinlerinin günlük işkencesinden kurtulup biraz rahatladıklarını hissetseler de, bu onların, düşüncenin üzerine yükselip gerçek kurtuluşu bulmaları için gereken yeterli bilinçli mevcudiyeti üretmelerini engeller.

İlk atalarımızın, hayvanların ve bitkilerin düşünme-öncesi düzeyi olan zihnin altındaki bir bilinç düzeyine geri düşmek bizim için bir seçenek değildir. Geriye dönüş yoktur. Eğer insan ırkı varlığını sürdürecekse, o bir sonraki aşamaya geçmek zorundadır. Bilinç evrenin her yanında milyarlarca formda tekâmül etmektedir. Böylece, biz bunu başaramasak bile, bu kozmik bir ölçekte önem taşımayacaktır. Bilinçte kazanılmış hiçbir şey kaybolmaz, böylece o sadece kendisini bir başka formla ifade edecektir. Bununla birlikte, benim burada konuşuyor, sizin bunu dinliyor ya da okuyor olmanız olgusu bile, yeni bilincin gezegende ayak basacağı sağlam bir yer *bulduğunun* açık bir işaretidir.

Bunda kişisel hiçbir şey yoktur: Ben size bir şey öğretmiyorum. Siz bilinçsiniz ve siz kendinizi dinliyorsunuz. Doğu'da, "Öğretmen ve öğrenci birlikte öğretiyi yaratır" diye bir deyiş vardır. Her durumda, sözcükler kendi başlarına önemli değildir. Onlar Gerçeğin kendisi değildir; onlar sadece onu işaret ederler. Ben mevcudiyet hali içinde konuşuyorum ve ben konuşurken, siz bana bu hal içinde katılabilirsiniz. Kullandığım her sözcüğün, tüm dilin olduğu gibi, bir geçmişe sahip olmasına ve geçmişten gelmesine karşın, şimdi size söylediğim sözcükler, sözcükler olarak taşıdıkları anlamdan tamamen ayrı olarak, mevcudiyetin yüksek-enerji frekansını taşımaktadırlar.

Sessizlik mevcudiyetin daha da güçlü ve etkili bir taşıyıcısıdır, öyleyse bu sözleri okurken ya da dinlerken, sözcüklerin arasındaki ve altındaki sessizliğin farkında olun. Aralıkların, boşlukların farkında olun. Her nerede bulunursanız bulunun, sessizliği dinlemek, orada mevcut olmanın kolay ve direkt bir yoludur. Orada gürültü olsa bile, daima seslerin altında ve arasında bir sessizlik vardır. Sessizliği dinlemek bir anda içinizde sessizlik yaratır. Sadece içinizdeki sessizlik dışarıdaki sessizliği algılayabilir. Ve sessizlik anda mevcudiyetten, düşünce formlarından kurtulmuş bilinçten başka nedir ki? Burada üzerinde konuştuğumuz şeyin canlı idraki vardır.

***

Mesih: Tanrısal Mevcudiyetinizin Realitesi

Hiçbir sözcüğe bağlanmayın. Eğer bu sizin için daha anlamlıysa, mevcudiyet sözcüğünün yerine "Mesih" sözcüğünü geçirebilirsiniz. Mesih, Doğu'da denildiği gibi, sizin Tanrı-özünüz ya da Benliğiniz'dir. Mesih ile mevcudiyet arasındaki tek fark, Mesih'in siz onun bilincinde olsanız da olmasanız da içinizde bulunan tanrısallık anlamına gelmesi, mevcudiyetin ise sizin *uyanmış* tanrısallığınız ya da Tanrı-özünüz anlamına gelmesidir.

Siz Mesih'te hiçbir geçmiş ya da gelecek olmadığını idrak ettiğinizde, Mesih hakkındaki birçok yanlış anlama ve yanlış inanç temizlenecektir. Mesih'in *olduğunu* ya da *olacağını* söylemek bir çelişkidir. İsa vardı. O iki bin yıl önce yaşamış ve tanrısal mevcudiyetini, gerçek doğasını idrak etmiş bir adamdı. Ve böylece o "İbrahim var olmadan önce, Ben'im" demiştir. O, "Ben İbrahim doğmadan önce vardım," dememiştir. Bu onun hâlâ zaman ve form kimliği boyutunda bulunduğu anlamına gelirdi. Geçmiş-zamanda başlayan bir cümlede kullanılan *Ben'im* sözcüğü geçici boyutta kökten bir değişimi bir süreksizliği gösterir. O büyük derinlik içeren Zen-vari bir bildirimdir. İsa, mevcudiyetin, kendini-idrakin anlamını dağınık bir düşünceyle değil, direkt olarak aktarmaya çalışmıştır. O zaman tarafından yönetilen bilinç boyutunun ötesine, sonsuz olan âleme girmiştir. Ebediyet boyutu bu dünyaya gelmiştir. Ebediyet, elbette, sonsuz zaman değil, zaman-sızlık, sonsuzluk anlamına gelir. Böylece, insan İsa, Mesih haline, saf bilincin vasıtası haline gelmiştir. Ve Tanrı İncil'de Kendini nasıl tanımlamıştır? Tanrı, "Ben daima vardım ve daima var olacağım" mı demiştir? Elbette hayır. Bu geçmiş ve geleceğe realite, yani gerçeklik kazandırırdı. Tanrı, "BEN BEN'İM" demiştir. Burada hiçbir zaman yoktur, sadece mevcudiyet vardır.

Mesih'in "ikinci gelişi" İsa'nın geri gelişi değil, insan bilincinin bir değişim-dönüşümüdür; bu, zamandan mevcudiyete, düşünmeden saf bilince bir geçiştir. Eğer "Mesih" yarın dışsal bir formda geri dönecek olsaydı, o size şundan başka ne diyebilirdi ki: "Ben Gerçeğim. Ben tanrısal mevcudiyetim. Ben edebi yaşamım. Ben sizin içinizdeyim. Ben buradayım. Ben Şimdi'yim."

***

Mesih'i asla kişiselleştirmeyin. Mesih'i bir form kimliği haline getirmeyin. Avatarlar, ilahi analar, aydınlanmış üstatlar -ki çok azı gerçektir- kişiler olarak özel değildirler. Destekleyecek, savunacak ve besleyecek sahte bir benlik olmadan, onlar sıradan insandan daha sıradan ve sadedirler. Güçlü bir ego'ya sahip biri onları önemsiz görebilir, ya da büyük olasılıkla, onları hiç görmeyebilir.

Eğer siz aydınlanmış bir öğretmene çekilmişseniz, bu sizin içinizde bir başkasındaki mevcudiyeti görüp tanıyacak kadar yeterince mevcudiyet olmasındandır. Sahte öğretmenlere çekilmiş birçok insan olduğu gibi, İsa ve Buda'yı da gördüğü halde tanımamış birçok insan vardı. Ego'lar daha büyük ego'lara çekilirler. Karanlık ışığı görüp tanıyamaz. Sadece ışık ışığı görüp tanıyabilir. Öyleyse ışığın dışınızda olduğuna ya da onun sadece belli bir formla gelebileceğine inanmayın. Eğer sadece sizin üstadınız Tanrı'nın bir enkarnasyonu ise, o zaman siz kimsiniz? Her türlü dışlama form ile özdeşleşmedir ve form ile özdeşleşme, ne kadar iyi kılık değiştirmiş olursa olsun, ego anlamına gelir.

Üstadın mevcudiyetini sizin ismin ve formun ötesindeki kimliğinizi size geri yansıtması ve kendinizi daha yoğun bir biçimde mevcut hale getirmek için kullanın. Çok geçmeden mevcudiyette hiçbir "benim" ya da "senin" olmadığını idrak edeceksiniz. Mevcudiyet bir'dir.

Grup çalışması da mevcudiyetinizin ışığını yoğunlaştırmakta yararlı olabilir. Bir mevcudiyet hali içinde bir araya gelen bir grup insan büyük yoğunlukta bir ortak enerji alanı üretir. O sadece grubun her bir üyesinin mevcudiyet derecesini yükseltmekle kalmaz, ama ortak insan bilincinin içinde bulunduğu zihin-hâkimiyeti halinden kurtulmasına da yardımcı olur. Bu, mevcudiyet halini bireyler için giderek daha erişilebilir kılacaktır. Bununla birlikte, en azından grubun bir üyesi o hal içinde sağlam bir biçimde bulunmadıkça ve böylece o halin enerji frekansını tutabilmedikçe, egosal zihin kendini yeniden kolayca gösterip grubun çabalarını baltalayabilir. Grup çalışması, çok değerli olmasına karşın, yeterli değildir ve siz sadece ona bel bağlamamalısınız. Siz, mevcudiyetin anlamını ve uygulamasını öğrenmekte olduğunuz geçiş dönemi hariç, bir öğretmene ya da üstada da bel bağlamamalısınız.

6

İÇSEL BEDEN

Var'lık Sizin En Derin Benliğinizdir

Siz daha önce içinizde derinlemesine köklenmenin, bedende gerçekten bulunmanın öneminden söz ettiniz. Bununla ne demek istediğinizi açıklayabilir misiniz?

Beden Var'lık âlemine bir giriş noktası olabilir. Şimdi bu konuya daha derinlemesine girelim.

Sizin Var'lık *sözcüğüyle neyi kastettiğinizi hâlâ tam olarak anladığımdan emin değilim.*

"Su? Bununla neyi kastediyorsunuz? Ben onu anlamıyorum." Eğer bir balık insan zihnine sahip olsaydı böyle söylerdi.

Lütfen Var'lığı anlamaya çalışmayı bırakın. Siz zaten Var' lığı kısa anlar için yaşayıp hissettiniz, ama zihin daima onu küçük bir kutuya sıkıştırıp üzerine bir etiket koymaya çalışacaktır. Bunu yapmak mümkün değildir. O bir bilgi nesnesi haline gelemez. Var'lıkta, özne ve nesne birleşip bir olur.

Var'lık ismin ve formun ötesindeki daima-mevcut *Ben'im* olarak *hissedilebilir*. Sizin *Ben'im* olduğunuzu hissetmeniz ve böyle bilmeniz ve o derin bir biçimde köklenmiş halde kalmanız aydınlanmadır ve o sizi kurtaracak gerçektir.

Ne'den kurtaracak?

Sizin fiziksel bedenden ve zihinden daha fazla bir şey olmadığınız *illüzyonundan.* Buda'nın dediği gibi, bu "benlik illüzyonu" esas yanılgıdır. Evet, o sizi bu illüzyonun kaçınılmaz sonucu olarak büründüğü sayısız kılıkla birlikte *korkudan*, siz benlik duygunuzu sadece bu kısa ömürlü ve incinmeye açık formdan aldığınız sürece sürekli işkenceciniz olan korkudan kurtaracaktır. Ve o sizi, bu illüzyoni benlik duygusu düşündüğünüz, söylediğiniz ve yaptığınız şeyleri yönettiği sürece bilinçsiz olarak kendinize ve başkalarına verdiğiniz ıstırap olan *günahtan* kurtaracaktır.

Sözcüklerin Ötesine Bakın

Ben günah sözcüğünden hoşlanmıyorum. O benim yargılandığımı ve suçlu bulunduğumu ima ediyor.

Bunu anlayabilirim. Yüzyıllar boyunca cehaletten, yanlış anlamadan ya da yönetme arzusundan dolayı *günah* gibi sözcükler çevresinde birçok yanlış görüş ve yorum birikmiştir, ama bu sözcükler asli bir gerçek çekirdeğini içerirler. Eğer siz böyle yorumların ötesine bakamıyor ve böylece sözcüğün işaret ettiği realiteyi görüp tanıyamıyorsanız, o zaman onu kullanmayın. Sözcükler düzeyine saplanıp kalmayın. Bir sözcük sonuca götüren bir vasıtadan başka bir şey değildir. O bir soyutlamadır. O bir işaret direği gibi, kendi ötesinde bulunanı işaret eder. *Bal* sözcüğü bal değildir. Siz istediğiniz kadar balı inceleyip onun hakkında konuşabilirsiniz, ama onu tadana dek balı gerçekten *bilemezsiniz.* Onu tattıktan sonra ise, sözcük sizin için daha az önemli hale gelir. Artık siz ona bağlı olmazsınız. Aynı şekilde, yaşamınız boyunca *Tanrı* hakkında konuşabilir ve düşünebilirsiniz, ama bu sizin sözcüğün işaret ettiği realiteyi bildiğiniz, hatta kısa bir an için yaşadığınız anlamına gelir mi? Bu gerçekte bir işaret direğine, zihinsel bir puta saplantılı bir bağlılıktan başka bir şey değildir.

Bunun tersi de geçerlidir. Eğer herhangi bir nedenden ötürü *bal* sözcüğünden hoşlanmadıysanız, bu sizin onu bir kez olsun tatmanızı önleyebilir. Eğer Tanrı sözcüğünden nefret ediyorsanız, ki bu olumsuz bir bağlılık biçimidir, siz sadece sözcüğü değil, onun işaret ettiği realiteyi de yadsıyor olabilirsiniz. Bu durumda da kendinizi o realiteyi deneyimleme olanağından koparıyor olursunuz. Tüm bunlar, kuşkusuz aslında zihninizle özdeşleşmiş olmanızla bağlantılıdır.

Öyleyse, eğer bir sözcük artık sizin işinize yaramıyorsa, o zaman onu bırakın ve onun yerine işinize yarayan bir başka sözcüğü geçirin. Eğer *günah* sözcüğünden hoşlanmıyorsanız, o zaman onun yerine bilinçsizlik ya da delilik sözcüğünü kullanın. Bu, *günah* gibi uzun zamandır kötüye-kullanılmış bir sözcüğe kıyasla sizi gerçeğe, sözcüğün ötesindeki realiteye daha çok yaklaştırabilir ve suçluluk duygusuna pek yer bırakmaz.

Ben öteki sözcüklerden de hoşlanmıyorum. Onlar da bende yanlış bir şeylerin olduğunu ima ediyorlar. Ben yargılandığımı hissediyorum.

Elbette sizde yanlış bir şey var ve siz yargılanmıyorsunuz.

Ben kişisel olarak sizi suçlamıyorum, ama siz de sadece yirminci yüzyılda kendi türünün yüz milyonu aşkın üyesini öldürmüş insan ırkına dahil değil misiniz?

Yani, suçla ilişkili mi bulunuyoruz?

Bu bir suç meselesi değil, Ama, egosal zihin tarafından yönetildiğiniz sürece, siz de ortak deliliğin bir parçası olursunuz.

Belki siz insanın bu, egosal zihin tarafından yönetilme durumuna çok derin bir biçimde bakmadınız. Gözlerinizi açın ve her tarafa yayılma eğilimi gösteren korkuyu, umutsuzluğu, açgözlülüğü ve şiddeti görün. İnsanların utanç verici acımasızlığını ve birbirlerine ve gezegendeki diğer canlılara verdikleri hayal edilemez ölçekteki ıstırabı görün. Sizin kimseyi suçlamanız gerekmez. Sadece gözlemleyin. Bu günahtır. Bu deliliktir. Bu bilinçsizliktir. Her şeyin üzerinde, kendi zihninizi gözlemlemeyi unutmayın. Deliliğin kökünü orada arayıp bulun.

Görünmez ve Yok Edilemez Realitenizi Bulmak

Siz fiziksel bedenimizle özdeşleşmemizin illüzyonun bir parçası olduğunu söylediniz, öyleyse beden, fiziksel form nasıl olur da sizi Var'lığın idrakine götürebilir?

Görüp dokunabildiğiniz beden sizi Var'lığa götüremez. Ama, o elle tutulur gözle görülür beden sadece bir dış kabuktur, ya da daha doğrusu, daha derin bir realitenin sınırlı ve çarpıtılmış bir algısıdır. Sizin doğal halinizde, Var'lığa bağlı olma hali içinde, bu daha derin realite her an, görünmez içsel beden, içinizdeki yaşam verici mevcudiyet olarak hissedilebilir. Böylece "bedende bulunmak" bedeni içten doğru hissetmek, bedenin içindeki yaşamı hissetmek ve böylece dışsal formun ötesinde olduğunuzu bilmektir.

Ancak, bu sizi büyük bir sessizlik ve huzur, ama aynı zamanda büyük bir güç ve canlı bir yaşam âlemine daha da derin bir biçimde ulaştıracak içsel bir yolculuğun sadece başlangıcıdır. İlk başta, onu sadece geçici olarak, kısa süreler için yaşayabilirsiniz, ama onlar vasıtasıyla siz yabancı bir evrende -doğum ile ölüm arasında kısa bir süre kalan, kısa ömürlü hazlar yaşamasına izin verilip, bunu acının ve nihai yok oluşun izlediği- öylesine anlamsız bir parça olmadığınızı idrak etmeye başlarsınız. Dışsal formunuzun altında, siz akla hayale sığmayacak, anlatılamayacak kadar engin, ölçüye sığmaz ve kutsal bir şeye bağlısınızdır. O anlatılamaz, ama ben şimdi ondan söz ediyorum. Ben ondan sizi ona inandırmak için değil, onu bizzat kendiniz nasıl bilebileceğinizi göstermek için söz ediyorum.

Tüm dikkatinizi zihniniz aldığı sürece sizin Var'lıkla bağınız kesilir. Bu olduğunda -ve bu çoğu insan için sürekli olarak olur- siz bedeninizde değilsinizdir. Zihin tüm bilincinizi emer ve onu zihin malzemesine dönüştürür. Böylece siz düşünmeyi durduramazsınız. Kesintisiz bir biçimde düşünme ortak bir hastalık haline gelmiştir. O zaman siz tüm kimlik duygunuzu zihin faaliyetinden alırsınız. Kimliğiniz, artık Var'lıkta köklenmediğinden, incinmeye açık ve daima muhtaç -ve altta yatan hâkim duygu olarak korku yaratan- bir zihinsel yapı haline gelir. Bu durumda yaşamınızda gerçekten önemli olan bir şey eksiktir: daha derin benliğinizin -görünmez ve yok edilemez realitenizin- farkındalığı.

Var'lığın bilincine varmak için, bilinci zihinden geri istemeniz, ona yeniden sahip çıkmanız gerekir. Bu sizin spiritüel yolculuğunuzdaki en asli, en gerekli görevlerden biridir. O daha önce yararsız, boş ve kesintisiz düşünme kapanına kısılmış büyük miktarlarda bilinci serbest bırakacaktır. Bunu yapmanın çok etkili bir yolu dikkatinizin odağını düşünmekten alıp, bedene -Var'lığın hemen, fiziksel bedene yaşam veren görünmez enerji alanı olarak hissedilebileceği yere- yöneltmektir.

İçsel Bedenle Bağ Kurmak

Lütfen bunu şimdi deneyin. Bu uygulama için gözlerinizi kapamanız yararlı olabilir. Daha sonra, "bedende olma" doğal ve kolay hale geldiğinde, bu artık gerekli olmayacaktır. Dikkatinizi bedeninize yöneltin. Onu içten doğru hissedin. O canlı mı? Ellerinizde, kollarınızda, bacaklarınızda, ayaklarınızda, karnınızda, göğsünüzde yaşam var mı? Tüm bedeni kaplayan ve her organa ve her hücreye canlı bir yaşam veren süptil enerji alanını hissedebiliyor musunuz? Onu aynı anda bedeninizin her bölümünde tek bir enerji alanı olarak hissedebiliyor musunuz? Birkaç dakika kadar içsel bedeninizin verdiği his üzerinde odaklanın. Onun hakkında düşünmeye başlamayın. Onu hissedin. Ona ne kadar çok dikkat verirseniz, bu his o kadar berrak ve güçlü hale gelecektir. Bu her hücrenin sanki daha canlı bir hale gelmesi gibi bir his verecektir ve eğer siz güçlü bir görme duyusuna sahipseniz, bedeninizin ışıldamaya başladığını görebilirsiniz. Böyle bir görüntünün size geçici olarak yardımcı olmasına karşın, bu süreçte görüntüden çok hisse dikkat edin. Bir görüntü, ne kadar güzel ya da güçlü olursa olsun, çoktan form olarak tanımlanmıştır, dolayısıyla daha derin bir biçimde nüfuz edecek daha az alan vardır.

***

İçsel bedeniniz form'suz, sınırsız ve derinliğine erişilmez bir his verir. Siz daima onun daha derinlerine inebilirsiniz. Eğer bu aşamada çok şey hissedemiyorsanız, *hissedebildiğiniz* şeye dikkat edin. Belki sadece ellerinizde ya da ayaklarınızda hafif bir karıncalanma vardır. Şu an için bu yeterlidir. Sadece his üzerinde odaklanın. Bedeniniz canlanmaktadır. Daha sonra, biraz daha uygulama yapacağız. Lütfen şimdi gözlerinizi açın, ama çevrenize bakarken bile dikkatinizin bir kısmını bedenin içsel enerji alanında tutun. İçsel beden form kimliğiniz ile öz kimliğiniz, yani gerçek doğanız arasındaki eşikte yatar. Onunla temasınızı asla yitirmeyin.

***

Beden Yoluyla Değişim-Dönüşüm

Neden dinlerin çoğu bedeni suçlamış ya da yadsımıştır? Öyle görünüyor ki spiritüel arayışçılar bedeni bir engel, hatta günahkâr bir şey olarak görmüşlerdir.

Neden "arayan"ların içinde çok azı "bulan" olmuştur?

Beden düzeyinde, insanlar hayvanlara çok yakındır. Tüm bedensel işlevlerimiz -haz, acı, solunum, yeme, içme, dışkılama, uyuma, bir eş bulup çiftleşme dürtüsü ve elbette doğum ve ölüm- hayvanlarla ortaktır. İnayet ve bir'lik halinden illüzyona düştükten (mecazi olarak cennetten kovulduktan) uzun bir zaman sonra, insanlar birden bir hayvan bedeni gibi görünen bir bedende uyandılar ve bunu çok rahatsız edici buldular. "Kendini aldatma. Sen bir hayvandan başka bir şey değilsin." Bu çok aşikâr bir gerçek gibi görünüyordu. Ama, bu katlanılması çok zor, çok rahatsız edici bir gerçekti. Adem ve Havva çıplak olduklarını görmüşlerdi ve korkmuşlardı. Hayvani doğalarının bilinçsiz yadsınması hemen başlamıştı. Güçlü içgüdüsel dürtüler tarafından ele geçirilip tam bilinçsizliğe geri dönme tehlikesi çok gerçek bir tehlikeydi. Sonra, bedenin belli bölümleri ve bedensel işlevlerle, özellikle cinsellikle ilgili ayıp ve yasaklar ortaya çıktı. Onların bilinçlerinin ışığı henüz -hayvani doğalarının içinde saklı olan tanrısalı, illüzyonun içindeki realiteyi bulmak için ona derinlemesine girmeyi bir yana bırakın- bu doğalarıyla dost olacak, onun *olmasına* izin verecek, hatta bu veçhelerinden zevk alacak kadar bile güçlü değildi. Böylece onlar yapmak zorunda oldukları şeyi yaptılar. Kendilerini bedenlerinden ayırmaya başladılar. Böylece, kendilerini sadece o, yani bir beden olmak yerine, bir bedene *sahip olarak* gördüler.

Dinler ortaya çıktıklarında, bu ayrılık "siz bedeniniz değilsiniz" inancı olarak daha da çok vurgulandı. Çağlar boyunca Doğu'da ve Batı'da sayısız insan kurtuluşu ya da aydınlanmayı bedeni yadsıyarak bulmaya çalıştı. Bu duyusal hazları ve özellikle cinselliği yadsıma, oruç tutma ve diğer sofuluk (bedensel zevklerden sakınma) uygulamaları şeklini aldı. Onlar bedeni günahkâr olarak gördüklerinden onu zayıf düşürmek ya da cezalandırmak için bedene acı bile verdiler. Hıristiyanlık'ta, buna "nefsi köreltme" (bedensel istekleri bastırma) denirdi. Diğerleri trans hallerine girerek ya da beden-dışı deneyimlerin peşine düşerek bedenden kaçmaya çalıştılar. Birçokları bunu hâlâ yapıyorlar. Buda'nın bile altı yıl boyunca oruç tutma ve aşırı sofuca uygulamalar yoluyla bedeni yadsıdığı, ama bu uygulamadan vazgeçene dek aydınlanamadığı söylenir.

Gerçek şu ki şimdiye dek hiç kimse bedeni yadsıyarak ya da ona karşı çıkarak veya beden-dışı bir deneyimle aydınlanmamıştır. Beden-dışı bir deneyim çok çekici olabilir ve size fiziksel formdan kurtuluş halini kısa bir süre için hissettirebilir, ama sonunda daima esas değişim-dönüşüm işinin yer aldığı bedene dönmek zorundasınızdır. Değişim-dönüşüm beden *yoluyla* olur. Onsuz değil. İşte bu yüzden hiçbir gerçek üstat -zihne-bağlı takipçileri çoğunlukla böyle yapsalar da- asla bedenle savaşmayı ya da onu terk etmeyi savunmamıştır.

Bedenle ilgili kadim öğretilerin sadece belli bir bölümü varlığını sürdürmüştür, örneğin İsa'nın "tüm bedeniniz ışıkla dolacak" bildirimi gibi; ya da onlar efsaneler olarak varlıklarını sürdürmüşlerdir, örneğin, İsa'nın bedenini asla bırakmadığı, "cennete" onunla birlikte yükseldiği inancı gibi. Bugüne dek hemen hiç kimse bu bölümü ya da belli efsanelerin gizli anlamlarını anlamamıştır ve "siz bedeniniz değilsiniz" inancı dünyaya hâkim olarak bedenin yadsınmasına ve bedenden kaçma çabalarına götürmüştür. Böylece, arayış içindeki sayısız insanın spiritüel idrake erişmesi, aydınlanması ve "bulan" haline gelmesi engellenmiştir.

Peki, bedenin önemiyle ilgili kayıp öğretileri yeniden bulmak ya da onları var olan bölümlerden yeniden oluşturmak mümkün müdür?

Buna hiç gerek yoktur. Çünkü tüm spiritüel öğretiler aynı Kaynaktan çıkarlar. Bu anlamda, birçok farklı formda tezahür eden tek bir üstat vardır ve bu daima böyle olmuştur. Bir kez içimizdeki o Kaynağa eriştiğimizde, biz bu üstat oluruz. Ve ona içsel beden yoluyla ulaşırız. Tüm spiritüel öğretiler aynı Kaynaktan gelir ama, onlar bir kez söze ve yazıya döküldüklerinde bir sözcükler topluluğundan başka bir şey olmazlar. Ve bir sözcük -daha önce de söylediğim gibi- bir işaret direğinden başka bir şey değildir. Tüm böyle öğretiler Kaynağa dönüş yolunu gösteren işaret direkleridir.

Ben daha önce bedeninizin içinde saklı Gerçek'ten söz etmiştim, ama şimdi üstatların kayıp öğretilerini sizin için tekrar özetleyeceğim -böylece işte size bir başka işaret direği. Lütfen bu sözleri okurken ya da dinlerken içsel bedeninizi hissetmeye çalışın.

Beden Üzerine Bir Konuşma

Sizin yoğun fiziksel bir yapı olarak algıladığınız, beden denen ve hastalığa, yaşlanmaya ve ölüme maruz olan şey nihai olarak gerçek değildir; o siz değildir. O doğumun ve ölümün ötesinde bulunan asli realitenizin yanlış bir algılanışıdır, bu algılama zihninizin sınırlamalarından kaynaklanır; zihin Var'lık ile teması yitirdiğinden, ayrılığa olan illüzyoni inancının bir kanıtı olarak ve korku halini mazur göstermek için bedeni yaratır. Ama, bedeninize sırt çevirmeyin, çünkü -zihninizin illüzyoni yaratımı olarak algıladığınız- o geçicilik, sınırlılık ve ölüm simgesi içinde asli ve ölümsüz realitenizin ihtişamı gizlidir. Gerçeği ararken dikkatinizi başka yere yöneltmeyin, çünkü o bedeninizden başka bir yerde bulunamaz.

Bedenle savaşmayın, çünkü böyle yaptığınızda kendi realitenizle savaşıyorsunuz demektir. Siz bedeninizsiniz. Sizin görüp dokunabildiğiniz beden sadece ince bir illüzyoni perdedir. Onun altında görünmez içsel beden bulunur, ki o Var'lığa, Tezahür-Etmemiş Yaşama bir giriş-kapısıdır. İçsel beden vasıtasıyla siz ayrılmaz bir biçimde bu tezahür-etmemiş, doğumsuz, ölümsüz, ebediyen var olan Bir Yaşam'a bağlısınızdır. İçsel beden yoluyla, siz ebediyen Tanrı ile bir'sinizdir.

***

İçinizde Derin Bir Biçimde Köklenin

Bunun anahtarı içsel bedeninizle kalıcı bir bağlantı içinde bulunmak, onu her zaman hissetmektir. Bu hızla derinleşecek ve yaşamınızı dönüşüme uğratacaktır. Siz bilincinizi içsel bedene daha fazla yönelttiğinizde, onun titreşim frekansı daha çok yükselecektir, bu bir elektrik düğmesini çevirip akımı arttırdığınızda loş bir ışığın daha parlak hale gelmesine benzer. Bu yüksek enerji düzeyinde, olumsuzluk artık sizi etkileyemez ve böylece siz yaşamınıza bu daha yüksek frekansı yansıtan yeni koşulları çekersiniz.

Eğer dikkatinizi bedende mümkün olduğunca çok tutarsanız, Şimdi'de demirlemiş olursunuz. Böylece kendinizi dış dünyada kaybetmezsiniz, kendinizi zihninizde kaybetmezsiniz. Düşünceler ve duygular, korkular ve arzular hâlâ belli bir dereceye kadar orada bulunabilirler, ama sizi ele geçirip yönetemezler.

Lütfen, şu anda dikkatinizin nerede bulunduğunu inceleyin. Siz şu anda ya beni dinliyor, ya da bir kitapta bu sözleri okuyorsunuz. Dikkatinizin odağı budur. Siz ayrıca çevrenizdeki şeylerin, diğer insanların vs. de göreceli olarak farkındasınız. Dahası, burada işittiğiniz ya da okuduğunuz şeyle ilgili bir zihinsel faaliyet, bir zihinsel yorum da olabilir. Ancak, tüm bunların *tüm* dikkatinizi massetmesine gerek yoktur. Aynı zamanda içsel bedeninizle temasta olup olamayacağınızı görün. Dikkatinizin bir bölümünü içinizde tutun. Onun tümüyle dışarı akmasına izin vermeyin. Tüm bedeninizi, tek bir enerji alanı olarak, içten doğru hissedin. Bu tüm bedeninizle dinliyor ya da okuyor olmanız gibidir. Lütfen, gelecek günlerde ve haftalarda bunu uygulayın.

Tüm dikkatinizi zihne ve dış dünyaya vermeyin. Elbette yaptığınız şey üzerinde odaklanın, ama aynı zamanda mümkün olan her an içsel bedeni de hissedin. İçinizde köklenmiş halde kalın. Sonra bunun bilinç halinizi ve yaptığınız şeyin niteliğini, kalitesini nasıl değiştirdiğini gözlemleyin.

Herhangi bir yerde herhangi bir şeyi beklerken, bu zamanı içsel bedeni hissetmek için kullanın. Bu şekilde, trafik sıkışıklığında, kuyruklarda beklemek çok zevkli hale gelebilir. Kendinizi Şimdi'den zihinsel olarak uzaklaştırmak, uzağa projekte etmek yerine, bedene daha derin bir biçimde girerek Şimdi' ye daha derinlemesine girin.

Böylece, bu içsel-beden farkındalığı sanatı tamamen yeni bir yaşam biçimine, Var'lık ile kalıcı bir birleşme haline dönüşecek ve bu yaşamınıza daha önce asla bilmediğiniz bir derinlik katacaktır.

Bedeninizde derin bir biçimde köklendiğinizde zihninizin gözlemcisi olarak orada mevcut olmak kolaydır. Bu şekilde, dışarıda her ne olursa olsun, sizi hiçbir şey sarsamaz.

Siz orada mevcut kalmadıkça -ki bedeninizde bulunmak daima bunun asli bir veçhesidir- zihniniz tarafından yönetilmeye devam edersiniz. Kafanızda bulunan, uzun bir zaman önce öğrendiğiniz o metin, zihninizin o koşullanması sizin ne düşüneceğinizi ve nasıl davranacağınızı belirleyecektir. Siz kısa süreler için ondan kurtulabilirsiniz, ama bu nadiren uzun bir süre olabilir. Bu özellikle bir şey "kötüye gittiğinde" ya da bir kayıpla veya can sıkıcı bir durumla karşılaştığınızda geçerlidir. O zaman -zihinle-özdeşleşmiş bilinç halinin altında yatan tek temel duygu olan- korku tarafından harekete geçirilen koşullu tepkiniz istemdışı, otomatik ve tahmin edilebilir olacaktır.

Öyleyse, bu tür meydan okumalarla karşılaştığınızda, ki daima karşılaşırsınız, hemen içinize dönüp elinizden geldiği kadar bedeninizin içsel enerji alanı üzerinde odaklanmayı bir alışkanlık haline getirin. Bunun uzun bir zaman alması gerekmez, sadece birkaç saniye yeter. Ama, bunu o meydan okumayla karşılaştığınız anda yapmanız gerekir. Her hangi bir erteleme koşullanmış bir zihinsel-duygusal tepkinin ortaya çıkıp, sizi ele geçirmesine izin verecektir. Siz bilincinizi zihninizden çekip, içinizde odaklanarak içsel bedeni hissettiğinizde anında sakinleşir ve orada mevcut hale gelirsiniz. Bu durumda bir karşılık vermeniz gerekiyorsa, bu karşılık o derin düzeyden gelecektir. Güneşin bir mum ışığından son derece daha parlak olması gibi, Var' lıkta zihninizde olandan son derece fazla akıl ve zekâ vardır.

İçsel bedeninizle bilinçli bir temas içinde olduğunuz sürece, toprağa derinlemesine kök salmış bir ağaç, ya da derin ve sağlam temelli bir yapı gibi olursunuz. Yapı benzetmesi İsa tarafından -genelde yanlış anlaşılan- bir meselde kullanılmıştır. Bu meselde iki adam iki ev inşa eder. Adamlardan biri evini kumun üzerine, temelsiz bir biçimde kurar ve daha sonra gelen fırtına ve sel evi yıkıp götürür. Diğer adam ise toprağı *derin bir biçimde kazıp* kaya tabakasına ulaşır, evini bu temel üzerine kurar ve fırtına ve sel sırasında bu ev sapasağlam yerinde kalır.

Bedene Girmeden Önce, Bağışlayın

Ben dikkatimi içsel bedende odaklamaya çalıştığımda kendimi çok rahatsız hissettim. Bir heyecan, huzursuzluk ve mide bulantısı hissettim. Böylece sizin sözünü ettiğiniz şeyi deneyimleyemedim.

Hissettiğiniz şey, büyük olasılıkla, bedene dikkatinizi vermeye başlayana dek farkında olmadığınız, öteden beri var olan bir duyguydu. Siz önce ona dikkatinizi vermedikçe, bu duygu onun altında daha derin bir düzeyde yatan içsel bedene girmenizi engelleyecektir. Dikkat sizin onun hakkında düşünmeye başlamanız anlamına gelmez. O sadece, duyguyu gözlemlemek, onu tam olarak hissetmek ve böylece onu olduğu gibi tanıyıp kabul etmek anlamına gelir. Bazı duygular öfke, korku, üzüntü vs. olarak kolayca tanımlanırlar. Bazı duyguları tanımlamak ise çok daha zor olabilir. Bunlar belirsiz bir huzursuzluk, ağırlık ya da daralma hissi, yani bir duygu ile fiziksel bir duyum arasında bir şey olabilirler. Her durumda, önemli olan sizin onu zihinsel olarak tanımlayıp etiketleyebilmeniz değil, onun hissini mümkün olduğunca çok fark edebilmenizdir. Dikkat değişim-dönüşümün anahtarıdır ve tam dikkat ayrıca kabul etmeyi de içerir. Dikkat bir ışık huzmesi gibidir, o bilincinizin odaklanmış gücüdür ve bu güç her şeyi kendisine -yani, bilince- dönüştürür.

Tam olarak işlev yapan bir organizmada, bir duygu çok kısa bir ömre sahiptir. O, Var'lığınızın yüzeyindeki geçici bir dalgacık gibidir. Ancak, siz bedeninizde bulunmadığınızda, bir duygu sizin içinizde günler, haftalar boyunca varlığını sürdürebilir, ya da birleşip acı-bedenini -içinizde yıllarca yaşayıp enerjinizden beslenen, sizi hasta ve mutsuz eden o asalağı- oluşturmuş benzer frekanstaki diğer duygulara katılabilir (bkz 2. Bölüm).

Öyleyse dikkatinizi duyguyu hissetmeye verin ve zihninizin duyguyu besleyen suçlama, kendine-acıma ya da içerleme gibi bir yakınma kalıbına tutunup tutunmadığını kontrol edin. Eğer durum böyleyse, bu sizin bağışlamadığınız anlamına gelir. Bağışlamama, çoğunlukla, başka bir insana ya da kendinize karşıdır, ama o zihninizin kabullenmeyi reddettiği herhangi bir -geçmiş, şimdiki ya da gelecekteki- duruma karşı da olabilir. Evet, geleceğe yönelik bir bağışlamama bile olabilir. Bu zihnin belirsizliği kabullenmeyi, geleceğin nihai olarak onun kontrolünün ötesinde bulunduğunu kabullenmeyi reddetmesidir. Bağışlama yakınmayı bırakmak ve böylece üzüntüyü bırakmaktır. Bu, bir kez siz yakınmanızın sahte bir benlik duygusunu güçlendirmekten başka bir işe yaramadığını idrak ettiğinizde doğal bir biçimde gerçekleşir. Bağışlama yaşama direnmemek, yaşamın içinizden akmasına izin vermektir. Bunun alternatifleri ise acı ve ıstırap, yaşam enerjisinin akışının büyük ölçüde kısıtlanması ve birçok durumda da fiziksel hastalıktır.

Siz gerçekten bağışladığınız anda, zihninizin ele geçirmiş olduğu gücünüze yeniden sahip çıkmış olursunuz. Nasıl zihinürünü sahte benlik, ego, çekişme ve çatışma olmadan varlığını sürdüremezse, bağışlamama da zihnin tipik özelliğidir. Zihin bağışlayamaz. Bunu sadece *siz* yapabilirsiniz. Siz orada mevcut hale gelir, siz bedeninize girer, Var'lıktan yayılan güçle huzur ve sessizliği hissedersiniz. İşte bu yüzden İsa, "Tapınağa girmeden önce, bağışlayın," demiştir.

***

Tezahür-Etmemiş-Olan'la Bağınız

Mevcudiyet ile içsel beden arasında nasıl bir ilişki vardır?

Mevcudiyet saf bilinçtir, o zihinden, form dünyasından geri çekilip yeniden sahip çıkılmış bilinçtir. İçsel beden sizin Tezahür-Etmemiş-Olan'la bağınızdır ve en derin veçhesinde o Tezahür-Etmemiş-Olan'dır: ışığın güneşten yayıldığı gibi, bilincin ondan yayıldığı Kaynak. İçsel bedenin farkındalığı bilincin kökenini hatırlaması ve Kaynağa geri dönmesidir.

Tezahür-Etmemiş-Olan, Var'lık ile aynı şey midir?

Evet. *Tezahür-Etmemiş-Olan* sözcüğü, olumsuzlama yoluyla, söylenemez, düşünülemez ya da hayal edilemez. Olanı ifade etmeye çalışır. O onun ne *olmadığını* söyleyerek, onun ne *olduğunu* işaret eder. Öte yandan, *Var'lık* olumlu bir terimdir. Lütfen bu sözcüklere de bağlanmayın ya da onlara inanç bağlamayın. Onlar işaret-direklerinden başka bir şey değildir.

Siz mevcudiyetin zihinden geri çekilip yeniden sahip çıkılmış bilinç olduğunu söylediniz. Kim yeniden sahip çıkmaktadır?

Siz. Ama, özünüzde siz bilinç *olduğunuzdan*, biz bunun "bilincin form rüyasından uyanışı" olduğunu da söyleyebiliriz. Bu sizin formunuzun bir anda bir ışık patlamasıyla ortadan kaybolacağı anlamına gelmez. Siz mevcut formunuz içinde devam edebilir, ancak içinizin derinliklerindeki form'suz ve ölümsüz olanın farkında olabilirsiniz.

Bunun benim kavrayışımın çok ötesinde olduğunu itiraf etmeliyim, ancak daha derin bir düzeyde sizin neden söz ettiğinizi bilir gibiyim. Bu daha çok bir his gibi bir şey. Yoksa ben kendi kendimi aldatıyor muyum?

Hayır. *Hissetme* sizi gerçek kimliğinize *düşünme*'den daha çok yaklaştıracaktır. Ben size içinizin derinliklerinde zaten bilmediğiniz bir şeyi söyleyemem. Siz belli bir içsel bağlantı aşamasına eriştiğinizde, gerçeği işittiğinizde onu hemen tanırsınız. Eğer bu aşamaya henüz erişmemişseniz, beden-farkındalığı uygulaması gerekli olan derinleşmeyi meydana getirecektir.

Yaşlanma Sürecini Yavaşlatmak

Bu arada, içsel bedenin farkındalığının fiziksel âlemde başka yararları da vardır. Bunlardan biri, fiziksel bedenin yaşlanmasının önemli ölçüde yavaşlamasıdır.

Dışsal beden normal olarak oldukça hızlı bir biçimde yaşlanır görünürken, içsel beden zamanla değişmez, sadece siz onu daha derin bir biçimde hissedebilir ve daha tam bir biçimde o olabilirsiniz. Eğer şu anda yirmi yaşındaysanız, içsel bedeninizin enerji alanı siz seksen yaşına geldiğinizde de aynı hissi verecektir. O aynı şekilde güçlü ve canlı olacaktır. Sizin alışılmış haliniz beden-dışında olmaktan ve zihninizde kapana kısılmış olmaktan çıkıp, bedende-olmaya ve Şimdi'de mevcut olmaya dönüştüğünde, fiziksel bedeniniz de kendini daha hafif, berrak ve canlı hissedecektir. Bu durumda bedende daha fazla bilinç olduğundan, onun moleküler yapısının yoğunluğu da gerçekten azalacaktır. Daha fazla bilinç, maddesellik-fiziksellik illüzyonunun azalması anlamına gelir.

Siz dışsal bedenden daha çok ebedi içsel bedenle özdeşleştiğinizde, anda-mevcudiyet sizin normal bilinç haliniz olduğunda ve geçmiş ile gelecek artık sizin dikkatinize hâkim olmadığında, artık psişenizde ve bedenin hücrelerinde zaman biriktirmezsiniz. Geçmişin ve geleceğin psikolojik yükü olarak zamanın birikimi hücrelerin kendini yenileme kapasitesini büyük ölçüde zayıflatır. Böylece eğer içsel bedende bulunuyorsanız, dışsal beden çok daha yavaş bir biçimde yaşlanacak ve o yaşlanırken bile ebedi özünüzün ışığı dışsal formunuzdan yayılacaktır ve siz yaşlı bir insan gibi görünmeyeceksinizdir.

Bunun bilimsel bir kanıtı var mı?

Bunu deneyin, o zaman bu kanıt siz *olacaksınız.*

Bağışıklık Sistemini Güçlendirmek

Bu uygulamanın fiziksel âlemdeki bir başka yararı da siz bedeninizde bulunduğunuzda bağışıklık sisteminizin çok güçlenmesidir. Bedeninize ne kadar çok bilinç getirirseniz, bağışıklık sisteminiz de o kadar güçlenir. Bu her hücrenin uyanıp sevinçten bayram yapmasına benzer. Beden sizin dikkatinizi ona vermenize bayılır. Bu ayrıca güçlü bir kendini-iyileştirme biçimidir. Çoğu hastalık siz bedeninizde mevcut değilken içeri sızar. Eğer efendi evde değilse, her türlü kuşkulu kişi orayı mekân tutacaktır. Siz bedeninizde bulunduğunuzda, istenmeyen konukların içeri girmeleri zor olacaktır.

Bu durumda sadece fiziksel bağışıklık sisteminiz güçlenmekle kalmaz, psişik bağışıklık sisteminiz de büyük ölçüde güçlenir. Psişik bağışıklık sisteminiz sizi başkalarının son derece bulaşıcı olan olumsuz zihinsel-duygusal güç alanlarından korur. Bedende bulunmak sizi bir kalkan oluşturarak değil, tüm enerji alanınızın titreşim frekansını yükselterek korur; böylece korku, öfke, depresyon vs. gibi daha düşük bir frekansta titreşen her şey şimdi neredeyse farklı bir realite düzeninde kalır. O artık bilinç alanınıza girmez, ya da eğer girerse, sizin artık ona direnmeniz gerekmez, çünkü o sizin içinizden geçip gider. Lütfen söylediğim şeyi öylesine kabul ya da reddetmeyin. Bunu bizzat kendiniz sınayın.

Bağışıklık sisteminizi güçlendirme ihtiyacı duyduğunuzda yapabileceğiniz basit ama güçlü bir şifa meditasyonu vardır. O özellikle bir hastalığın ilk belirtilerini hissettiğinizde yapılırsa etkili olur, ama eğer onu sık aralıklarla ve yoğun bir odaklanmayla yaparsanız ilerlemiş hastalıklarda da işe yarar. O ayrıca enerji alanınızı karıştıran herhangi bir olumsuzluk formunu da etkisiz kılabilir. Ancak, o anbean bedende bulunma uygulamasının yerine geçirilebilecek bir şey değildir; aksi takdirde, onun etkisi geçici olacaktır. İşte bu meditasyon:

Birkaç dakika boş kaldığınızda ve özellikle gece uykuya dalmadan önce son şey, ve sabah yataktan kalkmadan önce ilk şey olarak, bedeninizi bilinçle "doldurun." Gözlerinizi kapayın. Sırt üstü uzanın. Önce dikkatinizi bedeninizin değişik bölümlerinde, ellerinizde, ayaklarınızda, kollarınızda, bacaklarınızda, karnınızda, göğsünüzde, başınızda vs. odaklayın. Yaşam enerjisini bu bölümlerin içinde mümkün olduğunca yoğun bir biçimde hissedin. Her bölüm üzerinde en az on-beş saniye kadar odaklanın. Sonra dikkatinizi bedeninizde, ayaklardan başa baştan ayaklara birkaç kez bir dalga gibi dolaştırın. Bunun sadece bir dakikanızı alması gerekir. Bundan sonra, içsel bedeninizi bir bütün olarak, tek bir enerji alanı olarak hissedin. Birkaç dakika kadar bu hissi sürdürün. Bu zaman esnasında yoğun bir biçimde mevcut olun, bedeninizin her hücresinde mevcut olun. Eğer zihin ara sıra dikkatinizi bedenden çekmeyi başarır ve siz kendinizi bir düşüncede kaybederseniz aldırmayın. Bunun olduğunu fark eder etmez, dikkatinizi yine içsel bedene yöneltin.

Nefesin Sizi Bedene Sokmasına İzin Verin

Zaman zaman, zihnim çok aktif olduğunda, o öyle bir devingenlik kazanıyor ki dikkatimi ondan uzaklaştırıp içsel bedeni hissetmem mümkün olmuyor. Bu özellikle bir endişe kalıbına girdiğimde vuku buluyor. Bu konuda ne yapmamı önerirsiniz?

İçsel bedenle temas kurmakta zorlandığınız anlarda, önce nefes alıp verişiniz üzerinde odaklanmanız genelde daha kolay olur. Kendi başına güçlü bir meditasyon olan bilinçli nefes alıp verme sizi yavaş yavaş bedenle temasa sokacaktır. O bedeninize girip çıkarken, nefesi dikkatinizle takip edin. Her nefes alıp verişte karnınızın hafifçe genişleyip büzüldüğünü hissedin. Eğer gözünüzde canlandırmayı kolay buluyorsanız, gözlerinizi kapayın, ışıkla kuşatıldığınızı ya da ışıldayan bir maddeye, bir bilinç denizine gömüldüğünüzü görün. Sonra bu ışığı nefes alırken içinize çekin. Bu ışıldayan maddenin bedeninizi doldurduğunu ve onu da ışıldar hale getirdiğini hissedin. Sonra yavaş yavaş bu his üzerinde daha çok odaklanın. Şimdi siz artık bedeninizdesiniz. Bu sırada hiçbir görsel imgeye bağlanmayın.

***

Zihnin Yaratıcı Kullanımı

Eğer zihninizi belli bir amaçla kullanmanız gerekiyorsa, onu içsel bedeninizle birlikte kullanın. Ancak düşünce olmadan bilinçli olabiliyorsanız zihninizi yaratıcı bir biçimde kullanabilirsiniz ve bu hal içine en kolay bedeniniz vasıtasıyla girebilirsiniz. Her ne zaman bir yanıta, bir çözüme, ya da yaratıcı bir fikre ihtiyaç duyarsanız, dikkatinizi içsel enerji alanınızda odaklayarak bir süre için düşünmeyi bırakın. Sessizliğin farkında olun. Yeniden düşünmeye başladığınızda, bu taze ve yaratıcı bir düşünme olacaktır. Herhangi bir düşünce faaliyeti içindeyken, birkaç dakikada bir düşünme ile içsel dinleme, içsel sessizlik arasında gidip gelmeyi bir alışkanlık haline getirin. Yani, sadece kafanızla değil, tüm bedeninizle düşünün.

***

Dinleme Sanatı

Bir başka insanı dinlerken, onu sadece zihninizle değil, tüm bedeninizle dinleyin. Dinlerken içsel bedeninizin enerji alanını hissedin. Bu dikkati düşünmeden uzaklaştırır ve sizin zihnin müdahalesi olmadan gerçekten dinlemenizi mümkün kılan sessiz bir yer, bir boşluk yaratır. Siz bu durumda diğer kişiye var olabileceği bir boşluk vermektesinizdir. Bu sizin verebileceğiniz en değerli armağandır. Çoğu kişi nasıl dinleyeceğini bilmez, çünkü onların dikkatinin büyük bir bölümü düşünme tarafından tutulmuştur. Onlar diğer kişinin söylediklerinden daha çok buna dikkat verirler ve gerçekten önemli olan şeye, diğer kişinin sözcüklerin ve zihnin altındaki Var'lığına hemen hiç dikkat vermezler. Kuşkusuz, siz bir başkasının Var'lığını ancak kendi Var' lığınız vasıtasıyla hissedebilirsiniz. Bu sevgi olan bir'liğin idrakinin başlangıcıdır. Var'lığın en derin düzeyinde, siz var olan her şeyle bir'sinizdir.

Çoğu insan ilişkisi esasen insanların birbirleriyle iletişiminden değil, zihinlerin birbiriyle ilişki ve etkileşiminden oluşur. Hiçbir ilişki bu şekilde gelişemez ve işte bu yüzden ilişkilerde bu kadar çok çatışma yaşanır. Zihin yaşamınızı yönettiğinde çatışma, mücadele ve sorunlar kaçınılmazdır. İçsel bedeninizle temasta olmak ise içinde ilişkinin gelişip çiçek açabileceği berrak bir düşünce-sizlik alanı yaratır.

7

TEZAHÜR-ETMEMİŞ-OLANA GİRİŞ KAPILARI

Bedene Derinlemesine Girmek

Bedenimin içindeki, özellikle kollarımdaki ve bacaklarımdaki enerjiyi hissedebiliyorum, ama sizin daha önce önerdiğiniz gibi bedenime daha derinlemesine giremiyorum.

Onu bir meditasyona dönüştürün. Bunun uzun sürmesi gerekmez. On-onbeş dakika yeter. Önce gelen telefonların ya da başka insanların sizi rahatsız edemeyeceği bir yere çekilin. Bir sandalyeye oturun, ama geriye yaslanmayın. Omurganızı dik tutun. Bu sizin uyanık kalmanıza yardımcı olacaktır. Ya da kendi sevdiğiniz meditasyon oturuşunu seçin.

Bedeninizin gevşemiş olduğundan emin olun. Gözlerinizi kapayın. Birkaç derin nefes alın. Karnınızdan doğru nefes alıp verin. Onun her nefes alıp verişte nasıl hafifçe genişleyip büzüldüğünü gözlemleyin. Sonra bedenin tüm içsel enerji alanının farkında olun. Onun hakkında düşünmeyin, onu *hissedin.* Bunu yaparak, bilinci zihinden geri çekmiş, ona yeniden sahip çıkmış olursunuz. Eğer onu yararlı buluyorsanız, daha önce tarif ettiğim "ışık" imgelemesini kullanın.

İçsel bedeni berrak bir biçimde tek bir enerji alanı olarak hissedebildiğinizde, eğer mümkünse, her türlü görsel imgeyi bırakın ve sadece his üzerinde odaklanın. Eğer yapabilirseniz, ayrıca fiziksel bedenle ilgili hâlâ sahip olabileceğiniz her türlü görsel imajı da bırakın. Bu durumda geriye kalan tek şey herşeyi-kapsayan bir mevcudiyet ya da "var'lık" duygusudur ve içsel beden sınırsız olarak hissedilir. Sonra dikkatinizi bu hisse daha da derin bir biçimde verin. Onunla bir olun. Enerji alanı ile birleşin, öyle ki artık gözleyen ile gözlemlenen, siz ve beden arasında bir ayrılık kalmasın, böyle bir dualite algılanmasın. Bu durumda içsel ile dışsal olan arasındaki ayrım ve fark da ortadan kalkar, böylece artık ayrı bir içsel beden kalmaz. Siz bedene derinlemesine girerek, bedeni aşarsınız.

Bu saf Var'lık âleminde rahat ettiğiniz, istediğiniz kadar kalın; sonra yine fiziksel bedenin, nefes alıp verişinizin ve fiziksel duyumların farkına varın ve gözlerinizi açın. Birkaç dakika kadar çevrenizdeki şeylere meditatif bir biçimde, yani onları zihnen etiketlemeden bakın ve bu sırada içsel bedeni hissetmeye devam edin.

***

Bu formsuz âleme girmek gerçekten özgürleştiricidir. O sizi formun ve formla özdeşleşmenin esaretinden kurtarır. O parçalara, çokluğa ayrılmadan önceki, ayrılıp farklılaşmamış hali içindeki yaşamdır. Biz ona Tezahür-Etmemiş-Olan, her şeyin görünmez Kaynağı, tüm varlıkların içindeki Var'lık diyebiliriz. O derin bir sessizlik ve huzur, ama aynı zamanda derin bir sevinç ve yoğun bir canlılık âlemidir. Siz orada mevcut olduğunuz her an bu Kaynaktan yayılan ışığa, saf bilince bir dereceye kadar "geçirgen" hale gelirsiniz. Ayrıca, ışığın gerçek sizden ayrı olmadığını, onun sizin ta özünüzü oluşturduğunu da fark edersiniz.

Chi'nin Kaynağı

Tezahür-Etmemiş-olan, Doğu'da chi, yani evrensel yaşam enerjisi denen şey midir?

Hayır, değildir. Tezahür-Etmemiş-Olan, chi'nin *kaynağıdır*. Chi bedeninizin içsel enerji alanıdır. O dışsal siz ile Kaynak arasındaki köprüdür. O tezahür etmiş olan, form dünyası ile Kaynak arasında bulunur. Chi bir nehre ya da bir enerji akımına benzetilebilir. Eğer bilincinizi derin bir biçimde içsel bedende odaklarsanız, bu nehri Kaynağına dek izliyor olursunuz. Chi devinimdir; Tezahür-Etmemiş-Olan devinimsizliktir. Siz mutlak bir devinimsizlik noktasına eriştiğinizde -ki o aslında yaşamla titreşmektedir- içsel bedenin ötesine, chi'nin ötesine, Kaynağın kendisine erişmiş olursunuz: Bu Tezahür-Etmemiş-Olan'dır. Chi, Tezahür-Etmemiş-Olan ile fiziksel evren arasındaki bağdır.

Böylece, eğer siz dikkatinizi derin bir biçimde içsel bedende odaklarsanız, dünyanın Tezahür-Etmemiş-Olan'da eriyip kaybolduğu ve Tezahür-Etmemiş-Olan'ın -daha sonra dünya haline gelen- Chi enerji akımına dönüştüğü bu noktaya, bu tekilliğe erişebilirsiniz. Bu doğum ve ölüm noktasıdır. Bilinciniz dışa doğru yöneldiğinde, zihin ve dünya ortaya çıkar. O içe doğru yöneldiğinde, kendi Kaynağını idrak eder ve yuvaya, Tezahür-Etmemiş-Olana geri döner. Sonra, bilinciniz tezahür etmiş dünyaya geri döndüğünde, siz geçici olarak bıraktığınız form kimliğini yeniden üstlenirsiniz. Sizin bir isminiz, bir geçmişiniz, bir yaşam-durumunuz, bir geleceğiniz vardır. Ama, asli bakımdan siz eskiden olduğunuz kişi değilsinizdir: Siz içinizde, "bu dünyaya ait olmayan" (aslında sizden ayrı olmadığı gibi, bu dünyadan da ayrı olmayan) bir realiteyi kısa bir süre için görmüşsünüzdür.

Şimdi bırakın spiritüel uygulamanız bu olsun: Yaşamınızı sürdürürken, dikkatinizin yüzde yüzünü dış dünyaya ve zihninize vermeyin. Dikkatinizin bir kısmını içinizde tutun. Ben bundan zaten söz ettim. Günlük faaliyetlerle meşgulken bile, özellikle insanlarla ilişkileriniz sırasında ya da doğayla ilişki kurarken içsel bedeni hissedin. Onun derinlerindeki sessizliği ve devinimsizliği hissedin. Kapıyı açık tutun. Yaşamınız boyunca Tezahür-Etmemiş-Olan'ın bilincinde olmak gerçekten mümkündür. Onu geri plânda bir yerde derin bir huzur duygusu, dışarıda her ne olursa olsun sizi asla terk etmeyen bir sessizlik ve devinimsizlik olarak hissedersiniz. Siz Tezahür-Etmemiş-Olan ile tezahür etmiş olan arasında, Tanrı ile dünya arasında bir köprü haline gelirsiniz. Bu bizim aydınlanma dediğimiz, Kaynağa bağlanma halidir.

Bu sözlerden Tezahür-Etmemiş-Olan'ın tezahür etmiş olandan ayrı olduğu izlenimini edinmeyin. Bu nasıl olabilir ki? O her formun içindeki yaşamdır, var olan her şeyin içsel özüdür. O bu dünyayı kaplar. Bunu açıklayayım.

Rüyasız Uyku

Siz her gece derin rüyasız uyku aşamasına geçtiğinizde Tezahür-Etmemiş-Olana bir yolculuk yaparsınız. O aşamada Kaynakla birleşirsiniz. Ondan, tezahür etmiş dünyaya, ayrı formlar dünyasına döndüğünüzde bir süre size güç verecek olan yaşam enerjisini alırsınız. Bu enerji yemekten çok daha yaşamsal bir öneme sahiptir. "İnsan sadece ekmekle yaşamaz." Ama, rüyasız uykuda, siz ona bilinçli olarak girmezsiniz. Bedensel işlevlerin hâlâ sürüyor olmasına karşın "siz" artık o hal içinde mevcut değilsinizdir. Rüyasız uykuya tam bir bilinçle girmenin nasıl bir şey olacağını hayal edebilir misiniz? Bunu hayal etmek olanaksızdır, çünkü o hal hiçbir içeriğe sahip değildir.

Tezahür-Etmemiş-Olan, siz ona bilinçli olarak girene dek

sizi özgürleştirmez. İşte bu yüzden İsa, "gerçek sizi özgürleştirecek," dememiş, onun yerine: "Siz gerçeği *bileceksiniz* ve gerçek sizi özgürleştirecek," demiştir. Bu kavramsal bir gerçek değildir. Bu formun ötesinde bulunan ebedi yaşamın gerçeğidir ve bu gerçek ya direkt olarak bilinebilir ya da hiç bilinemez. Ama, rüyasız uykuda bilinçli kalmaya çalışmayın. Bunu başarmanız pek mümkün değildir. Olsa olsa, rüya aşaması sırasında bilinçli kalabilirsiniz, onun ötesinde değil. Buna "aklı başında rüya görme" denir; bu ilginç, hatta büyüleyici bir şey olabilir, ama özgürleştirici değildir.

Öyleyse içsel bedeninizi Tezahür-Etmemiş-Olana girebileceğiniz bir kapı olarak kullanın ve bu kapıyı her zaman Kaynağa bağlı kalabilmeniz için açık tutun. İçsel beden söz konusu olduğunda, fiziksel bedeninizin genç mi yaşlı mı, zayıf mı güçlü mü olduğu hiç fark etmez. İçsel beden zamana bağlı değildir, o ebedidir. Eğer siz henüz içsel bedeni hissedemiyorsanız, diğer kapılardan birini kullanın (aslında, nihai olarak tüm kapılar bir'dir). Bu kapıların bazılarından daha önce söz etmiştim, ama burada yine kısaca değineceğim.

Diğer Kapılar

"Şimdi" ana kapı olarak görülebilir. O içsel beden de dahil, diğer her kapının asli bir veçhesidir. Siz yoğun bir biçimde Şimdi'de mevcut olmadan *bedeninizde* bulunamazsınız.

Zaman ve tezahür-etmiş-olan, zaman'sız-sonsuz Şimdi ve Tezahür-Etmemiş-Olan kadar, birbirine ayrılmaz biçimde bağlıdır. Siz yoğun şimdiki-an farkındalığıyla psikolojik-zamanı ortadan kaldırdığınızda, Tezahür-Etmemiş-Olan'ın hem direkt hem de dolaylı olarak bilincine varırsınız. Direkt olarak onu bilinçli mevcudiyetinizin -içeriksiz, sadece mevcudiyetin- parlaklığı ve gücü olarak hissedersiniz. Dolaylı olarak, onu duyusal âlemde ve duyusal âlem vasıtasıyla hissedersiniz. Bir başka deyişle, siz Tanrı-özünü her yaratıkta, her çiçekte, her taşta hisseder ve "var olan her şeyin kutsal olduğunu" idrak edersiniz. İşte bu yüzden İsa, tamamen özünden ya da Mesih kimliğinden konuşarak, "Bir odunu parçaladığında, ben oradayım. Bir taşı kaldırdığında beni orada bulacaksın," demiştir.

Tezahür-Etmemiş-Olana açılan bir başka kapı da düşünmenin kesilmesiyle yaratılır. Bu bilinçli bir nefes almak ya da bir çiçeğe -zihinsel bir yorumun devreye girmeyeceği şekilde- yoğun bir uyanıklık hali içinde bakmak gibi çok basit bir şeyle başlayabilir. Kesintisiz düşünce akışında bir aralık yaratmanın birçok yolu vardır. Meditasyon da tümüyle bununla ilgilidir. Düşünce tezahür etmiş olan âlemin bir parçasıdır. Sürekli zihin faaliyeti sizi form dünyasında hapis tutar ve Tezahür-Etmemiş-Olan'ın bilincine varmanızı, kendinizdeki, her şeydeki ve tüm yaratıklardaki formsuz ve sonsuz Tanrı-özünün bilincine varmanızı önleyen donuk bir perde haline gelir. Siz yoğun bir biçimde *mevcut* olduğunuzda, elbette düşünmenin kesilmesiyle ilgilenmeniz gerekmez, çünkü zihin o zaman kendiliğinden durur. İşte bu yüzden ben Şimdi'nin diğer her kapının asli bir veçhesi olduğunu söyledim.

Teslimiyet -yani, *olana* gösterdiğimiz zihinsel-duygusal direnci bırakmak- da Tezahür-Etmemiş-Olan'a açılan bir kapıdır. Bunun nedeni basittir: içsel direnme sizi diğer insanlardan, kendinizden, çevrenizdeki dünyadan ayırır. O ego'nun varlığını sürdürmesini sağlayan ayrılık hissini güçlendirir. Ayrılık hissi ne kadar güçlüyse, siz tezahür etmiş olana, ayrı formlar dünyasına o kadar çok bağlı olursunuz. Siz form dünyasına ne kadar çok bağlıysanız, form kimliğiniz de o kadar katı ve nüfuz edilemez hale gelir. Kapı kapalıdır ve siz içsel boyuttan, derinlik boyutundan ayrı düşmüşsünüzdür. Teslimiyet halinde, sizin form kimliğiniz yumuşar ve Tezahür-Etmemiş-Olan'ın içinizden parlayabileceği şekilde "geçirgen" hale gelir.

Yaşamınızda Tezahür-Etmemiş-Olana bilinçli olarak girmenizi sağlayacak bir kapı açmak size bağlı bir şeydir. İçsel bedenin enerji alanıyla temasa geçin, yoğun bir biçimde mevcut olun, zihinle özdeşleşmeyi bırakın, *olana* teslim olun; bunların hepsi kullanabileceğiniz kapılardır, ama sizin içlerinden birini kullanmanız gerekir.

Kuşkusuz, sevgi de bu kapılardan biri olmalı, öyle değil mi?

Hayır, değil. Kapılardan biri açılır açılmaz, sevgi içinizde bir' liğin "his-idraki" olarak mevcut olur. Sevgi bir kapı değil, bir kapı *yoluyla* bu dünyaya gelen şeydir. Siz tamamen form kimliğinizin kapanına kısılı kaldığınız sürece, sevgi ortaya çıkamaz. Size düşen şey sevgiyi aramak değil, onun girebileceği bir kapı bulmaktır.

Sessizlik

Sözünü ettiklerinizden başka kapılar var mıdır?

Vardır. Tezahür-Etmemiş-Olan, tezahür etmiş olandan ayrı değildir. O bu dünyayı kaplar, ama o kadar iyi kılık değiştirmiştir ki hemen herkes onu gözden kaçırır. Eğer siz nereye bakacağınızı bilirseniz, onu her yerde bulabilirsiniz. Her an bir kapı açılır.

Uzakta havlayan şu köpeği işitiyor musunuz? Ya da yanınızdan geçip giden kediyi? Dikkatle dinleyin. Onda Tezahür-Etmemiş-Olan'ın mevcudiyetini hissedebiliyor musunuz? Hissedemiyor musunuz? Bunu seslerin ondan çıkıp yine ona döndüğü sessizlikte arayın. Seslerden daha çok sessizliğe dikkat edin. Dışarıdaki sessizliğe dikkat etmek içsel sessizlik yaratır:

Zihin sessizleşir. Bir kapı açılmaktadır.

Her ses sessizlikten doğar, sonra yine sessizlikte kaybolur ve varlığını sürdürdüğü sürece sessizlik tarafından kuşatılır. Sessizlik sesin var olmasını sağlar. O her sesin, her müzik notasının, her şarkının, her sözcüğün aslında var olan, ama tezahür etmemiş bir parçasıdır. Tezahür-Etmemiş-Olan bu dünyada sessizlik olarak bulunur. İşte bu yüzden bu dünyada en çok sessizliğin Tanrı'ya benzediği söylenmiştir. Sizin yapmanız gereken tek şey ona dikkatinizi vermektir. Bir sohbet sırasında bile sözcüklerin arasındaki boşlukların, cümlelerin arasındaki kısa sessizliklerin bilincinde olun. Siz bunu yaparken, sessizlik boyutu içinizde büyür. Aynı anda kendi içinizde sessizleşmeden dışarıdaki sessizliğe dikkatinizi veremezsiniz. Dışarıda sessizlik, içte sessizlik. Böylece Tezahür-Etmemiş-Olana girersiniz.

Uzay (Boşluk)

Nasıl hiçbir ses sessizlik olmadan var olamazsa, hiçbir şey de onun olmasına olanak veren uzay (boşluk) olmadan var olamaz. Her fiziksel nesne ya da beden hiçbir-şeyden gelmiştir, hiçbir-şey tarafından kuşatılır ve en sonunda hiçbir-şeye geri dönecektir. Sadece bu değil, her fiziksel bedenin içinde bile "bir şeylerden" çok daha fazla "hiçbir-şey" vardır. Fizikçiler bize maddenin katılığının bir illüzyon olduğunu söylerler. Fiziksel bedeniniz de dahil olmak üzere, görünüşte katı madde bile neredeyse yüzde yüz boşluktur, büyüklükleriyle kıyaslandığında atomların arasındaki mesafeler çok geniştir. Dahası, her atomun içinde bile çoğunlukla boşluk vardır. Geriye kalan şey katı madde parçacıklarından çok, müzikal bir nota gibi bir titreşim frekansıdır. Budistler bunu 2500 yılı aşkın bir süredir bilirler. "Form boşluktur, boşluk formdur," der ünlü kadim Budist metinlerinden biri olan *Kalp sutrası*. Her şeyin özü boşluktur.

Tezahür-Etmemiş-Olan bu dünyada sadece sessizlik olarak bulunmaz; o aynı zamanda tüm fiziksel evreni -içten ve dıştan- uzay (boşluk) olarak kaplar. Bu da sessizlik kadar kolayca gözden kaçırılır. Herkes boşlukta yer alan şeylere dikkatini verir, ama boşluğun kendisine kim dikkat eder?

Siz "boşluk" ya da "hiçbir-şey"in sadece hiçbir şey olmadığını, onun gizemli bir niteliğe sahip olduğunu ima eder görünüyorsunuz. Bu hiçbir-şey nedir?

Siz böyle bir soru soramazsınız. Zihniniz hiçbir-şeyi bir şeye dönüştürmeye çalışıyor. Siz onu bir şeye dönüştürdüğünüz anda gözden de kaçırmış olursunuz. Hiçbir-şey -yani, boşluk- Tezahür-Etmemiş-Olan'ın bir duyusal-algılama dünyasında dışsal bir fenomen olarak belirmesidir. Onun hakkında ancak bunu söyleyebiliriz ve bu bile bir tür paradokstur. O bir bilgi nesnesi haline gelemez. Siz "hiçbir-şey" üzerine bir doktora yapamazsınız. Bilim adamları uzayı incelediklerinde, çoğunlukla onu bir şeye dönüştürür ve bu yüzden onun özünü tamamen gözden kaçırırlar. Hiç de şaşırtıcı olmayan bir biçimde, son teori uzayın hiç de boş olmadığı, onun bir maddeyle dolu olduğudur. Bir kez siz bir teori bulduğunuzda, en azından bir başka teori ortaya çıkana dek, bu ilk teorinin doğruluğunu kanıtlayacak bir kanıt bulmak çok zor değildir.

"Hiçbir-şey," ancak onu kavramaya ya da anlamaya çalışmazsanız sizin için Tezahür-Etmemiş-Olana açılan bir kapı olabilir.

Bizim burada yaptığımız onu anlamaya çalışmak değil mi?

Kesinlikle değil. Ben size Tezahür-Etmemiş-Olan'ın boyutunu yaşamınıza nasıl getirebileceğinizi gösterecek işaret direkleri sunuyorum. Biz onu anlamaya çalışmıyoruz. Ortada anlayacak bir şey yok.

Boşluk hiçbir "mevcudiyete" sahip değildir. "Mevcut olmak" aslında "görülmek" anlamına gelir. Siz boşluğu anlayamazsınız, çünkü o görülmez. O kendi başına bir mevcudiyete sahip olmamasına rağmen, başka her şeyin mevcut olmasına olanak verir. Aynı şekilde, sessizlik de bir mevcudiyete sahip değildir, Tezahür-Etmemiş-Olan da.

Öyleyse eğer dikkatinizi boşluktaki nesnelerden çekip boşluğun kendisinin farkında olursanız ne olur? Bu odanın özü nedir? Mobilya, resimler vs. odanın *içindedir*, ama onlar oda değildir. Yer, duvarlar ve tavan odanın sınırlarını belirler, ama onlar da oda değildir. Öyleyse odanın özü nedir? Boşluk elbette. Onsuz bir "oda" olmazdı. Boşluk "hiçbir-şey" olduğundan, biz burada *olmayanın* olandan daha önemli olduğunu söyleyebiliriz. Öyleyse tüm çevrenizde bulunan boşluğun farkında olun. Onun hakkında düşünmeyin. Onu olduğu gibi hissedin. Dikkatinizi "hiçbir-şeye" verin.

Siz bunu yaparken, içinizde bir bilinç değişimi meydana gelir. Bunun nedeni şudur: Boşluktaki mobilya, duvarlar vs. gibi nesnelerin içsel dengi (eşdeğeri) sizin zihin nesnelerinizdir: yani, düşünceler, duygular ve duyular. Ve boşluğun içsel dengi -tıpkı boşluğun her şeyin var olmasını sağlaması gibi- zihin nesnelerinizin var olmalarını sağlayan bilinçtir. Böylece, eğer siz dikkatinizi *şeylerden* -boşluktaki nesnelerden- geri çekerseniz, dikkatinizi otomatik olarak zihin nesnelerinizden de çekmiş olursunuz. Bir başka deyişle, siz bu yüzden boşluğu ya da sessizliği *hem* düşünüp *hem de* onun farkında olamazsınız. Çevrenizdeki boşluğun farkında olarak, aynı zamanda düşüncesizlik boşluğunun, saf bilincin: Tezahür-Etmemiş-Olan'ın da farkında olursunuz. İşte boşluk üzerinde derin düşünceye dalmak sizin için böylece bir kapı olabilir.

Boşluk ve sessizlik aynı şeyin, aynı hiçbir-şeyin iki veçhesidir. Onlar içsel boşluğun ve içsel sessizliğin: tüm varoluşun sonsuz derecede yaratıcı rahminin bir dışsallaşmasıdır. Çoğu insan bu boyutun hiç bilincinde değildir. Onlar için hiçbir içsel boşluk, hiçbir sessizlik yoktur. Onlar dengesizdir. Bir başka deyişle, onlar dünyayı bilir, ya da bildiklerini düşünür, ama Tanrı'yı bilmezler. Onlar özlerinin bilincinde olmadan, sadece fiziksel ve psikolojik formları ile özdeşleşirler. Ve her form son derece değişken ve gelgeç olduğundan, onlar korku içinde yaşarlar. Bu korku onların kendilerini ve diğer insanları derin bir biçimde yanlış algılamalarına, dünyayı çarpık bir biçimde görmelerine neden olur.

Eğer kozmik bir sarsıntı dünyanın sonunu getirseydi, Tezahür-Etmemiş-Olan bundan hiç etkilenmezdi. *Mucizeler Kursu* bu gerçeği güçlü bir biçimde ifade eder. "Gerçek olan hiçbir şey tehdit edilemez. Gerçek-olmayan hiçbir şey zaten mevcut değildir. Tanrı'nın huzuru da burada yatar."

Eğer siz Tezahür-Etmemiş-Olan ile bilinçli bir bağlantı içinde kalırsanız, tezahür etmiş olana ve onun içindeki her yaşam formuna formun ötesindeki Bir (Tek) Yaşam'ın bir ifadesi olarak değer verir, sever ve derin bir biçimde sayarsınız. Siz ayrıca her formun bir gün yok olacağını ve dışarıdaki hiçbir şeyin sonuçta o kadar önemli olmadığını bilirsiniz. Siz İsa'nın deyişiyle, "dünyayı yenmiş," ya da Buda'nın deyişiyle, "diğer kıyıya geçmişsinizdir."

Uzay ve Zamanın Gerçek Doğası

Şimdi şunun üzerinde düşünün: Eğer sessizlikten başka bir şey var olmasaydı, sessizlik sizin için mevcut olmayacaktı; siz onun ne olduğunu bilmeyecektiniz. Sadece ses ortaya çıktığında sessizlik de ortaya çıkar. Aynı şekilde, uzayda hiçbir nesne olmadan, sadece uzay var olsaydı, bu uzay da sizin için mevcut olmayacaktı. Kendinizi uzayın enginliğinde, çevrenizde hiçbir yıldız, hiçbir galaksi olmadan, sadece boşlukta süzülen bir bilinç noktası olarak hayal edin. Birden, uzay artık engin bir genişliğe sahip olmayacaktı; o var bile olmayacaktı. Buradan oraya (bir nesne ile bir başka nesne arasında) hiçbir hız, hiçbir hareket olmayacaktı. Mesafe ve uzayın var olabilmesi için en azından iki başvuru noktasının bulunması gerekir. Bir iki olduğu anda ve Lao Tse'nin tezahür etmiş dünyayı adlandırdığı gibi, "iki, on-bin şey olduğunda," uzay giderek daha engin hale gelir. Böylece dünya ve uzay aynı anda ortaya çıkar.

Hiçbir şey uzay olmadan *var olamazdı*, bununla birlikte uzay hiçbir-şey'dir. Evren oluşmadan önce, "büyük patlamadan" önce doldurulmayı bekleyen boş bir yer (uzay) yoktu. Hiçbir şey olmadığı gibi, hiçbir uzay-boşluk da yoktu. Sadece Tezahür-Etmemiş-Olan, yani Bir vardı. Bir "on-bin şey" olduğunda, birden uzay ortaya çıktı ve birçok şeyin var olmasına olanak verdi. O nereden gelmişti? O evrene yer sağlamak için Tanrı tarafından mı yaratılmıştı? Elbette değil. Uzay hiçbir-şey'dir, öyleyse o asla yaratılmamıştır.

Berrak bir gecede dışarı çıkıp gökyüzüne bakın. Çıplak gözle görebileceğiniz binlerce yıldız orada bulunanın son derece küçük bir bölümüdür. Bir milyar galaksinin varlığı çoktan en güçlü teleskoplarla saptanmıştır, her bir galaksi milyarlarca yıldız içeren bir "ada evren"dir. Ancak, daha da huşu verici olan şey uzayın kendisinin sonsuzluğu, tüm bu ihtişamın var olmasını sağlayan derinlik, sessizlik ve devinimsizliktir. Hiçbir şey uzayın akla hayale sığmaz genişliğinden ve sessizliğinden daha huşu verici ve görkemli olamaz; peki ama, o nedir ki? Boşluk, engin bir boşluk.

Evrenimizde zihin ve duyularımızla uzay olarak algıladığımız, bize uzay gibi görünen şey bizzat Tezahür-Etmemiş-

Olan'ın dışsallaşmış halidir. O Tanrı'nın "bedenidir." Ve en büyük mucize şudur: Evrenin *var olmasını* sağlayan o sessizlik ve enginlik sadece orada, uzayda değil, aynı zamanda sizin içinizdedir de. Siz bütünüyle, tamamen *mevcut olduğunuzda*, onunla düşünce-sizliğin sessiz içsel boşluğu olarak karşılaşırsınız. İçinizde, o genişlik olarak değil, derinlik olarak engindir. Uzaysal genişlik nihai olarak sonsuz derinliğin bir yanlış algılanışıdır, ki sonsuz derinlik bir (tek) aşkın realitenin niteliğidir.

Einstein'a göre, uzay ve zaman ayrı değildir. Ben bunu gerçekten anlamıyorum, ama sanırım o zamanın uzayın dördüncü boyutu olduğunu söylüyor. O buna, "uzay-zaman sürekliliği" diyor.

Evet. Sizin dışsal olarak uzay ve zaman diye algıladığınız şey nihai olarak illüzyonidir, ama onlar bir gerçek çekirdeği içerirler. Onlar Tanrı'nın -sizin dışınızda, dışsal bir mevcudiyete sahiplermiş gibi algıladığınız- iki asli niteliği, sonsuzluk ve ebediyettir. Hem uzay hem de zaman, sizin içinizde, sizinkini olduğu gibi kendi gerçek doğalarını da açığa vuran içsel bir eşdeğere sahiptir. Uzay sizin içinizde sessiz, sonsuz derinlikte düşünce-sizlik âlemiyken, zamanın içsel eşdeğeri de mevcudiyettir, ebedi Şimdi'nin farkındalığıdır. Onların arasında hiçbir ayrım ve fark olmadığını da hatırlayın. Uzay ve zaman içinizde Tezahür-Etmemiş-Olan, yani düşünce-sizlik ve mevcudiyet olarak idrak edildiğinde, dışsal uzay ve zaman sizin için mevcut olmayı sürdürse de, çok daha az önemli hale gelir. Dünya da sizin için mevcut olmayı sürdürür, ama artık sizi bağlayıp sınırlayamaz.

Bu yüzden, dünyanın nihai amacı dünyada değil, dünyayı aşmakta yatar. Tıpkı uzayda hiçbir nesne bulunmasaydı uzayın bilincinde olamayacağınız gibi, Tezahür-Etmemiş-Olan'ın idrak edilmesi için de dünyaya ihtiyaç vardır. Şu Budist deyişini duymuş olabilirsiniz: "Eğer illüzyon olmasaydı, aydınlanma da olmazdı." Tezahür-Etmemiş-Olan kendini dünya ve nihai olarak da sizin *vasıtanızla* tanıyıp bilir. Siz evrenin ilahi amacının gerçekleşmesini sağlamak için buradasınız. *İşte siz bu kadar önemlisiniz!*

Bilinçli Ölüm

Daha önce sözünü ettiğim rüyasız uykudan başka, istemdışı açılan bir başka kapı daha vardır. O fiziksel ölüm sırasında kısa bir süre için açılır. Yaşamınız sırasında spiritüel idrak için tüm diğer fırsatları kaçırmış olsanız bile, beden öldükten hemen sonra sizin için son bir kapı açılacaktır.

Ölümün eşiğinden dönen insanların çoğu, bu deneyim sırasında bu kapıyı parlak bir ışık olarak gördüğünü bildirmiştir. Bu insanların birçoğu, o sırada vecit dolu bir dinginlik ve derin bir huzur hissettiğini de söylemiştir. *Tibet'in Ölüler Kitabı*'nda bu, "Boşluğun renksiz ışığının parlak ihtişamı" olarak tarif edilir ve bunun "sizin gerçek benliğiniz" olduğu bildirilir. Bu kapı çok kısa bir süre için açılır ve eğer siz yaşarken Tezahür-Etmemiş-Olan'ın boyutuyla karşılaşmamışsanız, büyük bir olasılıkla onu gözden kaçırabilirsiniz. Çoğu insan çok fazla direnç kalıntısı, çok fazla korku, duyusal deneyime çok fazla bağlılık, tezahür etmiş dünya ile çok fazla özdeşleşme taşır. Bu yüzden onlar kapıyı gördüklerinde, korkuyla geri döner ve sonra bilinçlerini yitirirler. Bundan sonra olup bitenin çoğu istemdışı ve otomatik olarak vuku bulur. Eninde sonunda, bir başka doğum ve ölüm devresi olacaktır. Onların mevcudiyetleri henüz bilinçli ölümsüzlük için yeterince güçlü değildir.

Öyleyse bu kapıdan geçmek yok olmak anlamına gelmez...

Tüm diğer kapılarda olduğu gibi, sizin parlak gerçek doğanız kalır, kişilik değil. Her durumda, kişiliğinizde gerçek olan ya da gerçek değere sahip olan her şey gerçek doğanızın içinizden yansımasıdır. Bu asla kaybolmaz. Değere sahip olan, *gerçek* olan hiçbir şey, asla kaybolmaz.

Ölüme yaklaşmak ve ölüm, yani, fiziksel formun çözülmesi daima spiritüel idrak için büyük bir fırsattır. Bu fırsat çoğunlukla trajik bir biçimde kaçırılır, çünkü biz gerçekten önemli olan her konuda olduğu gibi, ölüm konusunda da hemen hemen cahil olan bir toplumda yaşamaktayız.

Bakın, her kapı aslında bir ölüm kapısıdır: sahte benliğin ölümü. Siz o kapıdan geçtiğinizde, kimliğinizi psikolojik, zihin-ürünü formunuzdan almayı da bırakırsınız. O zaman, tıpkı formla özdeşleşmenizin bir illüzyon olduğu gibi, ölümün de bir illüzyon olduğunu idrak edersiniz. İllüzyonun sonu: ölüm tümüyle budur. O sadece siz illüzyona sımsıkı sarıldığınız sürece acı vericidir.

8

AYDINLANMIŞ İLİŞKİLER

Şimdi'ye Bulunduğunuz Yerden Girin

Ben daima gerçek aydınlanmanın bir erkekle kadın arasındaki sevgi ilişkisi dışında mümkün olmadığını düşünmüşümdür. Bizi yeniden bütün kılan şey bu değil midir? Bu gerçekleşene dek bir insanın yaşamı nasıl doyum verici olabilir ki?

Sizin deneyiminizde bu doğru mu? Bu sizin başınıza geldi mi?

Henüz değil, ama bu başka türlü nasıl olabilir ki? Bunun böyle olacağını *biliyorum.*

Bir başka deyişle, siz *zamanla* gerçekleşecek bir olayın sizi kurtarmasını bekliyorsunuz. Bu üzerinde konuşup durduğumuz esas yanılgı değil midir? Kurtuluş bir başka yerde ya da zamanda değildir. O şimdi ve burada'dır.

"Kurtuluş şimdi ve burada'dır" sözü ne anlama gelmekte? Ben bunu anlamıyorum. Ben kurtuluşun ne anlama geldiğini bile bilmiyorum.

İnsanların çoğu fiziksel hazların ya da değişik psikolojik doyumların peşinden koşar, çünkü bunların onları mutlu edeceğine ya da korku ve yoksunluk hissinden kurtaracağına inanırlar. Mutluluk fiziksel haz yoluyla erişilen yüksek bir canlılık duygusu, ya da psikolojik bir doyum yoluyla erişilen daha güvenli ve daha tam bir benlik duygusu olarak algılanabilir. Bu bir doyumsuzluk ya da yetersizlik halinden kurtuluş arayışıdır. Değişmez biçimde, onların elde ettikleri her türlü doyum kısa ömürlüdür, böylece doyum koşulu bir kez daha şimdi ve burada'dan uzaktaki hayali bir noktaya projekte edilir. "Ben *şunu* elde ettiğimde ya da *bundan* kurtulduğumda mutlu olacağım." Bu, gelecekte kurtuluş illüzyonunu yaratan bilinçsiz zihin-durumudur.

Gerçek kurtuluş tam ve gerçek bir doyum, huzur ve yaşamdır. Bu gerçek kimliğiniz haline gelmektir, içinizde karşıtı olmayan bir iyilik, kendi dışındaki hiçbir şeye bağlı olmayan bir Var'lık sevinci hissetmektir. O geçici bir deneyim olarak değil, kalıcı bir mevcudiyet olarak hissedilir. Teistik* dilde, buna "Tanrı'yı bilmek" denir ve Tanrı burada kendi dışınızda bir şey olarak değil, en içteki özünüz olarak bilinir. Gerçek kurtuluş kendinizi var olan her şeyin varlığını ondan aldığı zaman'sız-sonsuz ve formsuz Bir Yaşam'ın ayrılmaz bir parçası olarak bilmektir.

Gerçek kurtuluş bir özgürlük halidir; o korkudan, ıstıraptan, yoksunluk ve yetersizlik algılamasından, dolayısıyla da istemekten, ihtiyaç duymaktan, yakalamaktan, sıkıca tutunmaktan, yapışmaktan kurtuluştur. O kesintisiz bir biçimde düşünmekten, olumsuzluktan ve hepsinin üzerinde psikolojik bir ihtiyaç olarak geçmiş ve gelecekten kurtuluştur. Zihniniz size oraya buradan ulaşamayacağınızı söylüyor. O, özgür ve doyumlu olabilmeniz için bir şeylerin vuku bulması, ya da sizin şu ya da bu hale gelmeniz gerektiğini söylüyor. O aslında sizin zamana ihti-

---

* teistik inanç: bir Tanrı'nın varlığı inancı, evreni yaratan ve yöneten bir Tanrı'nın varlığına inanma. (Ç.N.)

yacınız olduğunu, özgür ya da tamam olabilmek için önce birşeyleri bulmanız, yapmanız, başarmanız, kazanmanız, bir şey olmanız gerektiğini söylüyor. Siz zamanı kurtuluşa götüren bir vasıta olarak görüyorsunuz, oysa gerçekte o kurtuluşla aranızdaki en büyük engeldir. Siz oraya şu anda bulunduğunuz yerden ve şu anki kimliğinizle ulaşamayacağınızı, çünkü henüz tamam ya da yeterince iyi olmadığınızı düşünüyorsunuz, ama gerçek şu ki *şimdi ve burada* sizin oraya *ulaşabileceğiniz* tek noktadır. Siz oraya zaten orada *olduğunuzu* idrak ederek "ulaşırsınız." Siz Tanrı'yı, O'nu aramanız gerekmediğini idrak ettiğiniz anda bulursunuz. Öyleyse kurtuluşa giden *tek* bir yol yoktur: Her türlü koşul kullanılabilir, ama hiçbir belirli koşula ihtiyaç yoktur. Ancak, tek bir giriş noktası vardır: Şimdi. Bu anın dışında bir kurtuluş olamaz. Siz yalnız mısınız, yaşamınızda sevdiğiniz biri yok mu? Şimdi'ye oradan girin. Bir ilişki içinde misiniz? Şimdi'ye oradan girin.

Yapabileceğiniz ya da erişebileceğiniz ve sizi kurtuluşa bu andan daha çok yaklaştıracak hiçbir şey yoktur. Değerli her şeyin gelecekte bulunduğunu düşünmeye alışmış bir zihnin bunu kavraması güç olabilir. Geçmişte yaptığınız ya da size yapılan hiçbir şey de sizin *olana* evet demenizi ve dikkatinizi derin bir biçimde Şimdi'ye vermenizi engelleyemez. Siz bunu gelecekte yapamazsınız. Siz bunu ya şimdi yaparsınız ya da hiç yapamazsınız.

***

Sevgi / Nefret İlişkileri

Siz mevcudiyet bilinç frekansına girmedikçe, tüm ilişkiler, özellikle yakın ilişkiler derin bir biçimde kusurlu ve nihai olarak bozuk-işlevli olur. Onlar -örneğin, "aşık olduğunuzda"- bir süre kusursuz görünebilirler ama, değişmez bir biçimde, tartışmalar, çatışmalar, doyumsuzluk ve duygusal, hatta fiziksel şiddet giderek artan bir sıklıkta meydana geldiğinde bu görünüşteki kusursuzluk bozulur. Öyle görünüyor ki, "sevgi ilişkilerinin" çoğu çok geçmeden sevgi/nefret ilişkilerine dönüşür. O zaman sevgi en ufak bir darbede vahşi bir saldırıya, düşmanlık hissine ya da sevgisizliğe dönüşebilir. Bu normal bir durum olarak görülür. İlişki o zaman bir süre, birkaç ay ya da birkaç yıl boyunca "sevgi" ve nefret kutupları arasında gidip gelir ve bu size acı verdiği kadar haz da verir. Çiftlerin bu sevgi/nefret devrelerine bağımlı hale gelmeleri seyrek görülen bir şey değildir. Onların dramları kendilerini canlı hissetmelerini sağlar. Ancak olumlu/olumsuz kutuplar arasındaki denge yitirildiğinde ve olumsuz, yıkıcı devreler giderek artan bir sıklıkta ve şiddette meydana geldiğinde, ki bu er ya da geç olacaktır, o zaman çok geçmeden ilişki çöker.

Siz eğer olumsuz ya da yıkıcı devreleri ortadan kaldırabilirseniz, o zaman her şeyin iyi olacağını ve ilişkinin güzel bir biçimde gelişeceğini düşünebilirsiniz, ama ne yazık ki bu mümkün değildir. Kutuplar karşılıklı olarak birbirine bağlıdır. Siz biri olmadan diğerine sahip olamazsınız. Olumlu, içinde henüz ortaya çıkmamış olumsuzu taşır. Her ikisi de aslında aynı işlev-bozukluğunun farklı veçheleridir. Ben burada zihnin ötesinden kaynaklandığından karşıtı olmayan gerçek sevgiden değil, romantik ilişkilerden söz ediyorum. Sürekli bir hal olarak sevgi henüz -bilinçli insanlar kadar- narin görülen bir şeydir. Ancak, düşünce akışında bir kesinti, bir boşluk olduğunda kısa ve geçici sevgi anları yaşamak mümkündür.

Bir ilişkinin olumsuz yanı, elbette işlev-bozukluğu olarak, olumlu yandan daha kolayca görülüp tanınabilir. Ayrıca olumsuzluk kaynağını partnerinizde görüp tanımak kendinizde görmekten daha kolaydır. O birçok şekilde tezahür edebilir: sahiplenme, hükmetme, kıskançlık, kontrol etme, kendini geri çekme ve açığa vurulmamış içerleme, haklı olma ihtiyacı, duyarsızlık ve kendi içine gömülme, duygusal talepler ve kurnazca yönlendirme, tartışma dürtüsü, eleştirme, yargılama, suçlama ya da saldırma, öfke, ana-baba tarafından çektirilen geçmiş acının bilinçsiz intikamı, hiddet ve fiziksel şiddet.

Olumlu yanda, siz partnerinize "aşıksınızdır." Bu başlangıçta çok derin bir doyum veren bir aşamadır. Siz kendinizi bu aşamada son derece canlı, yaşam dolu hissedersiniz. Varoluşunuz birden anlam kazanmıştır, çünkü birisi size ihtiyaç duymakta, sizi istemekte ve sizin kendinizi özel hissetmenizi sağlamaktadır ve siz de onun için aynı şeyi yapmaktasınızdır. İkiniz birlikteyken, kendinizi bütün hissedersiniz. Bu his öyle yoğunlaşabilir ki dünyanın geriye kalan kısmı sizin için önemini yitirebilir.

Ancak, siz bu yoğunluğun bir muhtaçlık ve bir tutunup yapışma niteliğine sahip olduğunu da fark etmiş olabilirsiniz. Siz diğer kişiye bağımlı hale gelmişsinizdir. O insan sizin üzerinizde bir uyuşturucu etkisi yapmaktadır. Siz bu uyuşturucuyu bulduğunuzda yükseklerde uçarsınız, ama onu bulamayacağınız olasılığı ya da düşüncesi bile sizi kıskançlığa, tahakküm etmeye, duygusal şantaj yaparak kurnazca yönlendirme girişimlerine, suçlamaya götürebilir; tüm bunlar onu kaybetme korkusundan kaynaklanır. Eğer bu insan sizi terk ederse, bu çok şiddetli bir düşmanlığa ya da çok derin bir üzüntü ve çaresizliğe neden olabilir. Bir anda, sevecen şefkat ve duyarlılık vahşi bir saldırıya ya da korkunç bir üzüntüye dönüşebilir. Sevgi şimdi nerededir? Sevgi bir anda kendi zıddına dönüşebilir mi? O aslında sevgi miydi, yoksa sadece bağımlı bir biçimde tutunup yapışma mıydı?

Bağımlılık ve Bütünlük Arayışı

Biz neden bir başka insana bağımlı hale geliriz?

Romantik aşk ilişkisinin öylesine yoğun ve peşinden-koşulan bir deneyim olmasının nedeni onun özgürleşmemiş ve aydınlanmamış hal içindeki insan durumunun bir parçası olan derin korku, ihtiyaç, yoksunluk ve eksiklik halinden bir kurtuluş sunar görünmesidir. Bu halin psikolojik olduğu gibi fiziksel bir boyutu da vardır.

Fiziksel düzeyde, siz besbelli ki bütün değilsinizdir ve asla olamazsınız: Siz ya bir erkek ya da bir kadınsınız, yani bütünün yarısısınız. Bu düzeyde, bütünlük özlemi -yani, bir'liğe dönüş özlemi- erkek-dişi çekimi, erkeğin bir kadına, kadının bir erkeğe ihtiyaç duyması olarak tezahür eder. Bu zıt enerji kutbuyla neredeyse karşı konulmaz bir birleşme dürtüsüdür. Bu fiziksel dürtünün kökeni spiritüeldir: o, dualitenin son bulması bütünlük haline geri dönüş özlemidir. Siz fiziksel düzeyde bu hale en çok cinsel birleşme yoluyla yaklaşabilirsiniz. İşte bu yüzden o fiziksel âlemin sunabileceği en derin biçimde doyum verici deneyimdir. Ama, cinsel birleşme bütünlüğün geçici bir an için görülmesinden, bir vecit anından daha fazla bir şey değildir. Onu, bilinçsiz olarak, bir kurtuluş vasıtası olarak aradığınız sürece, dualitenin bitişini onun bulunamayacağı form düzeyinde aramaktasınızdır. Cennet size kısa bir an için gösterilmiş, ama orada kalmanıza izin verilmemiştir ve siz kendinizi yine ayrı bir bedende bulmuşsunuzdur.

Psikolojik düzeyde, yoksunluk ve eksiklik duygusu fiziksel düzeydekinden de büyüktür. Zihinle özdeşleştiğiniz sürece, benlik duygunuzu dışarıdan alırsınız. Yani, kimlik duygunuzu nihai olarak gerçek kimliğinizle hiçbir ilgisi olmayan şeylerden: toplumsal rolünüzden, malınızdan-mülkünüzden, dış görünümünüzden, başarılarınızdan, başarısızlıklarınızdan, inanç sistemlerinizden vs. alırsınız. Bu sahte, zihin-ürünü benlik, yani ego kendini savunmasız ve güvensiz hisseder ve daima özdeşleşeceği, kendisine var olduğu hissini verecek yeni şeyler arar. Ama, hiçbir şey ona kalıcı bir doyum verecek kadar yeterli değildir. Böylece, onun korkusu, yoksunluk ve muhtaçlık duygusu sürer.

Ama sonra o özel ilişki gelip çatar. O ego'nun tüm sorunlarını yanıtlar ve tüm ihtiyaçlarını karşılar görünür. En azından başlangıçta böyle görünür. Daha önce benlik duygunuzu aldığınız tüm diğer şeyler şimdi nispeten önemsiz hale gelir. Siz şimdi hepsinin yerine geçen, yaşamınıza anlam veren ve onun vasıtasıyla kimliğinizi tanımladığınız tek bir odak noktasına sahipsinizdir: bu, "aşık olduğunuz" kişidir. Artık umursamaz bir evrendeki kopuk bir parça değilsinizdir, ya da bu size böyle görünmektedir. Sizin dünyanız şimdi bir merkeze sahiptir: sevdiğiniz insan. Bu merkezin sizin dışınızda olduğu ve dolayısıyla benlik duygunuzu hâla dışarıdan almakta olduğunuz gerçeği ilk başta önemli görünmez. Önemli olan egosal halin tipik özellikleri olan, altta yatan eksiklik, korku, yoksunluk ve doyumsuzluk hislerinin artık olmamasıdır -yoksa bunlar hâlâ var mıdır? Onlar ortadan kalkmış mıdır, yoksa mutlu yüzeysel realitenin altında varlığını sürdürmekte midir?

Eğer ilişkilerinizde hem "sevgiyi," hem de sevginin zıddını -saldırıyı, duygusal şiddeti vs.- yaşıyorsanız, o zaman büyük olasılıkla siz ego bağlılığını ve bağımlılık yaratan yapışmayı sevgiyle karıştırıyorsunuzdur. Siz partnerinizi bir an sevip de bir sonraki an ona saldıramazsınız. Gerçek sevginin bir zıddı, bir karşıtı yoktur. Eğer sizin "sevginizin" bir karşıtı varsa, o zaman o sevgi değil, ego'nun daha tam ve daha derin bir benlik duygusu için duyduğu güçlü ihtiyaçtır ve diğer insan bu ihtiyacı geçici bir süre için karşılar. O ego'nun kurtuluşun yerine geçirdiği şeydir ve kısa bir süre için kurtuluş duygusu verir.

Ancak bir nokta gelir, partneriniz sizin (daha doğrusu, egonuz'un) ihtiyaçlarınızı karşılamayacak şekilde davranır. Egosal bilincin asli bir parçası olan, ama "sevgi ilişkisi" tarafından örtülmüş olan korku, acı ve yoksunluk hisleri böylece tekrar ortaya çıkar. Diğer her bağımlılıkta olduğu gibi, uyuşturucu bulduğunuzda siz yükseklerde uçarsınız, ama değişmez bir biçimde, bir zaman gelir, artık uyuşturucu işe yaramaz olur. O acı verici hisler yeniden ortaya çıktıklarında, onları eskisinden de daha güçlü bir biçimde hissedersiniz ve dahası, şimdi partnerinizi bu hislerin *nedeni* olarak algılarsınız. Bu sizin bu hisleri dışa projekte ettiğiniz ve diğer kişiye acınızın bir parçası olan vahşi bir şiddetle saldırdığınız anlamına gelir. Bu saldırı partnerinizin kendi acısını uyandırabilir ve o da size karşı saldırıda bulunabilir. Bu noktada ego hâlâ, bilinçsiz bir biçimde, saldırısının ya da kurnazca yönlendirme girişimlerinin partnerinizin davranışını değiştirmesini sağlayacak yeterli bir ceza olacağını ummaktadır, böylece o bu insanı yine acınızı örtmek için kullanabilecektir.

Her bağımlılık kendi acınızla yüzleşip onu aşmayı bilinçsiz olarak reddetmekten kaynaklanır. Her bağımlılık acıyla başlayıp acıyla biter. Bağımlı olduğunuz madde her ne ise -bu alkol, yemek, yasal ya da yasadışı uyuşturucular veya bir kişi olabilir- siz acınızı örtmek için bir şeyi ya da birini kullanmaktasınızdır. İşte bu yüzden, başlangıçtaki mutluluk ve esrime duygusu geçtikten sonra aşk ilişkilerinde bu kadar çok mutsuzluk ve acı yaşanır. Acı ve mutsuzluğa neden olan bu ilişkiler değildir. Onlar sizin içinizde zaten bulunan acı ve mutsuzluğu *ortaya çıkarırlar*. Her bağımlılık bunu yapar. Her bağımlılık artık sizin işinize yaramadığı bir noktaya erişir; o zaman siz acıyı her zamankinden daha yoğun bir biçimde hissedersiniz.

Çoğu insanın daima şimdiki andan kaçmaya çalışıp kurtuluşu gelecekte aramasının bir nedeni budur. Eğer onlar dikkatlerini Şimdi'de odaklasalardı karşılaşabilecekleri ilk şey kendi acılarıdır ve onların korktukları şey de budur. Ah, onlar Şimdi'de geçmişi ve onun acısını ortadan kaldıran mevcudiyet gücüne, illüzyonu yok eden realiteye erişmenin ne kadar kolay olduğunu bir bilebilselerdi. Onlar kendi realitelerine ne kadar yakın olduklarını, Tanrı'ya ne kadar yakın olduklarını bir bilebilselerdi...

Acıdan kaçınmak için ilişkilerden kaçınmak da bir çözüm değildir. Acı yine de oradadır. Üç yıl boyunca ıssız bir adada yaşamak ya da odanıza kapanmak yerine, aynı süre içinde üç başarısız ilişki yaşamak sizi uyanmaya daha çok zorlayabilir. Ama, yalnızlığınıza yoğun bir mevcudiyet getirebilirseniz, bu da işe yarayacaktır.

***

Bağımlılık İlişkilerinden Aydınlanmış İlişkilere

Biz bir bağımlılık ilişkisini gerçek bir ilişkiye dönüştürebilir miyiz?

Evet. Mevcut olarak ve -dikkatinizi daha da derin bir biçimde Şimdi'ye verme yoluyla- bu mevcudiyeti yoğunlaştırarak: İster yalnız, ister bir partnerle birlikte yaşıyor olun, anahtar budur. Sevginin gelişebilmesi için, mevcudiyetinizin ışığının yeterince güçlü olması gerekir ki artık "düşünen" ya da acı-bedeni tarafından ele geçirilmeyin ve onları kendiniz sanmayın. Kendinizi düşünen'in altındaki Var'lık, zihinsel gürültünün altındaki sessizlik, acının altındaki sevgi ve sevinç olarak tanıyıp bilmek özgürlüktür, kurtuluştur, aydınlanmadır. Acı-bedeni ile özdeşleşmeyi bırakmak, acıya mevcudiyet getirmek ve böylece onu dönüşüme uğratmaktır. Düşünme ile özdeşleşmeyi bırakmak, düşüncelerinizin ve davranışınızın, özellikle de zihninizin tekrarlanan kalıplarının ve ego'nun oynadığı rollerin sessiz izleyicisi olmaktır.

Eğer siz ona "benlik" yatırımı yapmayı, onu "benliğiniz" sanmayı bırakırsanız, zihin zorlayıcı niteliğini yitirir, ki bu zorlayıcı nitelik temelde yargılamaya zorlanma ve böylece *olana* direnmedir ve bu da çatışma, dram ve yeni acı yaratır. Aslında, bu yargılama *olanı* kabullenme yoluyla bırakıldığı anda, siz zihninizden özgürleşirsiniz. Böylece sevgiye, sevince, huzura yer açarsınız. Önce kendinizi yargılamayı bırakırsınız, sonra da partnerinizi. Bir ilişkide değişim için en büyük katalizör, partnerinizi, yargılama ve herhangi bir biçimde değiştirme ihtiyacı duymadan, olduğu gibi kabul etmektir. Bu sizi hemen ego'nun ötesine götürür. Tüm zihin oyunları ve bağımlılıktan kaynaklanan tüm yapışma o zaman sona erer. Artık ortada hiçbir kurban ya da kurban edilen, hiçbir suçlayan ya da suçlanan yoktur. Bu ayrıca tüm karşılıklı-bağımlılığın, bir başkasının bilinçsiz kalıbına çekilip böylece onun sürdürülmesini sağlamanın da sonudur. O zaman siz ya -sevgiyle- ayrılırsınız, ya da birlikte Şimdi'ye -Var'lığa- giderek daha derin bir biçimde girersiniz. Bu, bu kadar basit olabilir mi? Evet, bu, bu kadar basittir.

Sevgi bir Var'lık halidir. Sevginiz dışarıda değil, içinizin derinliklerindedir. Siz onu asla yitiremezsiniz ve o sizi terk edemez. O bir başka bedene, bir dışsal forma bağlı değildir. Mevcudiyetinizin sessizliği içinde, siz kendi formsuz ve sonsuz realitenizi fiziksel formunuza yaşam veren tezahür-etmemiş-yaşam olarak hissedebilirsiniz. O zaman aynı yaşamı diğer her insanın ve yaratığın içinin derinliklerinde hissedebilirsiniz. Siz form ve ayrılık perdesinin ötesine bakarsınız. Bu bir'liğin idrakidir. Bu sevgidir.

Tanrı nedir? Tüm yaşam formlarının altındaki ebedi Bir Yaşam. Sevgi nedir? Bu Bir Yaşam'ın mevcudiyetini kendi içinizde ve tüm yaratıkların içinde derin bir biçimde hissetmek. O olmak. Dolayısıyla, tüm sevgi Tanrı sevgisidir.

***

Nasıl güneş ışığı seçici değilse, sevgi de seçici değildir. O tek bir insanı özel hale getirmez. O bir insanı seçip de diğerlerini dışlamaz. Dışlayıcı sevgi Tanrı sevgisi değil, ego "sevgisidir." Ancak, gerçek sevgiyi hissetmenin yoğunluğu değişebilir. Yaşamınızda sevginizi size diğerlerinden daha berrak ve yoğun bir biçimde geri yansıtan biri olabilir ve eğer bu insan da size karşı aynı şeyi hissediyorsa, sizin onunla bir sevgi ilişkisi içinde bulunduğunuz söylenebilir. Sizi bu insana bağlayan bağ, sizi bir otobüste yanınızda oturan insana, ya da bir kuşa, bir ağaca, bir çiçeğe bağlayan aynı bağdır. Sadece onun hangi yoğunluk derecesinde hissedildiği değişir.

Bir bağımlılık ilişkisinde bile, daha gerçek bir şeyin, karşılıklı bağımlılık yaratan ihtiyaçlarınızın ötesindeki bir şeyin parladığı anlar yaşanabilir. Bunlar sizin ve partnerinizin zihninin kısa bir süre için yatıştığı ve acı-bedeninin geçici olarak uyku halinde bulunduğu anlardır. Bu bazen fiziksel yakınlık sırasında, ya da her ikiniz de bir bebeğin doğum mucizesine veya bir ölüme tanık olurken ya da ikinizden biri ciddi bir biçimde hasta olduğunda, yani zihni güçsüzleştiren bir durumda meydana gelebilir. Bu meydana geldiğinde, çoğunlukla zihnin altında gömülü bulunan Var'lığınız ortaya çıkar ve gerçek iletişimi mümkün kılan da budur.

Gerçek iletişim birleşmedir, bir'liğin idrak edilmesidir, ki bu da sevgidir. Çoğu kez bu, zihni ve onun eski kalıplarını dışarıda tutacak kadar mevcut kalabilmedikçe, hızla tekrar yitirilir. Zihin ve zihinle-özdeşleşme geri döner dönmez, siz yine kendiniz değil, kendinizin zihinsel bir imajı olursunuz ve yine ego ihtiyaçlarınızın karşılanmasını sağlamak için oyunlar ve roller oynamaya başlarsınız. Siz yine -bir insan gibi görünen, bir başka zihinle ilişki ve etkileşimde bulunan, "sevgi" denen bir oyunu oynayan- bir insan zihni olmuşsunuzdur.

Kısa sevgi anlarının yaşanması mümkün olsa da, siz zihinle özdeşleşmekten kalıcı bir biçimde kurtulmadıkça ve mevcudiyetiniz acı-bedenini ortadan kaldıracak kadar yeterince yoğun olmadıkça, ya da siz en azından izleyici olarak orada mevcut olmadıkça sevgi gelişip çiçek açamaz. Siz ancak bunları yapabildiğinizde acı-bedeni sizi ele geçirip sevgiyi yok edemez.

Spiritüel Uygulama Olarak İlişkiler

Egosal bilinç ve onun yarattığı tüm toplumsal, siyasi ve ekonomik yapılar çöküşün son aşamasına girerken, erkekler ile kadınlar arasındaki ilişkiler insanlığın şimdi kendisini içinde bulduğu derin kriz halini yansıtmaktadır. İnsanlar giderek zihinleriyle daha çok özdeşleşirken, çoğu ilişki Var'lıkta köklenmediğinden bir acı kaynağına dönüşmekte ve onlara sorunlar ve çatışma hâkim olmaktadır.

Milyonlarca insan şu anda yalnız ya da eşleri olmadan çocuklarıyla birlikte yaşamakta, yakın bir ilişki kuramamakta ya da geçmiş ilişkilerin delice dramını tekrarlamak istememektedir. Bazıları da zıt enerji kutbuyla birleşerek doyum bulma arayışıyla bir ilişkiden ötekine gitmekte, bir haz-ve-acı devresinden bir diğerine geçmektedir. Bazıları ise eşleriyle uzlaşmakta ve -çocukları ya da güvence uğruna, alışkanlığın zorlamasıyla, yalnız kalma korkusuyla, ya da bir başka karşılıklı "yararlı" anlaşmayla, hatta duygusal dramın heyecanına ve acıya bilinçsiz bağımlılıkla- olumsuzluğun hâkim olduğu bozuk-işlevli bir ilişkiyi sürdürmektedir.

Ancak, her kriz sadece tehlikeyi değil, fırsatı da temsil eder. Eğer ilişkiler -bu zamanda yaptıkları gibi- egosal zihin kalıplarını güçlendirip büyütüyor ve acı-bedenini aktive ediyorlarsa, neden bu olgudan kaçmaya çalışmaktansa onu kabul etmeyelim? İlişkilerden kaçınmak ya da -sorunlarımıza bir çözüm veya doyum bulma vasıtası olarak- ideal bir eşin hayaletinin peşinden koşmak yerine, neden bu olguyla işbirliği yapmayalım? Her krizin içinde saklı fırsat, içinde bulunulan durumun tüm olguları tam olarak kabul ve tasdik edilene dek ortaya çıkmaz. Siz o olguları yadsıdığınız sürece, onlardan kaçmaya çalıştığınız ya da her şeyin farklı olmuş olmasını dilediğiniz sürece, fırsat penceresi açılmaz ve siz o durumun içinde kapana kısılı kalırsınız, ve bu durum ya aynı kalır ya da daha da kötüye gider.

Olguların kabul ve tasdik edilmesiyle birlikte onlardan bir dereceye kadar özgürleşme de gelir. Örneğin, siz uyumsuzluk bulunduğunu *bildiğinizde* ve bu "bilişi" barındırdığınızda, bilişiniz yoluyla yeni bir etken devreye girer ve bu durumda uyumsuzluk değişmeden kalamaz. Siz huzur içinde olmadığınızı bildiğinizde, *bilişiniz* huzursuzluğunuzu sevecen ve yumuşak bir kucaklayışla saran sessiz bir alan yaratır ve sonra bu huzursuzluğu huzura dönüştürür. İçsel değişim-dönüşüm söz konusu olduğunda, sizin onunla ilgili olarak *yapabileceğiniz* bir şey yoktur. Siz kendinizi dönüşüme uğratamazsınız ve siz kesinlikle partnerinizi ya da bir başka insanı dönüşüme uğratamazsınız. Sizin *yapabileceğiniz* tek şey değişim-dönüşümün meydana gelebileceği, inayet ve sevginin girebileceği bir alan, bir boşluk yaratmaktır.

***

Öyleyse ilişkiniz yürümediğinde, o sizin ve partnerinizin içindeki "deliliği" ortaya çıkardığında, buna memnun olun. Bilinçsiz olan ışığa çıkarılmıştır. Bu bir kurtuluş fırsatıdır. Her an o anın, özellikle içsel halinizin bilişini barındırın. Eğer öfke varsa öfkenin olduğunu *bilin*. Eğer kıskançlık, savunmacılık, tartışma dürtüsü, haklı olma ihtiyacı, sevgi ve ilgi talep eden bir içsel çocuk, ya da herhangi bir duygusal acı varsa, o her neyse, o anın realitesini *bilin* ve bu bilişi tutun. İlişki o zaman sizin *sadhana*'nız, yani spiritüel uygulamanız haline gelir. Eğer partnerinizde bilinçsiz davranış gözlemlerseniz, onu bilişinizin sevecen kucaklayışı içinde tutun ki tepki göstermeyesiniz. Bilinçsizlik ve biliş uzun süre birlikte var olamaz; biliş bilinçsizliği sergileyen kişide değil de sadece diğer kişide bulunsa bile bu böyledir. Düşmanlığın ve saldırının ardında yatan enerji formu sevginin mevcudiyetini kesinlikle dayanılmaz bulur. Siz sadece partnerinizin bilinçsizliğine tepki gösterdiğinizde bile, kendiniz bilinçsiz hale gelirsiniz. Ama sonra tepkinizi *bilmeyi* hatırladığınızda, hiçbir şey kaybedilmemiş olur.

İnsanlık büyük bir tekâmül baskısı altında bulunmaktadır, çünkü bu insan ırkı olarak varlığımızı sürdürebilmemizin tek yoludur, bu bizim tek şansımızdır. Bu durum yaşamınızın her veçhesini ve özellikle yakın ilişkilerinizi etkileyecektir. Daha önce ilişkiler asla şimdi olduğu kadar sorunlu ve çatışmalı olmamıştır. Fark edebileceğiniz gibi, ilişkiler sizi mutlu etmek ya da size doyum vermek için yaşanmamaktadır. Eğer bir ilişki yoluyla kurtuluşa erişmenin peşinden koşmayı sürdürürseniz, tekrar tekrar düş kırıklığına uğrayacaksınız. Ama, eğer ilişkinin sizi mutlu etmek yerine, *bilinçlendirmek* için var olduğunu kabul ederseniz, o zaman siz bu dünyaya doğmak isteyen yüksek bilince uyumlanacaksınız. Eski kalıplara tutunanlar ise giderek artan bir acı, şiddet, karmaşa ve delilik yaşayacaklardır.

Sanırım, sizin önerdiğiniz gibi bir ilişkiyi spiritüel bir uygulamaya dönüştürmek için iki kişi gerekir. Örneğin, benim kocam hâlâ eski kıskançlık ve kontrol kalıplarını sergiliyor. Ben bunu kendisine defalarca söyledim, ama o bunu göremiyor.

Yaşamınızı spiritüel bir uygulamaya dönüştürmek için kaç kişi gerekir? Eğer eşiniz sizinle işbirliği yapmazsa buna aldırmayın. Bu sandığınız kadar önemli değildir. Akıllılık, bilinç bu dünyaya sadece sizin vasıtanızla gelebilir. Sizin aydınlanmak için dünyanın akıllı hale gelmesini, ya da bir başkasının bilinçlenmesini beklemeniz gerekmez. Aksi takdirde sonsuza dek bekleyebilirsiniz. Birbirinizi bilinçsiz olmakla suçlamayın. Siz tartışmaya başladığınız anda, zihinsel bir pozisyonla özdeşleşmiş, ve şimdi sadece o pozisyonu değil, aynı zamanda benlik duygunuzu da savunuyor olursunuz. Ego devreye girmiştir. Siz bilinçsiz hale gelmişsinizdir. Zaman zaman, eşinize davranışının belli veçhelerini göstermeniz uygun olabilir. Eğer çok uyanık, çok mevcut iseniz, bunu ego işe karışmadan, yani suçlamadan ya da karşı tarafı haksız çıkarmadan yapabilirsiniz.

Eşiniz bilinçsiz bir biçimde davrandığında, tüm yargıyı bir kenara bırakın. Yargılamak ya bir insanın bilinçsiz davranışını onun gerçek kimliğiyle karıştırmak, ya da kendi bilinçsizliğinizi bir başka insana projekte edip *bunu* onun gerçek kimliğiyle karıştırmaktır. Yargıyı bırakmak sizin işlev bozukluğunu ve bilinçsizliği gördüğünüzde tanımayacağınız anlamına gelmez. O, "tepki ve yargı olmak" yerine, "biliş olmak" anlamına gelir. Siz o zaman ya tepkiden tümüyle kurtulmuş olursunuz ya da tepki gösterebilir ama yine de biliş olabilirsiniz, bu tepkinin izlendiği ve olmasına izin verildiği alandır. Böylece, karanlıkla savaşmak yerine, ışığı getirirsiniz. İllüzyona tepki göstermek yerine, illüzyonu görür, ama aynı zamanda onun ötesini de görürsünüz. Biliş olmak her şeyin ve herkesin nasılsa öyle olmasına izin veren sevecen bir mevcudiyet alanı yaratır. Değişim-dönüşümün bundan daha büyük bir katalizörü yoktur. Eğer bunu uygularsanız, eşiniz hem *sizinle* hem de *bilinçsiz* kalamaz.

Eğer her ikiniz de ilişkinin spiritüel uygulamanız olması

konusunda anlaşırsanız, bu çok daha iyidir. O zaman düşüncelerinizi ve hislerinizi birbirinize, onlar ortaya çıkar çıkmaz, bir tepki ortaya çıkar çıkmaz ifade edebilirsiniz, ki böylece ifade edilmemiş ya da kabul ve tasdik edilmemiş bir duygu veya yakınmanın güçlenip büyüyebileceği bir zaman aralığı yaratmamış olursunuz. Hissettiğiniz şeyi suçlamadan ifade etmeyi öğrenin. Eşinizi açık, savunmasız bir biçimde dinlemeyi öğrenin. Ona kendisini ifade etme fırsatı, alanı verin. Orada mevcut olun. Suçlama, savunma, saldırma -ego'yu güçlendirmek ya da korumak veya ego'nun ihtiyaçlarının karşılanmasını sağlamak için tasarlanmış tüm o kalıplar- o zaman gereksiz hale gelecektir. Başkalarına -ve kendinize- fırsat ve alan tanımak çok önemlidir. Onsuz sevgi gelişip çiçek açamaz. İlişkileri yıkan iki etkeni ortadan kaldırdığınızda, yani acı-bedeni dönüşüme uğratıldığında ve artık zihinle ve zihinsel-pozisyonlarla özdeşleşmediğinizde ve eğer eşiniz de aynı şeyi yaparsa, siz ilişkinin çiçek açışının mutluluğunu yaşarsınız. Birbirinize kendi acınızı ve bilinçsizliğinizi yansıtmak yerine, karşılıklı bağımlılık yaratan ego ihtiyaçlarınızı doyuma uğratmak yerine, birbirinize içinizin derinliklerinde hissettiğiniz sevgiyi, var olan her şeyle bir' liğinizi idrak ettiğinizde gelen sevgiyi yansıtırsınız. Bu zıddı, karşıtı olmayan sevgidir.

Eğer siz özgürleştiğiniz halde eşiniz hâlâ zihni ve acı-bedeniyle özdeşleşiyorsa, bu -sizin için değil, ama eşiniz için- büyük bir meydan okuma olacaktır. Aydınlanmış bir insanla birlikte yaşamak kolay değildir, ya da daha doğrusu ego'nun bunu son derece tehdit edici bulması *çok* kolaydır. Unutmayın ki ego, kimliğinin dayalı olduğu ayrılık duygusunu güçlendirmek için sorunlara, çatışmaya ve "düşmanlara" ihtiyaç duyar. Aydınlanmamış eşin zihni, sabit pozisyonlarına direnilmediği için derin bir biçimde bozguna uğrayacaktır, bu da onların kolayca sarsılabilir ve zayıf hale gelmeleri, hatta tümüyle çökme "tehlikesiyle" karşı karşıya bulunmaları, bunun da benliğin kaybıyla sonuçlanması anlamına gelir. Acı-bedeni geri-besleme, tepki talep etmekte ve onu alamamaktadır. Tartışma, dram ve çatışma ihtiyacı karşılanmamaktadır. Ama, dikkatli olun: Karşılık vermeyen, geriye çekilmiş, duyarsız ya da hislerinden kopmuş bazı insanlar kendilerinin aydınlanmış olduklarını ya da en azından kendilerinde "hiçbir yanlışın bulunmadığını," tüm yanlışın partnerlerinde bulunduğunu düşünebilir ve diğerlerini de buna ikna etmeye çalışabilirler. Erkekler bunu kadınlardan daha fazla yapma eğilimindedirler. Onlar partnerlerini mantıksız ya da duygusal olarak görebilirler. Ama, eğer siz duygularınızı hissedebiliyorsanız, hemen altta yatan parlak içsel bedenden çok uzakta değilsinizdir. Eğer esasen zihninizde yaşıyorsanız, aradaki mesafe çok daha büyüktür ve içsel bedene erişebilmek için bilincinizi duygusal bedene yöneltmeniz gerekir.

Eğer bir sevgi ve sevinç yayını, tam bir mevcudiyet ve tüm varlıklara karşı bir açıklık yoksa, o zaman bu aydınlanma değildir. Bir başka gösterge de bir insanın zor ya da meydan okuyucu durumlarda veya işler "kötüye gittiğinde" nasıl davrandığıdır. Eğer sizin "aydınlanmanız" egosal bir kendini-aldatma ise, o zaman yaşam çok geçmeden size bilinçsizliğinizi -korku, öfke, savunmacılık, yargılama, depresyon vs. şeklinde- ortaya çıkaracak bir meydan okuma sunacaktır. Eğer siz bir ilişki içindeyseniz, meydan okumalarınızın birçoğu partneriniz kanalıyla gelecektir. Örneğin, bir kadına neredeyse tümüyle zihninde yaşayan duyarsız, karşılık-vermeyen erkek partneri tarafından meydan okunabilir. Erkek kadına -orada mevcut olmadığı içinonu *işitemeyişiyle*, ona dikkatini ve kendisini ifade etme fırsatını vermeyişiyle meydan okuyacak, onu böyle zorlayacaktır. İlişkide sevginin yokluğu -ki bu çoğunlukla kadınlar tarafından daha keskin bir biçimde hissedilir- kadının acı-bedenini aktive edecek ve böylece kadın partnerine saldıracak, onu eleştirip suçlayacak, haksız çıkaracaktır. Bu da bu kez *erkeğe* yapılan bir meydan okuma olacaktır. Erkek kendisini kadının acıbedeninin -tümüyle haksız ve yersiz gördüğü- saldırısına karşı savunmak için, zihinsel-pozisyonlarında daha da derin bir biçimde siper alarak kendini haklı çıkarmaya, savunmaya ya da karşı saldırıda bulunmaya çalışacaktır. En sonunda bu erkeğin acı-bedenini de aktive edebilir. Her iki partner de böylece ele geçirildiğinde, derin bir bilinçsizlik, duygusal şiddet, vahşi saldırı ve karşı saldırı düzeyine erişilmiş olur. Bu durum her iki acı-bedeni de doyuma ulaşıp yeniden uyku haline girene dek yatışmayacaktır. Yatıştığı zaman da, ancak bir dahaki sefere dek yatışmış olacaktır.

Bu birçok olası senaryodan sadece birisidir. Erkek-kadın ilişkilerinde bilinçsizliğin ortaya çıkış biçimlerine dair birçok kitap yazılmıştır ve daha birçoğu da yazılabilirdi. Ama, daha önce de söylediğim gibi, bir kez siz bu işlev-bozukluğunun kökenini anladığınızda, onun sayısız tezahürünü araştırmanız gerekmez.

Az önce tarif ettiğim senaryoya kısaca yeniden bakalım. Bu senaryonun içerdiği her meydan okuma aslında kılık değiştirmiş bir kurtuluş fırsatıdır. Gelişen işlev-bozukluğu sürecinin her aşamasında, bilinçsizlikten kurtuluş mümkündür. Örneğin, kadının saldırısı erkek için -zihniyle daha fazla özdeşleşmek, daha bilinçsiz hale gelmek yerine- zihinle özdeşleşme halinden çıkması, Şimdi'ye uyanması, mevcut olması için bir işaret olabilirdi. Kadın da, acı-bedeni "olmak" yerine, kendisindeki duygusal acıyı izleyen biliş olabilir, böylece Şimdi'nin gücüne erişerek acının dönüşüme uğratılmasını başlatabilirdi. Bu acının zorlayıcı ve otomatik bir biçimde dışa projeksiyonunu önlerdi. Kadın o zaman hislerini partnerine ifade edebilirdi. Erkeğin onu dinleyeceğinin hiçbir garantisi yoktu elbette, ama bu erkeğe mevcut olması için iyi bir fırsat verecekti ve istemdışı bir biçimde eski zihin kalıplarıyla davranmayı içeren sağlıksız devreyi kıracaktı. Eğer kadın bu fırsatı kaçırmışsa, erkek -tepki *olmak* yerine- kadının acısına gösterdiği kendi zihinsel-duygusal tepkisini, kendi savunmacılığını izleyebilirdi. O sonra kendi acı-bedeninin aktive oluşunu izleyebilir, böylece duygularına bilinç getirebilirdi. Bu şekilde, berrak ve sessiz bir saf farkındalık alanı -biliş, sessiz tanık, izleyici- meydana gelirdi. Bu farkındalık acıyı yadsımaz, ancak onun ötesindedir. O acının var olmasına izin verir, ama aynı zamanda onu dönüşüme uğratır. O her şeyi kabul eder ve her şeyi dönüşüme uğratır. Böylece kadın için bir kapı açılmış olurdu ve kadın oradan geçip erkeğe o alanda kolayca katılabilirdi.

Eğer siz ilişkinizde sürekli olarak ya da en azından çoğunlukla mevcutsanız, bu partneriniz için en büyük meydan okuma olacaktır. O uzun bir süre sizin mevcudiyetinize dayanıp bilinçsiz kalamaz. Eğer o hazırsa, onun için açtığınız kapıdan geçip size o hal içinde katılacaktır. Eğer hazır değilse, siz su ve yağ gibi birbirinizden ayrılacaksınızdır. Işık karanlıkta kalmak isteyen bir insan için çok acı vericidir.

Kadınlar Aydınlanmaya Neden Daha Yakındırlar

Aydınlanmanın önündeki engeller erkek ve kadın için aynı mıdır?

Evet, ama vurgulama farklıdır. Genel olarak konuşursak, bir kadın için bedenini hissetmek ve bedeninde bulunmak daha kolaydır, böylece o Var'lığa doğal olarak daha yakındır ve aydınlanmaya, potansiyel olarak, bir erkekten daha yakındır. İşte bu yüzden birçok kadim kültür (toplum) formsuz ve aşkın realiteyi temsil ya da tarif etmesi için, içgüdüsel olarak, dişi figürleri ya da benzetmeleri seçmiştir. O, çoğunlukla, yaradılıştaki her şeyi doğuran bir rahim ve form yaşamı sırasında onu yaşatıp besleyen şey olarak görülmüştür. Yazılmış en kadim ve derin kitaplardan biri olan *Tao Te Ching*'de, Var'lık olarak çevrilebilecek *Tao* sözcüğü "evrenin sonsuz, ebediyen var olan anası" olarak tarif edilir. Doğal olarak, kadınlar gerçekte Tezahür-Etmemiş-Olanı "bedenlediklerinden," ona erkeklerden daha yakındırlar. Dahası, tüm yaratıklar ve her şey eninde sonunda Kaynağa geri dönmelidir. "Her şey Tao'ya karışıp kaybolur. Sadece Tao varlığını sürdürür." Kaynak dişi olarak görüldüğünden, bu psikolojide ve mitolojide arşetipsel dişinin (dişi temel modelinin) aydınlık ve karanlık yanları olarak temsil edilir. Tanrıça ya da ilahi Ana iki veçheye sahiptir: O yaşam verir ve yaşamı geri alır.

Zihin devreye girip insanları ele geçirdiğinde, böylece onlar tanrısal özlerinin realitesiyle teması yitirdiklerinde, Tanrı'yı bir erkek figür olarak düşünmeye başladılar. Topluma erkek hükmetmeye başladı ve dişi erkekten aşağı ve küçük görüldü.

Ben tanrısal-olanın daha önce olduğu gibi dişi olarak temsil edilmesini, o temsil edilişe geri dönmeyi önermiyorum. Bazıları şimdi *Tanrı* yerine *Tanrıça* terimini kullanıyorlar. Onlar erkek ve dişi arasında uzun bir zaman önce kaybolmuş bir dengeyi yeniden sağlamaya çalışıyorlar ve bu iyidir. Ama, bu hâlâ bir temsil-etme, bir tasvir ve bir kavramdır, bu belki -tıpkı bir haritanın ya da bir işaret direğinin geçici olarak yararlı olması gibi- geçici olarak yararlı olabilir, ama siz tüm kavramların ve imgelerin ötesindeki realiteyi idrak etmeye hazır olduğunuzda bu bir yardımdan çok bir engel haline gelir. Bununla birlikte, şu da doğrudur ki, zihnin enerji frekansı esasen erkek olarak görünür. Zihin direnir, kontrolü ele geçirmek için savaşır, kullanır, kurnazca yönlendirir, saldırır, ele geçirmeye ve sahip olmaya çalışır. İşte bu yüzden geleneksel Tanrı ataerkil, kontrol eden bir otorite figürüdür; bu çoğunlukla, Eski Ahit'in önerdiği gibi, kendisinden korkmanız gereken öfkeli bir adamdır. Bu Tanrı insan zihninin bir projeksiyonudur.

Zihni aşıp Var'lığın daha derin realitesine yeniden bağlanmak için çok farklı niteliklere ihtiyaç vardır: teslimiyet, yargılamama, yaşama direnmek yerine ona izin veren bir açıklık, her şeyi bilişinizle sevecen bir biçimde kucaklama kapasitesi. Tüm bu nitelikler dişi prensiple çok daha yakından ilişkilidir. Zihin-enerjisi sert ve katıdır, oysa Var'lık-enerjisi yumuşak ve uysaldır, ama zihinden sonsuz derecede daha güçlüdür. Zihin uygarlığımızı yönetir, oysa Var'lık gezegenimizdeki ve onun ötesindeki tüm yaşamdan sorumludur. Var'lık görünür tezahürü fiziksel evren olan Zekânın ta kendisidir. Kadınların potansiyel olarak ona daha yakın olmalarına rağmen, erkekler de ona kendi içlerinde ulaşabilirler.

Bu zamanda, kadınların olduğu gibi erkeklerin de büyük çoğunluğu zihnin pençesinde bulunmaktadır: onlar "düşünen" ile ve acı-bedeniyle özdeşleşmişlerdir. Bu, kuşkusuz, aydınlanmayı ve sevginin gelişip çiçek açmasını engelleyen şeydir. Bazı bireysel durumlarda bunun tersi geçerli olsa ve bazı durumlarda iki etken eşit olabilse de, genel bir kural olarak, erkeklerin önündeki büyük engel düşünen zihin, kadınların önündeki büyük engel ise acı-bedenidir.

Ortak Dişi Acı-Bedenini Ortadan Kaldırmak

Neden acı-bedeni kadınlar için daha büyük bir engeldir?

Acı-bedeni, çoğunlukla, kişisel olduğu gibi ortak bir veçheye de sahiptir. Kişisel veçhe bir insanın geçmişte çektiği duygusal acının birikmiş kalıntısıdır. Ortak veçhe ise binlerce yıl boyunca hastalık, işkence, savaş, katliam, acımasızlık, çılgınlık vs. sonucunda ortak insan psişesinde birikmiş acıdır. Her insanın kişisel acı-bedeni ayrıca bu ortak acı-bedenine katılır ve onu taşır. Ortak acı-bedeninde farklı iplikler vardır. Örneğin, aşırı derecede çatışma ve şiddet yaşamış belli ırklar ya da ülkeler diğerlerinden daha ağır bir ortak acı-bedenine sahiptirler. Güçlü bir acı-bedenine sahip olan ve onunla özdeşleşmeyecek kadar bilinçli olmayan her insan sadece, sürekli ya da belli aralıklarla duygusal acısını yeniden canlandırmaya zorlanmakla kalmaz, acı-bedeninin o sırada aktif ya da pasif olmasına bağlı olarak, kolayca şiddetin uygulayıcısı ya da kurbanı da olabilir. Öte yandan, onlar potansiyel olarak aydınlanmaya daha yakın da olabilirler. Kuşkusuz, bu potansiyel ille de gerçekleşecek değildir, ama eğer siz bir kabus görüyorsanız, sıradan bir rüyanın iniş çıkışlarını yaşayan bir insana kıyasla uyanma güdüsünü daha güçlü bir biçimde hissedeceksinizdir.

Her kadın, eğer tam bilinçli değilse, kendi acı-bedeninden başka, ortak dişi acı-bedeninden de payını alır. Bu, kısmen, kadınların binlerce yıl boyunca erkeklere boyun eğdirilmeleri, kölelik, sömürü, tecavüz, çocuk-doğurma, çocuğunu yitirme vs. sonucunda birikmiş bir acıdan oluşur. Ortak acı-bedeni başka zamanlarda da aktive olabilse de, birçok kadında bu duygusal ya da fiziksel acı âdet görmeden önce ve o dönem sırasında uyku halinden uyanır. O yaşam enerjisinin bedenden özgürce akışını kısıtlar, ki âdet görme bunun fiziksel bir ifadesidir. Kısa bir süre bunun üzerinde durup, onun nasıl aydınlanma için bir fırsat haline gelebileceğini görelim.

Bir kadın, çoğunlukla, âdet döneminde acı-bedeni tarafından "ele geçirilir." O sizi kendisiyle bilinçsizce özdeşleşmeye kolayca çekebilecek son derece güçlü bir enerji birikimine sahiptir. O zaman siz içsel alanınızı işgal eden ve siz gibi görünen -ama, elbette kesinlikle siz olmayan, bir enerji alanı tarafından ele geçirilmiş olursunuz. O sizin kanalınızla düşünür, konuşur ve eylemde bulunur. Bu acı-bedeni ortaya çıkabilecek enerjiden beslenebilmek için yaşamınızda olumsuz durumlar yaratır. O, ne şekilde olursa olsun, daha fazla acı ister. Ben bu süreci daha önce anlatmıştım. O acımasız ve yıkıcı olabilir. O saf acıdır, geçmiş acıdır ve o siz değildir.

Şimdi tam bilinçli hale yaklaşan kadınların sayısı çoktan erkeklerin sayısını geçmiştir ve gelecek yıllarda bu sayı daha da hızla büyüyecektir. Erkekler sonunda onlara yetişebilirler, ama uzun bir süre erkeklerin ve kadınların bilinçleri arasında bir uçurum olacaktır. Kadınlar doğuştan hakları olan ve dolayısıyla, onlara erkeklere olduğundan daha doğal biçimde gelen işlevi yeniden kazanmaktadırlar: bu işlev tezahür etmiş dünya ile Tezahür-Etmemiş-Olan arasında, fiziksellik ile ruh arasında bir köprü olmaktır. Şimdi sizin bir kadın olarak başlıca göreviniz acıbedenini dönüşüme uğratmaktır ki o artık sizinle gerçek benliğiniz, özünüz arasına giremesin. Kuşkusuz, siz ayrıca aydınlanmanın önündeki diğer engel olan düşünen zihinle de başa çıkmak zorundasınız, ama acı-bedeniyle başa çıkarken ürettiğiniz yoğun mevcudiyet sizi zihinle özdeşleşmekten de kurtaracaktır.

Hatırlanacak ilk şey şudur: Siz kendinize acıdan bir kimlik oluşturduğunuz sürece, ondan kurtulamazsınız. Benlik duygunuzun bir bölümü duygusal acınıza yatırım yaptığı sürece, siz o acıyı şifalandırmak için yaptığınız her girişime bilinçsiz olarak direnecek ya da onu baltalayacaksınızdır. Neden? Nedeni çok basittir, acı sizin asli bir parçanız haline geldiğinden, kendinizi eksiksiz bir biçimde korumak istersiniz. Bu bilinçsiz bir süreçtir ve onun üstesinden gelmenin tek yolu onu bilinçli hale getirmektir.

Acınıza bağlı olduğunuzu ya da daha önce öyle olduğunuzu birden görmek gerçekten şok edici bir idrak olabilir. Siz bunu idrak ettiğiniz anda, bu bağı da koparırsınız. Acı-bedeni bir varlık gibi sizin içinize geçici olarak yerleşmiş bir enerji alanıdır. O kapana kısılmış yaşam enerjisidir, o artık akmayan enerjidir. Kuşkusuz, acı-bedeni geçmişte vuku bulmuş belli şeylerden ötürü oradadır. O sizin içinizde yaşayan geçmiştir ve eğer siz onunla özdeşleşirseniz, geçmişle özdeşleşmiş olursunuz. Bir kurban kimliği geçmişin şimdi'den daha güçlü olduğu inancıdır, ki bu gerçeğin tam tersidir. O, diğer insanların ve onların size yapmış oldukları şeylerin, sizin şimdi kim olduğunuzdan, duygusal acınızdan ya da gerçek benliğiniz olamamanızdan sorumlu oldukları inancıdır. Gerçek şu ki, var olan tek güç bu anda bulunur: O sizin mevcudiyetinizin gücüdür. Bir kez bunu bildiğinizde, şimdi içsel alanınızdan -başka kimsenin değil- *sizin* sorumlu olduğunuzu ve geçmişin Şimdi'nin gücüne üstün gelemeyeceğini de idrak edersiniz.

***

Öyleyse özdeşleşme sizin acı-bedeniyle başa çıkmanızı engeller. Kurban kimliğini kişisel düzeyde bırakacak kadar yeterince bilinçli bazı kadınlar hâlâ ortak bir kurban kimliğine: "erkeklerin kadınlara yapmış oldukları şeylere" tutunmaktadırlar. Onlar haklı, aynı zamanda haksızdırlar. Ortak dişi acı-bedeninin büyük ölçüde erkeklerin kadınlara uyguladıkları şiddetten ve bin yılı aşkın süredir tüm dünyada dişi prensibin bastırılmış olmasından kaynaklandığı göz önüne alındığında, onlar haklıdırlar. Ama, eğer onlar kimlik duygularını bu olgudan alıyor, böylece kendilerini ortak bir kurban kimliğinde hapis tutuyorlarsa, haksızdırlar. Eğer bir kadın hâlâ öfkeye, içerlemeye ya da suçlamaya tutunuyorsa, acı-bedenine tutunuyor demektir. Bu ona rahatlatıcı bir kimlik duygusu, diğer kadınlarla bir dayanışma duygusu verebilir, ama bu aynı zamanda onu geçmişin esaretinde tutar ve özüne ve gerçek gücüne tam olarak erişmesini engeller. Eğer kadınlar erkekleri dışlarlarsa, bu ayrılık duygusunu besler ve teşvik eder, dolayısıyla da ego'yu güçlendirir. Ve ego ne kadar güçlenirse, siz gerçek doğanızdan o kadar uzak kalırsınız.

Öyleyse acı-bedenini size bir kimlik vermesi için kullanmayın. Onu aydınlanma için kullanın. Onu bilince dönüştürün. Bunun için en iyi zamanlardan biri âdet dönemidir. İnanıyorum ki, gelecek yıllarda birçok kadın bu dönem esnasında tam bilinçli hale girecektir. Genelde, bu birçok kadın için bir bilinçsizlik dönemidir, çünkü o dönemde onlar ortak dişi acıbedeni tarafından ele geçirilirler. Ancak, bir kez siz belli bir bilinç düzeyine eriştiğinizde, bunu tersine çevirebilir, bu dönemde bilinçsiz olmak yerine *daha* bilinçli olabilirsiniz. Ben bunun için gerekli temel işlemi daha önce tarif etmiştim, ama şimdi bunu tekrar, bu kez ortak dişi acı-bedenine göndermede bulunarak ele alacağım.

Âdet dönemi yaklaşırken, "âdet-öncesi gerilimin" ilk belirtilerini, ortak dişi acı-bedeninin uyanışını hissetmeden önce çok uyanık olun ve bedeninizde mümkün olduğunca tam olarak bulunun. İlk belirti ortaya çıktığında, sizin onu, o sizi ele geçirmeden "yakalayacak" kadar uyanık olmanız gerekir. Örneğin, ilk belirti ani bir sinirlenme ya da bir öfke patlaması, veya tamamen fiziksel bir belirti olabilir. O her neyse, onu düşünüş ve davranışınıza hâkim olmadan önce yakalayın. Bu basitçe, dikkatinizin projektör ışığını ona yöneltmek anlamına gelir. Eğer o bir duygu ise, onun ardındaki güçlü enerji birikimini hissedin. Onun acı-bedeni olduğunu bilin. Aynı zamanda, biliş olun; yani bilinçli mevcudiyetinizin farkında olun ve onun gücünü hissedin. Mevcudiyetinizi içine soktuğunuz her türlü duygu hızla yatışıp dönüşüme uğrayacaktır. Eğer o tamamen fiziksel bir belirti ise, ona verdiğiniz dikkat onun bir duygu ya da düşünceye dönüşmesini önleyecektir. Sonra uyanık olmaya devam edin ve acı-bedeninin bir sonraki işaretini bekleyin. O ortaya çıkar çıkmaz onu aynı şekilde yakalayın.

Daha sonra, acı-bedeni uyku halinden tamamen uyandığında, bir süre, belki birkaç gün içinizde dikkate değer bir karışıklık, bir çalkantı hissedebilirsiniz. Bu her ne şekil alırsa alsın, orada mevcut kalın. Ona tüm dikkatinizi verin. İçinizdeki çalkantıyı izleyin. Onun orada olduğunu bilin. Bilişi tutun ve biliş olun. Unutmayın: acı-bedeninin zihninizi kullanmasına ve düşünüşünüze hâkim olmasına izin vermeyin. Onu izleyin. Onun enerjisini direkt olarak, bedeninizin içinde hissedin. Bildiğiniz gibi, tam dikkat tam kabullenme anlamına gelir.

Sürdürülen dikkat ve kabulle, değişim-dönüşüm gelir. Tıpkı ateşe atıldığında ateşe dönüşen bir odun parçası gibi, acı-bedeni parlak bilince dönüşür. "Adet dönemi o zaman sadece kadınlığınızın zevk ve doyum verici bir ifadesi olmakla kalmaz, aynı zamanda yeni bir bilinç doğurduğunuz kutsal bir değişim-dönüşüm zamanı olur. Gerçek doğanız o zaman hem dişi veçhesi içinde Tanrıça olarak, hem de erkek ve dişi dualitesinin ötesinde, aşkın veçhesi içindeki tanrısal Var'lık olarak parlar.

Eğer erkek partneriniz yeterince bilinçliyse, özellikle bu dönemde yoğun mevcudiyet frekansını barındırarak az önce tarif ettiğim uygulamada size yardımcı olabilir. Eğer siz acı-bedeniyle bilinçsiz özdeşleşmeye düştüğünüzde, ki başlangıçta bu olabilir ve olacaktır, partneriniz mevcut kalabilirse, siz onun mevcudiyet haline çabucak tekrar katılabilirsiniz. Bu âdet dönemi sırasında ya da diğer zamanlarda, acı-bedeni geçici olarak sizi ele geçirdiğinde, partnerinizin onu gerçek sizle karıştırmayacağı anlamına gelir. Acı-bedeni ona saldırsa bile, ki o büyük olasılıkla bunu yapacaktır, partneriniz ona o sanki "sizmişsiniz" gibi tepki göstermeyecek, kendi içine çekilmeyecek ya da savunmaya geçmeyecektir. Partneriniz yoğun mevcudiyet alanını barındıracaktır. Değişim-dönüşüm için bundan başka bir şeye ihtiyaç yoktur. Başka zamanlarda, siz onun için aynı şeyi yapabilecek ya da onun düşünüşüyle özdeşleştiği zamanlarda dikkatini burada ve şimdi'ye vererek bilincini zihninden geri çekmesine yardım edebileceksiniz.

Bu yolla, aranızda saf, yüksek frekanslı ve kalıcı bir enerji alanı ortaya çıkacaktır. O alanda hiçbir illüzyon, hiçbir çatışma, *siz* olmayan, sevgi olmayan hiçbir şey varlığını sürdüremez. Bu sizin ilişkinizin tanrısal, kişilik-ötesi amacının gerçekleşmesidir. Ve o diğer birçok insanı da içine çekecek bir bilinç vorteksi haline gelecektir.

***

Kendinizle İlişkiden Vazgeçmek

Bir insan tam bilinçli olduğunda, hâlâ bir ilişkiye ihtiyaç duyar mı? Bir erkek hâlâ bir kadına çekilir mi? Bir kadın hâlâ kendini bir erkek olmadan eksik hisseder mi?

Aydınlanmış olun ya da olmayın, siz ya bir erkeksinizdir ya da bir kadın; yani, form kimliğiniz düzeyinde siz tamam değilsinizdir. Siz bütünün bir yarısısınız. Bu tamam-olmayış erkek-dişi çekimi olarak, ne kadar bilinçli olursanız olun zıt enerji kutbuna çekilme şeklinde hissedilir. Ama, o içsel bağlılık hali içindeyken, siz bu çekimi yaşamınızın yüzeyinde ya da çevresinde bir yerde hissedersiniz. O hal içindeyken size olan her şey bir biçimde böyle hissedilir. Tüm dünya engin ve derin bir okyanusun yüzeyindeki dalgacıklar gibi görünür. Siz o okyanussunuzdur ve elbette, siz aynı zamanda o dalgacıksınızdır, ama gerçek kimliğini okyanus olarak idrak etmiş bir dalgacıksınızdır ve bu enginlik ve derinlikle kıyaslandığında, dalgacıklar dünyası o kadar önemli değildir.

Bu sizin diğer insanlarla ya da partnerinizle derin bir ilişki kurmamanız anlamına gelmez. Aslında, siz *ancak* Var'lığın bilincinde olduğunuzda derin bir ilişki kurabilirsiniz. Var'lıktan yola çıktığınızda, form perdesinin ötesine odaklanabilirsiniz. Var'lıkta erkek ve dişi bir'dir. Formunuz belli ihtiyaçlara sahip olmayı sürdürebilir, ama Var'lığın hiçbir ihtiyacı yoktur. O zaten tamam ve bütündür. Eğer bu ihtiyaçlar karşılanmışsa, bu güzel bir şeydir, ama onların karşılanıp karşılanmamaları sizin derin içsel haliniz için hiçbir fark yaratmaz. Böylece, aydınlanmış bir insanın, eğer erkek ya da dişi kutbun ihtiyacı karşılanmamışsa, varlığının dışsal düzeyinde bir eksiklik hissetmesi, ama aynı zamanda kendini içsel olarak tümüyle tamam, doyumlu ve huzurlu hissetmesi mümkündür.

Bir eşcinsel olmak, aydınlanma konusunda bir yardım mı yoksa bir engel midir, ya da bu herhangi bir fark yaratır mı?

Erişkin yaşa yaklaşırken, cinselliğiniz hakkında kuşkuya düşmeniz ve sonra diğerlerinden "farklı" olduğunuzu keşfetmeniz sizi toplumsal olarak koşullanmış düşünce ve davranış kalıplarıyla özdeşleşmemeye zorlayabilir. Bu, bilinç düzeyinizi otomatik olarak -üyeleri tüm miras alınmış kalıpları sorgulamadan benimseyen- bilinçsiz çoğunluğun üzerine yükseltecektir. Bu bakımdan, eşcinsel olmanın yardımı olabilir. Her ne nedenle olursa olsun, belli bir dereceye kadar bir grubun dışında kalan biri, diğerlerine "uymayan" biri ya da onlar tarafından reddedilen biri olmak yaşamınızı güçleştirir, ama aydınlanma söz konusu olduğunda, bu sizi avantajlı bir duruma sokar. Bu durum sizi neredeyse zorla bilinçsizliğin dışına iter.

Öte yandan, eğer siz eşcinselliğinize dayalı bir kimlik duygusu geliştirirseniz, bir tuzaktan kaçıp diğerine düşmüş olursunuz. Bu durumda kendinizi eşcinsel olarak gördüğünüz zihinsel bir imajın buyurduğu rolleri ve oyunları oynayacaksınızdır. Ve böylece bilinçsiz olursunuz. Gerçek-dışı olursunuz. Ego maskenizin altında, çok mutsuz olursunuz. Eğer bu sizin başınıza gelirse, eşcinsel olmak bir engel haline gelecektir. Ama, elbette, daima bir başka şans elde edersiniz. Ağır mutsuzluk büyük bir uyandırıcı olabilir. .

Bir başka insanla doyum verici bir ilişki kurabilmek için önce kendinizle iyi bir ilişki kurmanız ve kendinizi sevmeniz gerekmez mi?

Eğer yalnızken kendinizle huzur içinde değilseniz, bu huzursuzluğu örtmek için bir ilişki arayacaksınızdır. Huzursuzluğun o zaman bu ilişki içinde bir başka biçimde yeniden ortaya çıkacağından emin olabilirsiniz ve siz büyük olasılıkla bundan partnerinizi sorumlu tutacaksınızdır.

Gerçekten yapmanız gereken tek şey, içinde bulunduğunuz an'ı bütünüyle kabul etmektir. O zaman şimdi ve burada huzur içinde ve kendinizle barış içinde olursunuz.

Ama, sizin aslında kendinizle bir ilişkiye ihtiyacınız var mıdır? Neden sadece kendiniz *olamıyorsunuz*? Kendinizle bir ilişkiniz olduğunda, kendinizi "ben" ve "kendim", özne ve nesne olarak ikiye bölmüş olursunuz. Zihnin-yarattığı dualite yaşamınızdaki tüm gereksiz karmaşıklığın, tüm sorunların ve çatışmanın asıl nedenidir. Aydınlanma hali içinde, siz kendinizsinizdir, "siz" ve "kendiniz" birleşip bir olursunuz. Siz kendinizi yargılamaz, kendiniz için üzülmez, kendinizle gurur duymaz, kendinizi sevmez, kendinizden nefret etmezsiniz. Kendini-düşünen bilincin neden olduğu bölünme şifa bulmuştur. Artık ortada sizin korumanız, savunmanız ya da beslemeniz gereken bir "benlik," bir "kendim" yoktur. Siz aydınlandığınızda, artık bir ilişkiye sahip olmazsınız: bu kendinizle, kendi-benliğinizle ilişkidir. Bir kez siz bunu bıraktığınızda, tüm diğer ilişkileriniz sevgi ilişkileri olacaktır.

9

MUTLULUĞUN VE MUTSUZLUĞUN ÖTESİNDE HUZUR VARDIR

İyi ve Kötünün Ötesindeki Yüksek İyilik

Mutluluk ile iç huzuru arasında bir fark var mıdır?

Evet. Mutluluk olumlu olarak algılanan koşullara dayanır; iç huzuru buna dayanmaz.

Yaşamımıza sadece olumlu koşulları çekmek mümkün değil midir? Eğer tutumumuz ve düşüncelerimiz daima olumlu ise, daima olumlu olaylar ve durumlar yaratırız, öyle değil mi?

Neyin olumlu neyin olumsuz olduğunu gerçekten biliyor musunuz? Tam tabloyu görebiliyor musunuz? Birçok insan için sınırlanma, başarısızlık, kayıp, hastalık ya da her türlü acı en büyük öğretmen olmuştur. O onlara sahte benlik-imajlarını ve yüzeysel, ego'nun-buyurduğu hedefleri ve arzuları bırakmayı öğretmiştir. O onlara derinlik, alçak gönüllülük ve şefkat kazandırmıştır. O onları daha *gerçek* hale getirmiştir.

Her ne zaman başınıza olumsuz bir şey gelse, o sırada bunu göremeseniz de, onun içinde saklı derin bir ders vardır. Kısa süren bir hastalık ya da bir kaza bile size yaşamınızda neyin gerçek olduğunu, neyin olmadığını, nihai olarak neyin önemli neyin önemsiz olduğunu gösterebilir.

Daha yüksek bir perspektiften görüldüğünde, koşullar daima olumludur. Daha kesin konuşmak gerekirse, onlar ne olumlu ne de olumsuzdur. Onlar oldukları gibidir. Ve siz *olanı* tümüyle kabul ederek yaşadığınızda -ki bu akıllıca yaşamanın tek yoludur- artık yaşamınızda "iyi" ya da "kötü" diye bir şey olmaz. Sadece -"kötüyü" de içeren- yüksek bir iyilik (en yüksek hayır) vardır. Ancak, zihnin perspektifinden görüldüğünde, iyi -kötü, hoşlanma-hoşlanmama, sevgi-nefret vardır. Böylece, Kutsal Kitabın Yaratılış (Tekvin) bölümünde, Adem ve Havva'nın "iyi ve kötü bilgisinin ağacının meyvesini yediklerinde cennetten kovuldukları" bildirilir.

Bu bana yadsıma ve kendini-aldatma gibi geliyor. Benim ya da bir yakınımın başına korkunç bir şey -bir kaza, hastalık, bir acı ya da ölüm- geldiğinde, ben o kötü bir şey değilmiş gibi davranabilirim, ama bu onun kötü bir şey olduğu olgusunu değiştirmez, öyleyse onu neden yadsımalı ki?

Siz o kötü bir şey değilmiş gibi davranmazsınız. Siz onun olduğu gibi olmasına izin verirsiniz, o kadar. Bu "olmasına izin verme" sizin zihni, onun olumlu-olumsuz kutuplarını yaratan direnme kalıplarıyla birlikte aşmanızı sağlar. Bu bağışlamanın asli veçhesidir. Şimdiyi bağışlamak geçmişi bağışlamaktan daha da önemlidir. Eğer siz her an'ı bağışlarsanız -onun olduğu gibi olmasına izin verirseniz- o zaman daha ileride bağışlanması gereken bir içerleme birikimi olmayacaktır.

Unutmayın ki biz burada mutluluktan söz etmiyoruz. Örneğin, sevdiğiniz bir insan öldüğünde, ya da siz ölümünüzün yaklaştığını hissettiğinizde, mutlu olamazsınız. Bu olanaksız bir şeydir. Ama, huzurlu *olabilirsiniz.* Üzüntü ve gözyaşları olabilir, ama direnmeyi bırakmışsanız, üzüntünün altında derin bir dinginlik, sessizlik, kutsal bir mevcudiyet hissedeceksiniz. Bu Var'lığın yayınıdır, bu iç huzurudur, karşıtı olmayan iyiliktir.

Ya eğer bu bir şeyler yapabileceğim bir durumsa? Ben hem onun olmasına izin verip, hem de onu nasıl değiştirebilirim?

Yapmanız gereken şeyi yapın. Bu arada, *olanı* kabul edin. Zihin ve direnme eşanlamlı olduklarından, kabullenme sizi hemen zihnin hâkimiyetinden kurtarır ve Var'lığa yeniden bağlar. Sonuç olarak, sizi bir şeyler "yapmaya" yönlendiren alışılmış ego güdülemeleri -korku, hırs, kontrol, sahte benlik duygusunu savunma ya da besleme- işe yaramayacaktır. Şimdi zihinden çok daha büyük bir zekâ iş başındadır ve böylece sizin "yapışınıza" farklı bir bilinç niteliği akacaktır.

"Kader kalıbınıza örülü gelen her şeyi kabul edin, çünkü ihtiyaçlarınıza ondan daha çok ne uyabilir ki?" Bu söz iki bin yıl önce, bilgeliğe olduğu gibi, dünyevi güce de sahip olan son derece nadir insanlardan biri, Marcus Aurelius tarafından yazılmıştı.

Öyle görünüyor ki çoğu insanın direnmeyi bırakıp kabullenmesi, bağışlayabilmesi için önce bir hayli ıstırap çekmesi gerekmektedir. Onlar kabullenip bağışladıkları anda en büyük mucizelerden biri meydana gelir: kötü olarak görünen şey yoluyla Var'lık-bilinci uyanır, ıstırap iç huzuruna dönüşür. Dünyadaki tüm kötülüğün ve ıstırabın nihai etkisi onun insanların ismin ve formun ötesinde kim olduklarını idrake zorlayacak olmasıdır. Böylece, sınırlı perspektifimizden kötü olarak algıladığımız şey aslında zıddı olmayan yüksek iyiliğin, hayrın bir parçasıdır. Ama, bu sizin için ancak bağışlama yoluyla gerçekleşebilir. Bu olana dek, kötü kötü olarak kalır.

Bağışlama yoluyla, ki bu aslında geçmişin gerçek olmadığını görüp kabul etmek ve şimdiki anın olduğu gibi olmasına izin vermektir, değişim-dönüşüm mucizesi hem içinizde hem de dışınızda meydana gelir. Bu durumda, hem içinizde hem de çevrenizde sessiz ve yoğun bir mevcudiyet alanı ortaya çıkar. Bu bilinç alanına giren herkes ve her şey etkilenecektir; bu bazen görünür bir biçimde ve hemen olacak, bazen de daha derin düzeylerde olacak ve görünür değişiklikler daha sonra ortaya çıkacaktır. Böylece siz -hiçbir şey *yapmadan*- sadece *olarak* ve bu yoğun mevcudiyet frekansını barındırarak uyumsuzluğu ortadan kaldırır, acıyı şifalandırır, bilinçsizliği yok edersiniz.

***

Yaşam Dramınızın Sonu

Bu kabullenme ve içsel huzur hali içinde, siz ona "kötü" demeseniz de, yaşamınıza yine de, sıradan bilincin perspektifinden "kötü" denebilecek bir şey gelebilir mi?

İnsanların yaşamlarında vuku bulan ve "kötü" diye nitelendirilen şeylerin çoğu bilinçsizlikten dolayı meydana gelmiştir. Onlar bizzat insanların, daha doğrusu ego'larının yarattığı şeylerdir. Ben bazen bu şeylere "dram" derim. Siz tam bilinçli olduğunuzda, artık yaşamınıza dram girmez. Şimdi size ego'nun nasıl iş gördüğünü ve nasıl dram yarattığını kısaca hatırlatayım.

Ego, siz orada tanık olan bilinç, yani izleyici olarak mevcut değilken yaşamınızı yöneten *gözlemlenmeyen* zihindir. Ego kendisini düşman bir evrende ayrı bir parça olarak algılar, onun başka hiçbir varlıkla gerçek bir içsel bağı yoktur, o potansiyel tehdit olarak gördüğü ya da kendi amaçları doğrultusunda kullanmaya çalışacağı diğer egolar tarafından kuşatılmıştır. Temel ego kalıpları kendi yerleşik korkusu ve yoksunluk duygusuyla savaşacak şekilde tasarlanmıştır. Onlar direnme, kontrol, güç, aç gözlülük, savunma ve saldırıdır. Ego'nun bazı stratejileri son derece kurnazcadır, ancak onlar onun hiçbir sorununu gerçekten çözemez, çünkü ego'nun kendisi sorundur.

İster kişisel ilişkilerde, ister örgütlerde ve kurumlarda ego' lar bir araya geldiklerinde, er ya da geç "kötü" şeyler olur: orada çatışma, sorunlar, güç mücadeleleri, duygusal ya da fiziksel şiddet vs. şeklinde şu ya da bu tür bir dram vuku bulur. Buna savaş, soykırım ve sömürü gibi ortak kötülükler de dahildir, bunların hepsi kitlesel bilinçsizlikten kaynaklanır. Dahası ego' nun sürekli direnmesi bedendeki enerji akışında kısıtlamalar ve tıkanıklıklar yaratarak birçok hastalığa neden olur. Siz Var' lığa yeniden bağlandığınızda ve artık zihniniz tarafından yönetilmediğinizde, bu şeyleri de yaratmaz olursunuz. Artık dram yaratmaz ve drama katılmazsınız.

Her ne zaman iki ya da daha fazla ego bir araya gelse, şu ya da bu tür bir dram ortaya çıkar. Ama, siz tamamen yalnız yaşasanız bile, yine de kendi dramınızı yaratırsınız. Siz kendi halinize üzüldüğünüzde, bu dramdır. Siz suçluluk ya da endişe duyduğunuzda, bu dramdır. Geçmiş ya da geleceğin şimdiyi örtüp karartmasına izin verdiğinizde, psikolojik-zaman yaratıyor olursunuz, ki o dramı oluşturan malzemedir. Siz şimdiki anın *olmasına* izin vererek onu onurlandırmadığınızda, dram yaratıyor olursunuz.

Çoğu insan kendi belli yaşam dramına aşıktır. Öyküleri onların kimlikleridir. Onların yaşamlarını ego yönetir. Onlar tüm benlik duygularını ona yatırmışlardır. Onların -çoğunlukla başarısız olan- bir yanıt, bir çözüm ya da bir şifa arayışları bile bunun bir parçası haline gelir. Onların en çok korktukları ya da direndikleri şey dramlarının son bulmasıdır. Onlar zihinleri *oldukları* sürece, en çok korktukları ya da direndikleri şey kendi uyanışlarıdır.

Siz *olanı* tam olarak kabullenerek yaşadığınızda, bu yaşamınızdaki tüm dramın sonu olur. Bu durumda ne kadar uğraşırsa uğraşsın kimse sizinle bir tartışmaya giremez. Siz tam bilinçli bir insanla tartışamazsınız. Bir tartışma zihninizle ve zihinsel bir pozisyonla özdeşleşmeyi ve diğer insanın pozisyonuna direnmeyi ve tepki göstermeyi ima eder. Sonuç zıt kutupların karşılıklı olarak güçlenmesidir. Bunlar bilinçsizliğin mekanikleridir, çalışma biçimidir. Siz hâlâ fikrinizi açık ve kesin bir biçimde söyleyebilirsiniz, ama onun ardında hiçbir tepkisel kuvvet, hiçbir savunma ya da saldırı olmayacaktır. Böylece o bir drama dönüşmeyecektir. Siz tam bilinçli olduğunuzda, artık çatışma içine girmezsiniz. "Kendisiyle bir olan hiç kimse çatışmayı hayal bile edemez," der *Mucizeler Kursu*. Burada kastedilen sadece diğer insanlarla çatışma değil, daha temel bir biçimde kendi içinizdeki çatışmadır, artık zihninizin talepleri ve beklentileri ile, *olan* arasında bir çatışma olmadığında içinizde de çatışma olmaz.

Geçicilik ve Yaşam Devreleri

Ancak, siz fiziksel boyutta bulunduğunuz ve ortak insan psişesine bağlı bulunduğunuz sürece, fiziksel acı -nadir olsa da- yaşanabilir. Bunu ıstırapla, zihinsel-duygusal acıyla karıştırmayın. Tüm ıstırap ego-yaratımıdır ve direnmeden kaynaklanır. Ayrıca, siz bu boyutta bulunduğunuz sürece, hâlâ onun devresel doğasına ve her şeyin geçiciliği yasasına tâbisinizdir, ama artık bunu "kötü" olarak algılamazsınız, o sadece *olandır*.

Her şeyin "oluşuna" izin verdiğinizde, zıtlar oyununun altındaki daha derin bir boyut kendini size sürekli bir mevcudiyet, değişmez derin bir sessizlik, iyi ve kötünün ötesinde nedensiz bir sevinç olarak gösterir. Bu Var'lık sevincidir, Tanrı'nın huzurudur.

Form düzeyinde, görünüşte ayrı formların doğumu ve ölümü, yaratılışı ve yok oluşu, gelişmesi ve çözülüp dağılması vardır. Bu her yerde görülür: bir yıldızın ya da gezegenin, bir fiziksel bedenin, bir ağacın, bir çiçeğin yaşam devresinde; ulusların, siyasi sistemlerin, uygarlıkların yükselişi ve çöküşünde; ve bir bireyin yaşamındaki kaçınılmaz kazanç ve kayıp devrelerinde.

Her şeyin size geldiği ve sizin gelişip iyiye gittiğiniz başarı devreleri vardır ve onların kuruyup dağıldıkları başarısızlık devreleri vardır, ve sizin yeni şeylerin ortaya çıkabilmesi ya da değişim-dönüşümün gerçekleşmesi için onları bırakmanız gerekir. Eğer siz o noktada onlara yapışıp direnirseniz, yaşam akışına uymayı reddediyorsunuz demektir ve bu durumda ıstırap çekersiniz.

Yukarı doğru yükseliş devresinin iyi, aşağı doğru iniş devresinin kötü olduğu doğru değildir, bunu sadece zihin böyle yargılar. Gelişme-büyüme genelde olumlu kabul edilir, ama hiçbir şey sonsuza dek büyüyemez. Eğer her ne türde olursa olsun büyüme sürüp dursaydı, o en sonunda azman ve yıkıcı bir hale gelirdi. Yeni büyüme-gelişmenin meydana gelebilmesi için çözülüp dağılmaya ihtiyaç vardır. Biri olmadan diğeri de var olamaz.

Aşağı doğru iniş, yani başarısızlık devresi spiritüel idrak için kesinlikle gereklidir. Sizin spiritüel boyuta çekilebilmeniz için bir düzeyde derin bir biçimde başarısız olmanız ya da derin bir kayıp veya acıyı deneyimlemiş olmanız gerekir. Ya da belki bizzat başarınız boş ve anlamsız hale gelir ve böylece başarısızlığa dönüşür. Her başarıda bir başarısızlık ve her başarısızlıkta bir başarı gizlidir. Bu dünyada, form düzeyinde herkes er ya da geç "başarısızlığa uğrar," ve elbette, her başarı eninde sonunda başarısız olur. Tüm formlar geçicidir.

Siz hâlâ aktif olup yeni formlar ve durumlar yaratıp tezahür ettirmenin tadını çıkarabilirsiniz, ama onlarla özdeşleşmezsiniz. Sizin onlarda bir benlik duygusu bulmaya ihtiyacınız yoktur. Onlar sizin yaşamınız değil, sadece yaşam-durumunuzdur.

Fiziksel enerjiniz de devrelere tâbidir. O daima zirvede olamaz. Yüksek enerjili olduğu gibi, düşük enerjili zamanlar da olacaktır. Son derece aktif ve yaratıcı olduğunuz dönemler olacaktır, ama her şeyin durağan göründüğü, hiçbir yere ulaşmaz, hiçbir şey başaramaz göründüğünüz zamanlar da olabilir. Bir devre birkaç saat de sürebilir, birkaç yıl da. Bu büyük devreler içinde büyük ve küçük devreler vardır. Birçok hastalık, yenilenme için yaşamsal önem taşıyan düşük enerjili devrelere karşı koymaktan kaynaklanır. Bunu yapma dürtüsü ve benlik-değerinizi ve kimlik duygunuzu başarı gibi dış etkenlerden alma eğilimi siz zihinle özdeşleştiğiniz sürece kaçınılmaz bir illüzyondur. Bu illüzyon sizin düşük devreleri kabul edip onların olmalarına izin vermenizi güçleştirir, hatta olanaksız kılar. Böylece, organizmanın zekâsı kendini-korumak için devreye girebilir ve sizi durmaya zorlamak için bir hastalık yaratabilir, ki gerekli yenilenme gerçekleşebilsin.

Evrenin devresel doğası her şeyin ve her durumun geçiciliğine yakından bağlıdır. Buda, bunu öğretisinin merkezi yapmıştır. Tüm koşullar son derece istikrarsız ve sürekli akış halindedir, ya da Buda'nın deyişiyle, geçicilik yaşamınızda karşılaşacağınız her koşulun, her durumun tipik bir özelliğidir. O değişecek, ortadan kaybolacak ya da size artık doyum vermeyecektir. Geçicilik aynı zamanda İsa'nın öğretisinin merkezini de oluşturur: "Dünyada kendiniz için hazineler biriktirmeyin, güve ve pas onları tüketip bitirir, hırsızlar gelip onu çalarlar..."

Bir koşul zihniniz tarafından "iyi" olarak yargılandığı sürece, bu ister bir ilişki, ister bir mal, ister toplumsal bir rol, bir yer ya da fiziksel bedeniniz olsun, zihin ona bağlanır ve onunla özdeşleşir. O sizi mutlu eder, kendinizi iyi hissetmenizi sağlar ve kimliğinizin bir parçası haline gelebilir. Ama, güve ve pasın her şeyi tüketip bitirdiği bu boyutta hiçbir şey kalıcı değildir. O ya son bulur ya değişir, ya da bir kutup değişimi geçirebilir: Dün ya da geçen yıl iyi olan aynı koşul birden veya yavaş yavaş kötü olur. Sizi mutlu kılmış olan aynı koşul o zaman sizi mutsuz kılar. Bugünün refah ve bolluğu yarın boş tüketimciliğe dönüşür. Mutlu evlilik ve balayı mutsuz boşanma ya da mutsuz birlikteliğe dönüşür. Ya da bir koşul ortadan kaybolur, onun yokluğu sizi mutsuz eder. Zihnin bağlandığı ve özdeşleştiği bir koşul ya da durum değiştiğinde ya da yok olduğunda, zihin bunu kabullenemez. O yok olan o koşula yapışacak ve değişime direnecektir. Bu adeta bir kolunuzun, bacağınızın bedeninizden koparılması gibi bir şeydir.

Bazen, servetini ya da itibarını yitirmiş insanların intihar ettiklerini duyarız. Bunlar uç noktada vakalardır. Diğerleri, büyük bir kayıp yaşadıklarında sadece derin bir biçimde mutsuz olur ya da kendi kendilerini hasta ederler. Onlar yaşamları ile yaşam-durumları arasında bir ayrım yapamazlar. Geçenlerde seksen yaşlarında ölen ünlü bir kadın oyuncu hakkında bir yazı okudum. Bu kadın yaşlanıp güzelliğini yitirince umarsız bir biçimde mutsuz olmuş ve dünyadan elini eteğini çekip bir münzevi haline gelmişti. O da bir koşulla, dış görünümüyle özdeşleşmişti. Önce, bu koşul ona mutlu, sonra da mutsuz bir benlik duygusu vermişti. Eğer o içindeki formsuz ve sonsuz yaşama bağlanabilseydi, dış formunun sararıp soluşunu dingin ve huzurlu bir biçimde izleyebilir ve bu duruma izin verebilirdi. Dahası, bu durumda dış formu onun ebedi gerçek doğasından yayılan ışığa giderek daha geçirgen hale gelir, böylece onun güzelliği gerçekten kaybolmamış, sadece spiritüel güzelliğe dönüşmüş olurdu. Ancak, kimse ona bunun mümkün olduğunu söylememişti. En asli ve gerekli bilgiye henüz yaygın bir biçimde erişilememektedir.

***

Buda, mutluluğunuzun bile *dukka* olduğunu söylemiştir; *dukka* "ıstırap" ya da "doyumsuzluk" anlamına gelen bir Pali sözcüğüdür. Mutluluk zıddından ayrılamaz. Bu sizin mutluluğunuzun ve mutsuzluğunuzun aslında bir olduğu anlamına gelir. Sadece zaman illüzyonu onları ayırır.

Bu olumsuz olmak değildir. Bu sadece şeylerin doğasını görüp tanımaktır, ki yaşamınız boyunca bir illüzyonun peşinden koşmayasınız. Bu artık hoş ve güzel şeyleri ya da koşulları takdir etmemeniz, onlardan zevk almamanız gerektiği anlamına da gelmez. Ama, onlar vasıtasıyla onların veremeyecekleri bir şeyin -bir kimliğin, bir kalıcılık ve doyum duygusunun- peşine düşmek düş kırıklığı ve ıstırabın reçetesidir. Eğer insanlar aydınlansalar ve artık kimliklerini *şeyler* vasıtasıyla bulmaya çalışmasalardı, tüm reklamcılık endüstrisi ve tüketim toplumu çökerdi. Siz mutluluğu bu şekilde daha çok aradıkça, o sizden daha fazla kaçacaktır. Dışarıdaki hiçbir şey size kalıcı bir doyum veremez, onlar size ancak geçici bir süre yüzeysel bir doyum verebilir, ama gerçeği idrak etmek için önce birçok düş kırıklığı yaşamanız gerekebilir. Şeyler ve koşullar size zevk verebilir, ama onlar size acı da vereceklerdir. Şeyler ve koşullar size zevk verebilir, ama *sevinç* veremezler. Hiçbir şey size sevinç *veremez.* Sevinç nedensizdir ve Var'lık sevinci olarak içinizden yükselir. O içsel huzur halinin, Tanrı'nın huzuru denen halin asli bir parçasıdır. O erişmek için çalışıp çabalamanız gereken bir şey değil, sizin doğal halinizdir.

Birçok insan yaptığı, sahip olduğu ya da eriştiği hiçbir şeyde bir "kurtuluş" olamayacağını asla idrak etmez. Bunu idrak edenler çoğunlukla dünyadan bıkıp usanır ve depresyona girerler: eğer hiçbir şey size gerçek bir doyum veremezse, geriye uğrunda uğraşacak ne kalmıştır, ne amaç kalmıştır? Eski Ahit peygamberi şu sözleri yazdığında böyle bir idrake ulaşmış olmalıdır: "Güneşin altında yapılan her şeyi gördüm; heyhat, hepsi boştu ve rüzgârın peşinden koşmaktan başka bir şey değildi." Siz bu noktaya eriştiğinizde, umutsuzluktan bir adım uzaktasınızdır... ve aydınlanmadan bir adım uzaktasınızdır.

Bir Budist keşiş bir zamanlar bana şöyle söylemişti: "Keşiş olduğumdan beri geçen yirmi yıl içinde öğrendiğim tüm şeyi bir cümleyle özetleyebilirim: Ortaya çıkan her şey kaybolur. Bildiğim budur." Onun kastettiği şey, kuşkusuz, şuydu: Ben *olana* hiç direnmemeyi öğrendim; şimdiki anın *olmasına* izin vermeyi ve her şeyin ve her koşulun geçici doğasını kabullenmeyi öğrendim. Böylece huzuru buldum.

Yaşama hiç direnmemek bir inayet, kolaylık ve hafiflik hali içinde bulunmaktır. Bu hal artık şeylerin, işlerin belli bir şekilde olmasına, iyi ya da kötü olmasına bağlı olmaz. Bu neredeyse paradokslu bir şey gibi görünür, bununla birlikte siz forma içsel bağlılıktan kurtulduğunuzda, yaşamınızın genel koşulları, dışsal formlar büyük ölçüde düzelme eğilimi gösterir. Mutlu olmak için ihtiyaç duyduğunuzu düşündüğünüz şeyler, insanlar ya da koşullar şimdi size mücadelesiz, çabasız bir biçimde gelirler ve siz -sürdükleri sürece- onların tadını çıkarmakta, onları takdir etmekte özgür olursunuz. Tüm bu şeyler, kuşkusuz, geçicidir, devreler gelip gidecektir, ama bağımlılıktan kurtulduğunuzda artık onları kaybetmekten de korkmazsınız. O zaman yaşam kolayca akar.

Herhangi bir ikincil kaynaktan alınan mutluluk asla çok derin değildir. O Var'lık sevincinin, direnmeme haline-girdiğinizde içinizde bulduğunuz güçlü huzurun solgun bir yansımasıdır sadece. Var'lık sizi zihnin zıt kutuplarının ötesine götürür ve forma bağımlılıktan kurtarır. Çevrenizdeki her şey çöküp dağılsa bile, siz hâlâ derin bir iç huzuru hissedersiniz. Siz mutlu olmayabilirsiniz, ama huzur içinde olursunuz.

***

Olumsuzluğu Kullanıp Bırakmak

Tüm içsel direnme şu ya da bu biçimde bir olumsuzluk olarak hissedilir. Tüm olumsuzluk *dirençtir.* Bu bağlamda, bu iki sözcük hemen hemen eşanlamlıdır. Olumsuzluk sinirlenme ya da sabırsızlık ile şiddetli öfke arasında, moral bozukluğu ya da küskün bir içerleme ile intihara götüren bir umutsuzluk arasında değişir. Bazen direnme duygusal acı-bedenini aktive eder, bu durumda küçücük bir durum bile öfke, depresyon ya da derin üzüntü gibi yoğun bir olumsuzluğa yol açabilir.

Ego olumsuzluk yoluyla realiteyi kurnazca yönlendirip sonuçta istediği şeyi elde edebileceğine inanır. O, olumsuzluk yoluyla arzu ettiği bir koşulu kendisine çekebileceğine ya da istemediği bir koşulu ortadan kaldırabileceğine inanır. *Mucizeler Kursu* doğru biçimde, siz her ne zaman mutsuzsanız, bilinçaltında, mutsuzluğun istediğiniz şeyi "elde etmenizi sağlayacağı" inancına sahip olduğunuzu işaret eder. Eğer "siz" (yani, zihin) mutsuzluğun işe yaradığına inanmasaydınız, onu neden yaratacaktınız ki? Gerçek şu ki, olumsuzluk kesinlikle işe yaramaz. O, arzu edilen koşulu çekmek yerine, onun ortaya çıkmasını engeller. O, istenmeyen bir koşulu ortadan kaldırmak yerine, o koşulu yerinde tutar. Onun tek "yararlı" işlevi ego'yu güçlendirmesidir ve işte bu yüzden ego onu sever.

Bir kez herhangi bir olumsuzluk biçimiyle özdeşleştiğinizde, onu bırakmak istemezsiniz ve derin bilinçaltı düzeyde, siz olumlu değişimi istemezsiniz. O sizin üzgün, öfkeli ya da haksızlığa uğramış kişi kimliğinizi tehdit edecektir. Siz o zaman yaşamınızdaki olumluyu görmezden gelir, yadsır (inkâr eder) ya da baltalarsınız. Bu yaygın bir fenomendir. O aynı zamanda delicedir.

Olumsuzluk tümüyle doğal-olmayan bir şeydir. O psişik bir kirleticidir ve doğanın kirletilip tahrip edilmesi ile ortak insan psişesinde birikmiş yoğun olumsuzluk arasında derin bir bağ vardır. Gezegen üzerinde, insanlardan başka hiçbir yaşam formu olumsuzluğu bilmez, aynı şekilde insanlardan başka hiçbir yaşam formu kendisini besleyip yaşatan Yerküre'yi kirletip zehirlemez. Siz hiç mutsuz bir çiçek ya da stresli bir meşe ağacı gördünüz mü? Siz hiç üzgün bir yunusla, kendini beğenmeyen bir kurbağayla, gevşeyemeyen bir kediyle, ya da nefret ve içerleme taşıyan bir kuşla karşılaştınız mı? Ara sıra olumsuzluğa benzer bir şey hissedebilen ya da sinirli davranış belirtileri gösteren hayvanlar, sadece insanlarla yakın temas içinde yaşayan ve böylece insan zihnine ve onun deliliğine bağlanan hayvanlardır.

Herhangi bir bitkiyi ya da hayvanı izleyin ve onun size *olanı* kabullenmeyi, Şimdi'ye teslim olmayı öğretmesine izin verin. Onun size Var'lığı öğretmesine izin verin. Onun size bütünlüğü, bir olmayı, kendiniz olmayı, gerçek olmayı öğretmesine izin verin. Onun size yaşamayı ve ölmeyi, ve yaşamayı ve ölmeyi bir soruna *dönüştürmemeyi* öğretmesine izin verin.

Ben birkaç Zen üstadıyla birlikte yaşadım, hepsi de kediydi. Ördekler bile bana önemli spiritüel dersler öğrettiler. Onları izlemek bile bir meditasyondur. Onlar suda ne kadar huzurlu bir biçimde, tümüyle Şimdi'de mevcut bir halde, sadece zihin tarafından yönetilmeyen bir yaratığın olabileceği şekilde vakur ve mükemmel bir biçimde süzülürler. Ancak, ara sıra iki ördek -bazen görünürde bir neden olmadan, bazen de bir ördek diğerinin özel alanına girdiğinde- bir kavgaya tutuşurlar. Bu kavga, çoğu kez, sadece birkaç saniye sürer ve sonra ördekler ayrılır, ters yönlere yüzerek birbirlerinden uzaklaşır ve kanatlarını birkaç kez güçlü bir biçimde çırparlar. Onlar sonra sanki bu kavga hiç olmamış gibi sakin bir biçimde yüzmeyi sürdürürler. Bunu ilk kez gözlemlediğimde, birden onların kanatlarını çırparak fazla enerjiyi boşalttıklarını, böylece onun bedenlerinde kalıp olumsuzluğa dönüşmesini önlediklerini fark ettim. Bu doğal bilgeliktir ve bu onlar için kolaydır, çünkü onlar geçmişi gereksiz bir biçimde canlı tutan ve sonra onun çevresinde bir kimlik oluşturan bir zihne sahip değildirler.

Olumsuz bir duygu da önemli bir mesaj içermez mi? Örneğin, eğer ben sık sık üzülüyorsam, bu benim yaşamımda yanlış bir şeyin bulunduğunun bir işareti olabilir ve beni yaşam durumuma bakıp bazı değişiklikler yapmaya zorlayabilir. Böylece, benim duyguyu hemen olumsuz diye reddetmemem, onun bana ne dediğini dinlemem gerekir.

Evet, tekrarlanan olumsuz duygular bazen, hastalıkların da içerdikleri gibi, bir mesaj içerirler. Ama, yaptığınız herhangi bir değişiklik, bu ister işinizle, ister ilişkilerinizle ya da çevrenizle ilgili olsun, bilinç düzeyinizdeki bir değişimden kaynaklanmadıkça, sonuçta sadece göz boyayıcı, yani işin yalnızca göze çarpan yönünü ele alan bir değişikliktir. Bilinç düzeyinizde bir değişim söz konusu olduğunda ise, o sadece tek bir şey ifade edebilir: daha mevcut hale gelmeyi. Siz belli bir mevcudiyet derecesine eriştiğinizde, artık olumsuzluğun size yaşam-durumunuzda neye ihtiyaç olduğunu söylemesine gereksiniminiz kalmaz. Ama, olumsuzluk orada *olduğu* sürece, onu kullanın. Onu size daha mevcut olmayı hatırlatan bir tür işaret olarak kullanın.

Biz olumsuzluğun ortaya çıkışını nasıl önleriz ve o bir kez ortaya çıktıktan sonra ondan nasıl kurtulabiliriz?

Dediğim gibi, tam mevcut olarak onun ortaya çıkmasını önlersiniz. Ama, cesaretiniz kırılmasın. Bazıları ona yaklaşsa da, henüz dünyada sürekli bir mevcudiyet halini sürdürebilen çok az insan vardır. Yakında, daha birçok kişinin bunu yapabileceğine inanıyorum.

Her ne zaman içinizde bir olumsuzluğun ortaya çıktığını fark ederseniz, onu bir başarısızlık olarak değil, size, "Uyan. Zihninin dışına çık. Mevcut ol," diyen yararlı bir işaret olarak görün.

Aldous Huxley'in son yıllarında, spiritüel öğretilerle çok ilgilenmeye başladıktan sonra yazdığı *Ada* adlı bir roman vardır. O, okyanusta gemisi battıktan sonra yakındaki bir adaya sığınarak dünyadan kopan bir adamın öyküsünü anlatır. Bu adada benzersiz bir uygarlık vardır. Burada olağanüstü olan şey ada halkının, dünyanın geriye kalan kısmına hiç benzemez bir biçimde, gerçekten akıllı olmasıdır. Adamın dikkatini çeken ilk şey, ağaçlara tünemiş rengarenk papağanların sürekli olarak, "Dikkat. Şimdi ve Burada. Dikkat. Şimdi ve Burada," demeleridir. Daha sonra adalıların sürekli olarak mevcut kalmayı hatırlamak için papağanlara bu sözleri öğrettiklerini öğreniriz.

Öyleyse her ne zaman içinizde olumsuzluğun yükseldiğini hissederseniz, buna ister bir dış etken, ister bir düşünce neden olsun, onu, "Dikkat. Şimdi ve Burada. Uyan," diyen bir ses olarak görün. En hafif bir sinirlenme bile önemlidir, onun kabul ve tasdik edilmesi ve ona dikkat edilmesi gerekir; aksi takdirde, gözlemlenmeyen tepkilerin giderek artan bir birikimi olacaktır. Daha önce de söylediğim gibi, bir kez siz bu enerji alanını içinizde tutmak istemediğinizi ve onun hiçbir amaca hizmet etmediğini idrak ettiğinizde, onu hemen bırakabilirsiniz. Ama, o zaman onu tamamen bıraktığınızdan emin olun. Eğer bırakamazsanız, sadece onun orada olduğunu kabul edin ve daha önce de işaret ettiğim gibi, dikkatinizi duyduğunuz hisse verin.

Olumsuz bir tepkiyi bırakmaya bir alternatif olarak, siz tepkinin dış nedenine geçirgen hale geldiğinizi imgeleyerek de onu ortadan kaldırabilirsiniz. Bunu önce küçük, hatta önemsiz şeylerde uygulamanızı tavsiye ederim. Diyelim ki evde sessizce oturuyorsunuz. Birden, sokakta bir arabanın alarmı çalmaya başlıyor. Siz sinirleniyorsunuz. Bu sinirlenmenin amacı nedir? Hiçbir amacı yoktur. Onu neden yarattınız? Siz yaratmadınız. Zihin yarattı. Bu tamamen otomatik, tamamen bilinçsiz bir şeydi. Zihin onu neden yarattı? Çünkü o bilinçaltında -sizin bir olumsuzluk ya da mutsuzluk olarak hissettiğiniz- direncinin istenmeyen koşulu bir biçimde ortadan kaldıracağına inanır. Bu, elbette, bir yanılgıdır. Onun yarattığı direnç -bu vakada sinirlenme ya da öfkelenme- onun ortadan kaldırmaya çalıştığı ilk nedenden çok daha rahatsız edicidir.

Tüm bunlar spiritüel uygulamaya dönüştürülebilir. Bu durumda maddesel bir bedenin katılığı olmadan, geçirgen hale geldiğinizi hissedin. Sonra o gürültünün, ya da o olumsuz tepkiye her ne neden olmuşsa onun, içinizden geçmesine izin verin. O artık sizin içinizdeki katı bir "duvara" çarpmayacaktır. Dediğim gibi, önce küçük şeylerle uygulama yapın. Araba alarmı, köpek havlaması, çocukların çığlıkları, trafik sıkışıklığı gibi küçük şeylerle. İçinizde, "olmaması gereken" şeylerin sürekli ve acı verici bir biçimde gelip çarptıkları bir direnç duvarı barındırmak yerine, bırakın her şey içinizden geçip gitsin.

Birisi size kaba, incitici bir şey söyler. Hemen saldırmak, savunmak ya da içine çekilmek gibi bilinçsiz bir tepkiye ya da olumsuzluğa girmek yerine, onun içinizden geçmesine izin verin. Hiçbir direnç göstermeyin. Bu sanki artık orada incinecek birinin bulunmaması gibidir. *Bu* bağışlamadır. Bu şekilde, siz incinmez hale gelirsiniz. Eğer isterseniz, yine de bu insana davranışının kabul edilemez olduğunu söyleyebilirsiniz. Ama, bu insan artık sizin içsel halinizi kontrol etme gücüne sahip değildir. O zaman bu güç bir başkasında değil, sizde olur ve siz artık zihniniz tarafından da yönetilmezsiniz. Bu ister bir araba alarmı, ister kaba bir insan, ister bir sel ya da deprem felaketi, ister tüm malınızı mülkünüzü yitirmek olsun, direnme mekanizması aynıdır.

Ben meditasyon yapıyor, seminerlere katılıyor, spiritualite üzerine birçok kitap okuyorum. Bir direnmeme hali içinde bulunmaya çalışıyorum, ama eğer siz bana gerçek ve kalıcı bir iç huzuru bulup bulmadığımı sorarsanız, sizi dürüstçe "hayır" diye yanıtlarım. Ben onu neden bulamadım? Başka ne yapabilirim?

Siz huzuru hâlâ dışarıda arıyor ve bu arayış halinden kurtulamıyorsunuz. Belki bir sonraki seminer, belki şu yeni yöntem işe yarayacaktır diye düşünüyorsunuz. Size şunu söyleyebilirim: Huzuru aramayın. Şu anda içinde bulunduğunuzdan başka bir hal aramayın; aksi takdirde, içsel çatışma ve bilinçsiz direnç yaratırsınız. Kendinizi huzur içinde olmadığınız için bağışlayın. Siz huzursuzluğunuzu *tamamen* kabullendiğiniz anda, huzursuzluğunuz huzura dönüşür. Tamamen kabul ettiğiniz herhangi bir şey sizi ona, huzura kavuşturacaktır. Bu teslimiyet mucizesidir.

***

Siz iki bin yıl önce büyük bir aydınlanma öğretmeninin söylediği, "Birisi yanağınıza vurursa, ona öbür yanağınızı da çevirin," sözünü işitmiş olabilirsiniz. O, simgesel olarak, dirençsizlik ve tepkisizlik sırrını aktarmaya çalışıyordu. O, tüm diğer bildirimlerinde olduğu gibi, bu bildirimde de yaşamınızın dışsal gidişatıyla değil, sadece içsel realitenizle ilgileniyordu.

Siz Banzan'ın öyküsünü biliyor musunuz? Banzan, büyük bir Zen üstadı olmadan önce yıllar boyunca aydınlanmanın peşinden koşmuş, ama ona bir türlü erişememişti. Sonra bir gün, çarşıda yürürken, bir kasapla müşterisi arasında geçen bir konuşmaya kulak misafiri oldu. "Bana en iyi etini ver," diyordu müşteri. Ve kasap onu şöyle yanıtlamıştı. "Benim tüm etlerim iyidir. Burada en iyi olmayan hiçbir et parçası yoktur." Bunu işiten Banzan o anda aydınlandı.

Benden bir açıklama beklediğinizi biliyorum. Siz *olanı* kabullendiğinizde, her et parçası -yani, her an- en iyisidir. İşte bu aydınlanmadır.

Şefkatin Doğası

Zihin-ürünü zıtlıkların ötesine geçtiğinizde, siz derin bir göl gibi olursunuz. Yaşamınızın dışsal durumu ve orada olup bitenler bu gölün yüzeyidir. Bu yüzey devrelere ve mevsimlere göre, bazen sakin, bazen de fırtınalı olur. Ancak, derinlerde göl daima sakindir. Siz zihnin ötesine geçtiğinizde, sadece yüzey değil, bütün göl olursunuz ve mutlak şekilde sessiz ve devinimsiz olan kendi derinliğinizle temasta olursunuz. Herhangi bir duruma zihinsel olarak tutunup yapışarak değişime direnmezsiniz. İç huzurunuz herhangi bir koşula ya da duruma bağlı olmaz. Siz -değişmez, sonsuz, ölümsüz- Var'lıkta kalırsınız ve doyumunuz, mutluluğunuz artık değişen formlar dünyasına bağlı olmaz. Siz o formların tadını çıkarabilir, onlarla oynayabilir, yeni formlar yaratabilir, hepsinin güzelliğini takdir edebilirsiniz. Ama, artık onların hiçbirine bağlanma ihtiyacı duymazsınız.

Siz bu kadar bağımsız hale geldiğinizde, bu sizin diğer insanlardan da uzaklaşmanız anlamına gelmez mi?

Tam tersine. Siz Var'lığın farkında olmadığınız sürece, kendi realitenizi bulamadığınız için, diğer insanların realitesini de göremezsiniz. Zihniniz onların formundan ya hoşlanacak ya da hoşlanmayacaktır, ki bu form onların sadece bedenlerini değil, zihinlerini de içerir. Gerçek ilişki ancak Var'lığın farkındalığı olduğunda mümkün olur. Var'lıktan gelerek, siz bir başka insanın bedenini ve zihnini sadece bir perde olarak algılar, onun ardında -kendinizinkini hissettiğiniz gibi- onun gerçek realitesini hissedebilirsiniz. Böylece, bir başkasının ıstırabı ya da bilinçsiz davranışıyla karşılaştığınızda, siz mevcut halde ve Var'lıkla temasta kalır ve böylece kendi Var'lığınızla formun ötesine bakıp diğer insanın parlak ve saf Var'lığını hissedebilirsiniz. Var'lık düzeyinde, tüm ıstırap bir illüzyon olarak görülüp tanınır. Istırap, formla özdeşleşmekten kaynaklanır. Şifa mucizeleri bazen bu idrakle, eğer hazırsalar, başkalarındaki Var'-lık-bilincini uyandırarak gerçekleştirilir.

Şefkat bu mudur?

Evet. Şefkat sizinle tüm yaratıklar arasındaki derin bir bağın farkındalığıdır. Ama, şefkatin, bu bağın iki yanı vardır. Bir yanda, siz hâlâ burada fiziksel bir beden olarak bulunduğunuzdan, fiziksel formunuzun incinmeye açıklığını ve faniliğini diğer her insan ve canlıyla paylaşırsınız. Bir dahaki sefere, "Benim bu insanla hiçbir ortak yanım yok," dediğinizde, ortak bir hayli şeyinizin bulunduğunu hatırlayın: Bundan kısa ya da uzun bir zaman sonra her ikinizin bedeni de bir kadavraya, sonra bir toz yığınına, sonra da bir hiçe dönüşmüş olacak. Bu insanın aklını başına getiren ve kibrini kıran bir idraktir. Bu olumsuz bir düşünce midir? Hayır, sadece bir olgudur. Ona neden gözlerimizi kapamalı ki? Bu anlamda, sizinle diğer her yaratık arasında tam bir eşitlik vardır.

En güçlü spiritüel uygulamalardan biri, kendinizinki de dahil olmak üzere, fiziksel formların faniliği üzerinde derin bir meditasyon yapmaktır. Buna, ölmeden ölmek denir. Buna derinlemesine girin. Fiziksel bedeninizin çözülüp dağıldığını ve artık olmadığını düşünün. Sonra bir an gelir tüm zihin-formları ya da düşünceler de ölür. Ancak, *siz* hâlâ oradasınızdır. Bu sizin tanrısal mevcudiyetinizdir. Bu parlak, tamamen uyanık bir mevcudiyettir. Gerçek olan hiçbir şey ölmemiştir, sadece isimler, formlar ve illüzyonlar ortadan kalkmıştır.

***

Bu ölümsüz boyutun, gerçek doğanızın idraki şefkatin öbür yanıdır. Derin bir hissediş-düzeyinde, siz şimdi sadece kendi ölümsüzlüğünüzü değil, diğer her yaratığın ölümsüzlüğünü de görüp kabul edersiniz. Form düzeyinde, siz faniliği ve varoluşun geçiciliğini paylaşırsınız. Var'lık düzeyinde, siz ebedi, parlak yaşamı paylaşırsınız. Bunlar şefkatin iki veçhesidir. Şefkatte, görünüşte zıt olan hisler, üzüntü ve sevinç birleşip bir olur ve derin bir iç huzuruna dönüşür. Bu, Tanrı'nın huzurudur. O insanların hissetmeye muktedir oldukları en asil hislerden biridir ve büyük bir şifa ve dönüştürme gücüne sahiptir. Ama, az önce tarif ettiğim şekliyle gerçek şefkate henüz çok az rastlanır. Bir başka varlığın ıstırabını derin bir biçimde anlayıp paylaşmak kesinlikle yüksek derecede bir bilinci gerektirir, ama bu şefkatin sadece bir yanını temsil eder. Bu tamam değildir. Gerçek şefkat, duyguları anlayıp paylaşabilme yeteneğini aşar. Bu şefkat üzüntü sevinçle, formun ötesindeki Var'lık sevinciyle, ebedi yaşam sevinciyle birleşene dek gerçekleşmez.

Farklı Bir Realite Düzenine Doğru

Ben bedenin ölmesi gerektiğini kabul etmiyorum. Bizim fiziksel ölümsüzlüğe erişebileceğimize inanıyorum. Biz ölüme inandığımız için beden ölüyor.

Beden siz ölüme inandığınız için ölmez. Beden siz ölüme inandığınız için vardır ya da var gibi görünür. Beden ve ölüm egosal bilinç tarafından yaratılmış aynı illüzyonun bir parçasıdır; bu bilinç yaşam Kaynağının hiç farkında değildir ve kendisini ayrı ve sürekli tehdit altında görür. Böylece o sizin bir beden, sürekli tehdit altında bulunan katı, fiziksel bir vasıta olduğunuz illüzyonunu yaratır.

Kendinizi doğmuş ve bir süre sonra ölecek incinmeye açık bir beden olarak algılamak, işte illüzyon budur. Beden ve ölüm: bir illüzyondur. Siz biri olmadan diğerine de sahip olamazsınız. Siz illüzyonun bir yanını koruyup diğerinden kurtulmak istiyorsunuz, ama bu mümkün değildir. Siz ya onun iki yanını da tutar, ya da iki yanını da bırakırsınız.

Bununla birlikte, siz bedenden kaçamazsınız, bunu yapmanız da gerekmez. Beden gerçek doğanızın inanılmaz bir yanlış algılanışıdır. Ama, gerçek doğanız o illüzyonun bir yerinde gizlidir, onun dışında değil, böylece beden hâlâ ona tek giriş noktasıdır.

Eğer siz bir melek görüp de onu bir taş heykelle karıştırırsanız, yapmanız gereken tek şey görüşünüzü uyumlayıp o "heykele" daha yakından bakmaktır, başka bir yere bakmak değil, O zaman ortada bir taş heykelin asla bulunmadığını keşfedersiniz.

Eğer ölüme inanmak bedeni yaratıyorsa, bir hayvanın neden bedeni var? Bir hayvan ego'ya sahip değildir ve ölüme inanmaz...

Ama, o yine de ölür, ya da öyle görünür.

Sizin dünyayı algılayışınızın bilinç halinizin bir yansıması olduğunu hatırlayın. Siz ondan ayrı değilsinizdir ve dışarıda nesnel bir dünya yoktur. Her an, bilinciniz içinde bulunduğunuz dünyayı yaratır. Modern fizikten gelmiş en büyük içgörülerden biri gözlemleyen ve gözlemlenen arasındaki birliktir: deneyi yürüten kişi -gözlemleyen bilinç- gözlemlenen fenomenden ayırılamaz ve farklı bir bakış biçimi gözlemlenen fenomenin farklı davranmasına neden olur. Eğer siz, daha derin bir düzeyde, ayrılığa ve varlığını sürdürme mücadelesine inanıyorsanız, o zaman bu inancın tüm çevrenize yansıdığını ve algılarınızı korkunun yönettiğini görürsünüz. Siz bir ölüm ve birbiriyle savaşan, birbirini öldüren ve esir eden bedenler dünyasında bulunursunuz.

Hiçbir şey göründüğü gibi değildir. Sizin yarattığınız ve egosal zihinle gördüğünüz dünya çok kusurlu bir yer, hatta bir üzüntü dünyası gibi görünebilir. Ama, algıladığınız her şey sadece bir tür simgedir, bu bir rüyadaki bir görüntü gibidir. Sizin bilinciniz evrenin moleküler enerji dansını bu şekilde yorumlamakta ve onunla öyle ilişki ve etkileşime girmektedir. Bu enerji fiziksel realite denen şeyin ham maddesidir. Siz onu bedenler ve doğum ve ölüm olarak, ya da hayatta kalma mücadelesi olarak görmektesinizdir. Sonsuz sayıda ve tamamen farklı yorumların, tamamen farklı dünyaların olması mümkündür ve aslında, vardır; hepsi algılayan bilince bağlıdır. Her varlık bir bilinç odak noktasıdır ve her odak noktası -tüm bu dünyalar birbirine bağlı olsa da- kendi dünyasını yaratır. Bir insan dünyası, bir karınca dünyası, bir yunus dünyası vs. vardır. Bilinç frekanslarınız çok farklı olduğu için büyük olasılıkla birbirinizin varlığının farkında olmadığınız sayısız varlık vardır. Kaynağa ve birbirlerine bağlı olduklarının farkında olan son derece bilinçli varlıklar size semavi bir âlem olarak görünebilecek bir dünyada bulunurlar, bununla birlikte, tüm dünyalar nihai olarak bir'dir.

Ortak insan dünyamız, büyük ölçüde, zihin dediğimiz bilinç düzeyi tarafından yaratılır. Ortak insan dünyası içinde bile, kendi dünyalarının algılayıcılarına ya da yaratıcılarına bağlı olarak, büyük farklılıklar, birçok farklı "alt-dünya" vardır. Bütün dünyalar birbirlerine bağlı olduklarından, ortak insan bilinci dönüşüme uğradığında, doğa ve hayvanlar âlemi de bu dönüşümü yansıtacaktır. Böylece İncil'de bildirildiği gibi, gelecek çağda, "Aslan kuzuyla birlikte yatacaktır." Bu tamamen farklı bir realite düzeni olasılığını işaret etmektedir.

Şu anda bize göründüğü şekliyle dünya, dediğim gibi, büyük ölçüde egosal zihnin bir yansımasıdır. Korku egosal illüzyonun kaçınılmaz bir sonucudur, bu korkunun hükmettiği bir dünyadır. Tıpkı bir rüyadaki görüntülerin kişinin içsel hallerinin ve hislerinin simgeleri olmaları gibi, ortak realitemiz de, büyük ölçüde, korkunun ve ortak insan psişesinde birikmiş ağır olumsuzluk tabakalarının simgesel ifadesidir. Biz dünyamızdan ayrı değiliz, böylece insanların büyük çoğunluğu egosal illüzyondan kurtulduğunda, bu içsel değişim tüm yaradılışı etkileyecektir. O zaman siz gerçekten yeni bir dünyada bulunacaksınız. Bu, gezegensel bilinçte bir değişim olacaktır. Her ağacın ve her otun en sonunda aydınlanacağını söyleyen Budist deyişi aynı gerçeği işaret etmektedir. Aziz Petrus'a göre, yaradılışın tümü insanların aydınlanmalarını beklemektedir. Ben onun, "Yaratılmış evren heyecanla Tanrı'nın çocuklarının ortaya çıkmalarını beklemektedir," sözünü böyle yorumluyorum. Ve sonra Aziz Petrus tüm yaradılışın bu yolla kurtulacağını söyler: "Şimdi... tüm yaratılmış evren şiddetli bir doğum sancısı çekercesine inlemektedir."

Doğan şey yeni bir bilinçtir ve onun kaçınılmaz yansıması yeni bir dünya olacaktır. Bu Yeni Ahit'in Vahiy Kitabı'nda da kehanet edilmiştir: "Sonra yeni bir gökyüzü ve yeni bir yeryüzü gördüm, ilk gökyüzü ve ilk yeryüzü yok olmuştu..."

Ama, neden ve sonucu birbirine karıştırmayın. Sizin asıl göreviniz kurtuluşu daha iyi bir dünya yaratarak aramak değil, formla özdeşleşmekten kurtularak uyanmaktır. O zaman bu dünyaya, bu realite düzeyine bağlı olmazsınız. Siz köklerinizin Tezahür-Etmemiş-Olan'da bulunduğunu hissedebilir ve böylece tezahür etmiş dünyaya bağımlı olmaktan kurtulursunuz. Hâlâ bu dünyanın geçici hazlarının tadını çıkarabilirsiniz, ama artık kaybetme korkusu olmadığından, onlara tutunup yapışmanız da gerekmez. Siz duyusal hazlardan zevk alabilseniz de, duyusal deneyim için duyulan şiddetli arzu ve açlık ortadan kalkmıştır, aynı şekilde sürekli olarak psikolojik doyum yoluyla, ego'yu besleyerek doyum arama da bitmiştir. Siz herhangi bir hazdan, herhangi bir tezahür etmiş şeyden sonsuz derecede daha büyük bir şeyle temastasınızdır.

Bir anlamda, siz bu durumda artık dünyaya ihtiyaç duymazsınız. Onun olduğundan farklı olmasına bile ihtiyaç duymazsınız.

Ancak bu noktada siz daha iyi bir dünyanın yaratılmasına, farklı bir realite düzeninin yaratılmasına gerçekten katkıda bulunmaya başlarsınız. Ancak bu noktada gerçek şefkati hissedebilir ve diğerlerine *neden* düzeyinde yardım edebilirsiniz. Sadece dünyayı aşmış olanlar daha iyi bir dünya yaratabilirler.

Gerçek şefkatin ikili doğasından söz etmiştik, bu paylaşılan ölümlülük ve ölümsüzlüğün, bu ortak bağın farkındalığıydı. Bu derin düzeyde, şefkat en geniş anlamda şifa haline gelir. O hal içinde, sizin şifa verici etkiniz esasen *yapmaya* değil, *olmaya* dayanır. Temas kurduğunuz herkes -siz bunun bilincinde olsanız da, olmasanız da- sizin mevcudiyetiniz ve yaydığınız huzur tarafından etkilenir. Siz tümüyle mevcut olduğunuzda ve çevrenizdeki insanlar bilinçsiz davranışta bulunduğunda, siz buna tepki gösterme ihtiyacı duymaz, böylece ona herhangi bir realite, bir gerçeklik vermezsiniz. O hal içinde sizin huzurunuz o kadar engin ve derindir ki huzur olmayan her şey sanki asla var olmamış gibi onun içinde kaybolur. Bu, aksiyon-reaksiyon karmik devresini kırar. Hayvanlar, ağaçlar, bitkiler sizin huzurunuzu hissedip ona karşılık vereceklerdir. Böylece siz *olarak,* Tanrı'nın huzurunu sergileyerek öğretirsiniz. Siz "dünyanın ışığı", yani saf bilinç yayını haline gelir ve böylece ıstırabı *neden* düzeyinde ortadan kaldırırsınız. Böylece, dünyadaki bilinçsizliği ortadan kaldırırsınız.

***

Bu sizin aynı zamanda *yaparak* -örneğin, zihinle özdeşleşmenin nasıl bırakılabileceğini göstererek, insanların kendi içlerindeki bilinçsiz kalıpları görüp tanımalarına yardımcı olarak vs.- öğretemeyeceğiniz anlamına gelmez. Ama, sizin kim *olduğunuz,* daima, *söylediğiniz ve yaptığınız* şeyden çok daha yaşamsal öneme sahip bir öğreti ve dünyanın daha güçlü bir dönüştürücüsüdür. Dahası, Var'lığın önceliğini ve üstünlüğünü görüp tanımak ve böylece *neden* düzeyinde çalışmak, şefkatinizin aynı zamanda -karşılaştığınız ıstırapları hafifleterek- *yapma* ve *sonuç* düzeyinde tezahür etme olasılığını da dışlamaz. Aç bir insan sizden ekmek istediğinde, eğer ekmeğiniz varsa ona verirsiniz. Ama, o ekmeği verirken, ilişkiniz çok kısa sürse bile, gerçekten önemli olan o paylaşılan Var'lık anıdır, ekmek onun sadece bir simgesidir. Onun içinde derin bir şifa meydana gelir. O anda, bir veren ya da alan yoktur.

Ama, her şeyden önce bir açlığın olmaması gerekir. Önce açlık ve şiddet gibi kötü şeyleri halletmeden daha iyi bir dünya nasıl yaratabiliriz ki?

Tüm kötü şeyler bilinçsizliğin *sonucudur.* Siz bilinçsizliğin sonuçlarını hafifletebilirsiniz, ama onların *nedenini* ortadan kaldırmadan onları ortadan kaldıramazsınız. Gerçek değişim içinizde meydana gelir, dışınızda değil.

Eğer dünyadaki ıstırabı hafifletme arzusu duyuyorsanız, bu çok asil bir şeydir, ama sadece dışsal şey üzerinde odaklanmamayı unutmayın; aksi takdirde, düş kırıklığı ve umutsuzluk yaşarsınız. İnsan bilincinde çok derin bir değişim olmadan, dünyanın ıstırabı dipsiz bir kuyudur. Öyleyse şefkatinizin tekyanlı olmasına izin vermeyin. Bir başka insanın acısını ya da yoksunluğunu anlayıp paylaşmanın veya ona yardım etme arzusunun, tüm yaşamın ebedi doğasının ve tüm acının nihai illüzyonunun daha derin bir idrakiyle dengelenmesi gerekir. O zaman huzurunuzun yaptığınız her şeye akmasına izin verin ve o zaman siz aynı anda *neden* ve *sonuç* düzeyinde çalışıyor olursunuz.

Bu ayrıca, eğer siz derin bir biçimde bilinçsiz insanların kendilerini, birbirlerini ve gezegeni yok etmelerini, ya da diğer canlılara korkunç acılar çektirmeyi sürdürmelerini önlemek üzere tasarlanmış bir hareketi destekliyorsanız da geçerlidir. Unutmayın: Siz karanlıkla savaşamayacağınız gibi, bilinçsizlikle de savaşamazsınız. Eğer bunu yapmaya çalışırsanız, zıt kutuplar daha da güçlenecek ve kemikleşecektir. Siz kutuplardan biriyle özdeşleşecek, bir "düşman" yaratacak ve böylece kendiniz bilinçsizliğe çekileceksinizdir. Bilgiyi yayarak farkındalığı yükseltin, ya da en fazla, pasif direniş yapın. Ama, içinizde hiçbir direniş, hiçbir nefret, hiçbir olumsuzluk taşımadığınızdan emin olun. "Düşmanlarınızı sevin," demişti İsa, ki bu elbette, "hiçbir düşmana sahip olmayın," anlamına gelir.

Siz bir kez *sonuç* düzeyinde çalışmaya başladığınızda, kendinizi onun içinde yitirmeniz çok kolaydır. Uyanık ve çok, çok mevcut kalın. *Nedensel* düzeyin esas odağınız olarak kalması, aydınlanma öğretisinin esas amacınız olması ve huzurun sizin dünyaya en değerli armağanınız olması gerekir.

10

TESLİMİYETİN ANLAMI

Şimdi'nin Kabullenilmesi

Siz birkaç kez "teslimiyetten" söz ettiniz. Ben bu kavramdan hoşlanmıyorum. O bana biraz kaderci bir kavram gibi geliyor. Eğer biz daima içinde bulunduğumuz durumu kabullenirsek, onu düzeltmek için hiçbir çaba göstermeyiz. Oysa ilerleme bana, hem kişisel hem de toplumsal yaşamımızda, mevcut sınırlamalarımızı kabullenmeyip, onları aşmaya ve daha iyi bir şey yaratmaya çalışmak gibi görünüyor. Eğer biz böyle yapmamış olsaydık, hâlâ mağaralarda yaşıyor olurduk. Siz teslimiyeti içinde bulunduğumuz durumu değiştirmekle ve bir şeyler yapmakla nasıl bağdaştırıyorsunuz?

Bazı insanlar için teslimiyet olumsuz çağrışımlar yapabilir; yenilgiyi, vazgeçmeyi, yaşamın zorluklarıyla başa çıkamamayı, uyuşuk hale gelmeyi vs. ima edebilir. Ancak, gerçek teslimiyet tamamen farklı bir şeydir. O içinde bulunduğunuz duruma pasif bir biçimde katlanmak ve o konuda hiçbir şey yapmamak anlamına gelmez. O plânlar yapmayı ya da olumlu eylemde bulunmayı bırakmak anlamına da gelmez.

Teslimiyet, yaşam akışına *karşı koymak* yerine ona *izin vermeyi* içeren basit, ama çok derin bir bilgeliktir. Sizin yaşam akışını deneyimleyebileceğiniz tek yer Şimdi'dir, öyleyse teslim olmak şimdiki an'ı koşulsuz ve çekincesiz bir biçimde kabul etmektir. O, *olana* içsel olarak direnmeyi bırakmaktır. İçsel direnme, *olana* zihinsel yargılama ve duygusal olumsuzluk yoluyla "hayır" demektir. O, özellikle işler "ters gittiğinde," yani zihninizin talepleri ya da katı beklentileri ile *olan* arasında bir uçurum ortaya çıktığında güçlü ve bariz hale gelir. Bu acı uçurumudur. Eğer yeterince uzun yaşamışsanız, işlerin oldukça sık bir biçimde "ters gittiğini" de bilirsiniz. Eğer yaşamınızdaki acı ve ıstırabı ortadan kaldırmak istiyorsanız, tam da o zamanlarda teslimiyeti uygulamanız gerekir. *Olanı* kabullenme sizi hemen zihinle özdeşleşmekten kurtarır ve böylece sizi Var'lığa yeniden bağlar. Direnç zihnin ta kendisidir.

Teslimiyet tamamen içsel bir fenomendir. Bu sizin dışsal düzeyde eyleme geçip durumu değiştiremeyeceğiniz anlamına gelmez. Aslında, teslim olduğunuzda kabul etmeniz gereken şey genel durum değil, Şimdi denen küçük parçadır.

Örneğin, eğer siz bir yerlerde çamura saplanmışsanız, "Tamam, çamura saplanmaya sabırla katlanacağım," demezsiniz. Katlanmak, razı olmak teslimiyet değildir. Sizin arzu edilmez ya da tatsız bir yaşam-durumunu kabullenmeniz gerekmez. Ya da kendinizi aldatıp çamura saplanmakta yanlış bir şey olmadığını söylemeniz de gerekmez. Hayır. Siz ondan neyi elde etmek istediğinizi tam olarak görüp anlarsınız. Sonra dikkatinizi, onu zihinsel olarak hiç etiketlemeden, şimdiki an'a daraltırsınız. Bu Şimdi'yi hiç yargılamamak anlamına gelir. Dolayısıyla, hiçbir direnç, hiçbir duygusal olumsuzluk yoktur. Siz bu anın "oluşunu" kabul edersiniz. Sonra eyleme geçer ve o çamurdan çıkmak için elinizden gelen her şeyi yaparsınız. Ben böyle bir eyleme olumlu eylem diyorum. O öfke, umutsuzluk ya da düş kırıklığından kaynaklanan olumsuz eylemden çok daha etkilidir. Böylece, arzu edilen sonucu elde edene dek, Şimdi'yi etiketlemekten kaçınarak teslimiyeti uygulamayı sürdürürsünüz.

Burada, ne demek istediğimi tasvir etmek için görsel bir benzetme yapacağım. Diyelim ki geceleyin bir yolda, yoğun birsis tarafından kuşatılmış bir halde yürüyorsunuz. Ama, elinizde sisi yarıp önünüzü dar bir aralıktan berrak bir biçimde görmenizi sağlayan bir el feneri var. Sis sizin geçmişi ve geleceği içeren yaşam-durumunuzdur; el feneri bilinçli mevcudiyetinizdir; önünüzdeki berrak yer ise Şimdi'dir.

Teslim-olmama ise psikolojik formunuzu, ego'nun kabuğunu katılaştırıp sertleştirir ve böylece güçlü bir ayrılık duygusu yaratır. Bu durumda çevrenizdeki dünya ve özellikle insanlar tehdit edici olarak algılanır. Ve bu durumda, bilinçsiz bir biçimde, diğerlerini yargılayarak yok etme dürtüsü ve onlarla rekabet etme, onlara hükmetme ihtiyacı ortaya çıkar. Bu durumda doğa bile sizin düşmanınız haline gelir ve algılarınızı, yorumlarınızı korku yönetir. Paranoya denen zihinsel hastalık bu normal, ama bozuk-işlevli bilinç halinin sadece biraz daha ağır bir biçimidir.

Sadece psikolojik formunuz değil, fiziksel formunuz, bedeniniz de direnme sonucunda katılaşır ve sertleşir. Bedenin farklı bölümlerinde gerilim ortaya çıkar ve beden bir bütün olarak kasılır. Bu durumda bedenin sağlıklı işlev görmesi için gerekli olan yaşam enerjisinin özgürce akışı büyük ölçüde kısıtlanır. Masaj ve bazı fiziksel terapiler bu akışın düzelmesine yardımcı olabilir, ama siz günlük yaşamınızda teslimiyeti uygulamadıkça, *neden* -yani, direnç kalıbı- ortadan kalkmadığından, bu tür terapiler sizi ancak geçici olarak rahatlatırlar.

Sizin içinizde, *yaşam-durumunuzu* oluşturan geçici koşullardan etkilenmeden kalan bir şey vardır ve ona ancak teslimiyet yoluyla ulaşabilirsiniz. Bu sizin *yaşamınızdır*, şimdinin zaman'sız-sonsuz âleminde bulunan Var'lığınızdır. Bu yaşamı bulmak, İsa'nın deyişiyle, "gereken tek şeydir."

***

Eğer yaşam-durumunuzu doyum-vermez, hatta katlanılmaz buluyorsanız, ancak önce teslim olarak bu durumu sürdüren bilinçsiz direnme kalıbını kırabilirsiniz.

Teslimiyet eyleme geçmekle, değişimi başlatmakla ya da hedeflere ulaşmakla mükemmel bir biçimde bağdaşır. Ama, teslimiyet hali içindeyken sizin yaptığınız şeye tamamen farklı bir enerji, farklı bir nitelik akar. Teslimiyet sizi Var'lığın kaynak-enerjisine yeniden bağlar ve eğer *yapışınız* Var'lıkla doluysa, o yaşam enerjisinin sevinçli bir kutlaması haline gelir ve sizi Şimdi'ye daha derin bir biçimde sokar. Direnmeme yoluyla, bilincinizin niteliği ve dolayısıyla, yaptığınız ya da yarattığınız şeyin niteliği ölçüsüz bir biçimde artar. Ve ortaya çıkan sonuçlar bu niteliği yansıtırlar. Biz buna "teslim olmuş eylem" diyebiliriz. O bizim binlerce yıldır bildiğimiz şekliyle *çalışma* değildir. Giderek daha çok insan uyandıkça, *çalışma* sözcüğü de sözlüğümüzden kalkacak ve belki onun yerini alacak yeni bir sözcük yaratılacaktır.

Ne tür bir gelecek deneyimleyeceğinizi belirleyecek olan asıl şey bilincinizin bu andaki niteliğidir, böylece teslim olmak olumlu bir değişim yaratmak için yapabileceğiniz en önemli şeydir. Giriştiğiniz her eylem ikincil bir öneme sahiptir. Teslim olmamış bilinç halinden hiçbir gerçekten olumlu eylem kaynaklanamaz.

Eğer ben tatsız ya da doyum vermeyen bir durum içindeysem ve içinde bulunduğum an'ı tamamen kabullendiğimde, ortada hiçbir ıstırabın ya da mutsuzluğun kalmayacağını görebiliyorum. Ben onun üzerine yükselmiş olacağım. Ama hâlâ, eğer belli bir ölçüde doyumsuzluk yoksa, eyleme geçip değişim yaratma güdüsünün ya da enerjisinin nereden geleceğini anlayamıyorum.

O teslimiyet hali içinde, yapılması gereken şeyi çok berrak bir biçimde görürsünüz ve eyleme geçer, her seferinde tek bir şey yapar, tek bir şey üzerinde odaklanırsınız. Doğadan öğrenin: Her şeyin hiçbir doyumsuzluk ya da mutsuzluk olmadan nasıl başarıldığını, yaşam mucizesinin nasıl geliştiğini görün. İşte bu yüzden İsa demiştir ki: "Zambaklara, onların nasıl geliştiklerine bakın; onlar ne çırpınıp didinir, ne de fırıl fırıl dönerler."

Eğer genel durumunuz doyum vermez ya da tatsızsa, *bu an'ı ayırın* ve *olana* teslim olun. O sisi yarıp geçen el feneridir. Bilinç haliniz o zaman dış koşullar tarafından kontrol edilemez olur. Siz artık tepkiden ve dirençten yola çıkmazsınız.

Sonra durumun özelliklerine bakın. Kendinize, "Bu durumu değiştirmek, onu düzeltmek, ya da ondan uzaklaşmak için yapabileceğim bir şey var mı?" diye sorun. Eğer varsa, uygun eylemde bulunun. Gelecekte bir zamanda yapmanız gereken ya da yapabileceğiniz yüz şey üzerinde değil, şu anda yapabileceğiniz tek bir şey üzerinde odaklanın. Bu sizin hiçbir plân yapmamanız gerektiği anlamına gelmez. Plânlama şu anda yapabileceğiniz tek şey de olabilir. Ama, bu sırada "zihinsel filmler" oynatmaya başlamadığınızdan, kendinizi geleceğe projekte etmediğinizden, böylece Şimdi'yi yitirmediğinizden emin olun. Giriştiğiniz herhangi bir eylem hemen meyve vermeyebilir. O meyve verene dek *olana* direnmeyin. Eğer girişebileceğiniz bir eylem yoksa ve kendinizi o durumdan uzaklaştıramıyorsanız, o zaman o durumu teslimiyete daha derin bir biçimde girmenizi, Şimdi'ye daha derin bir biçimde, Var'lığa daha derin bir biçimde girmenizi sağlaması için kullanın. Siz şimdinin bu zaman'sız -sonsuz boyutuna girdiğinizde, değişim çoğu kez garip biçimlerde, sizin çok şey yapmanıza gerek kalmadan meydana gelir. Yaşam yardımcı ve işbirlikçi hale gelir. Eğer korku, suçluluk duygusu ya da atalet gibi içsel etkenler eyleme geçmenizi önlemişse, onlar da bilinçli mevcudiyetinizin ışığında eriyip kaybolacaktır.

Teslimiyeti, "Artık hiçbir şey benim canımı sıkamaz," ya da "Artık hiçbir şey umurumda değil," tutumuyla da karıştırmayın. Eğer ona yakından bakarsanız, böyle bir tutumun gizli içerleme şeklinde bir olumsuzluk içerdiğini de görürsünüz, böylece o kesinlikle teslimiyet değil, maskeli dirençtir. Teslim olurken, içinizde herhangi bir içerleme kalıntısı kalıp kalmadığını görmek için dikkatinizi içinize yöneltin. Bunu yaparken çok uyanık olun; aksi takdirde, bir direnç kalıntısı karanlık bir köşede bir düşünce ya da kabul edilmemiş bir duygu olarak saklanmayı sürdürebilir.

Zihin Enerjisinden Spiritüel Enerjiye

Direnmeyi bırakmak söylendiği kadar kolay bir şey değil. Hâlâ onu nasıl *bırakacağımı berrak bir biçimde göremiyorum. Eğer siz, "teslim olarak bırakabilirsin" derseniz, ben yine "Nasıl?" diye sorarım.*

İşe, direncin *olduğunu* kabul ve tasdik ederek başlayın. Direnç ortaya çıktığında, siz de orada *olun.* Zihninizin onu nasıl yarattığını, durumu, sizi ya da diğerlerini nasıl etiketlediğini gözlemleyin. Durumun içerdiği düşünce sürecine bakın. Duygunun enerjisini hissedin. Dirence tanık olarak, onun hiçbir amaca hizmet etmediğini göreceksiniz. Tüm dikkatinizi Şimdi üzerinde odaklayarak, bilinçsiz direnci bilinçli hale getirirsiniz ve bu onun sonu olur. Siz *hem* bilinçli *hem de* mutsuz, *hem* bilinçli *hem de* olumsuzluk içinde olamazsınız. Her ne şekilde olursa olsun, olumsuzluk, mutsuzluk, ya da ıstırap direncin bulunduğunu gösterir ve direnç daima bilinçsizdir.

Ama, ben mutsuz hislerimin de bilincinde olabilirim.

Siz mutsuzluğu seçer miydiniz? Eğer siz seçmediyseniz, o nasıl ortaya çıktı? Onun amacı nedir? Onu kim canlı tutmaktadır? Siz mutsuz hislerinizin bilincinde olduğunuzu söylüyorsunuz, ama gerçek şu ki siz onlarla özdeşleşmiş ve zorlayıcı bir düşünmeyle bu süreci canlı tutmaktasınızdır. Tüm *bunlar* bilinçsizdir. Eğer siz bilinçli olsaydınız, yani tümüyle Şimdi'de mevcut bulunsaydınız, tüm olumsuzluk neredeyse anında yok olurdu. O sizin mevcudiyetinizde, sizin huzurunuzda varlığını sürdüremez. O ancak siz yokken var olabilir. Acı-bedeni bile sizin huzurunuzda uzun süre varlığını sürdüremez. Siz ona zaman vererek mutsuzluğunuzu canlı tutarsınız. Onun yaşam kaynağı budur. Zamanı yoğun şimdiki-an farkındalığıyla uzaklaştırdığınızda, mutsuzluk da ölür. Ama, siz onun ölmesini istiyor musunuz? Bu mutsuzluk gerçekten canınıza yetti mi? Peki, siz onsuz kim olacaksınız?

Siz teslimiyeti uygulayana dek, spiritüel boyut sizin hakkında bir şeyler okuduğunuz, düşündüğünüz, konuştuğunuz, heyecan duyduğunuz, kitaplar yazdığınız, inandığınız ya da inanmadığınız bir şey olarak kalır. Ona inanıp inanmamanız hiç fark etmez. Siz teslim olana dek, o sizin yaşamınızda canlı bir realite olmaz. Siz teslim olduğunuzda, yaydığınız ve yaşamınızı yöneten enerji hâlâ dünyayı yöneten zihin enerjisinden -uygarlığımızın mevcut toplumsal, siyasi ve ekonomik yapılarını yaratmış olan ve varlığını eğitim sistemlerimiz ve medya kanalıyla sürdüren enerjiden- çok daha yüksek bir titreşim frekansına sahiptir. Spiritüel enerji teslimiyet yoluyla bu dünyaya girer. O sizin için, diğer insanlar için, ya da gezegendeki diğer yaşam formları için hiçbir ıstırap yaratmaz. Zihin enerjisinden farklı bir biçimde, o yeryüzünü kirletmez ve o her şeyin ancak zıddıyla birlikte var olabileceğini, kötü olmadan iyinin de olamayacağını bildiren kutuplar yasasına tâbi değildir. Zihin enerjisi tarafından yönetilenler, ki hâlâ Dünya nüfusunun büyük çoğunluğu öyledir, spiritüel enerjinin varlığının farkında değildirler. O farklı bir realite düzenine aittir ve -yeterli sayıda insan teslimiyet haline girip böylece olumsuzluktan tümüyle kurtulduğunda- farklı bir dünya yaratacaktır. Eğer Dünya varlığını sürdürecekse, onun üzerinde yaşayanların enerjisi bu olacaktır.

İsa, Dağdaki Vaaz'ında şu ünlü kehanette bulunurken bu enerjiden söz ediyordu: "Halim (yumuşak huylu, şefkatli) olanlara ne mutlu; dünya onlara miras kalacaktır." Bu zihnin bilinçsiz kalıplarını ortadan kaldıran sessiz fakat yoğun bir mevcudiyettir. Bu kalıplar bir süre daha aktif kalabilirler, ama artık yaşamınızı yönetemezler. Daha önce direnilen dış koşullar da teslimiyet yoluyla değişme ya da ortadan kalkma eğilimi gösterirler. O, durumların ve insanların güçlü bir değiştirici-dönüştürücüsüdür. Eğer koşullar hemen değişmezse, Şimdi'yi kabullenmeniz sizin onların üzerine yükselmenizi mümkün kılar. Her iki halde de siz özgür olursunuz.

Kişisel İlişkilerde Teslimiyet

Peki, beni kullanmak, kurnazca yönlendirmek ya da kontrol etmek isteyen insanlarla ilgili olarak ne yapmalıyım? Onlara da teslim mi olacağım?

Onlar Var'lıktan koptukları için, bilinçsiz bir biçimde, sizden enerji ve güç almaya çalışırlar. Ancak bilinçsiz bir insanın başkalarını kullanmaya ya da kurnazca yönlendirmeye çalışacağı doğrudur, ama ancak bilinçsiz bir insanın *kullanılabileceği ve kurnazca yönlendirilebileceği* de eşit ölçüde doğrudur. Eğer başkalarındaki bilinçsiz davranışa direnir ya da onunla savaşırsanız, siz kendiniz bilinçsiz hale gelirsiniz. Ama, teslimiyet sizin bilinçsiz insanlar tarafından kullanılmanıza izin vermeniz anlamına gelmez. Asla. Bir insana kararlı ve açık bir biçimde "hayır" demek ya da bir durumdan uzaklaşmak ve bu sırada içsel olarak tam bir dirençsizlik hali içinde bulunmak mümkündür. Siz bir insana ya da bir duruma "hayır" derken, bırakın bu tepkiden değil, içgörüden, sizin için o anda neyin doğru olduğu neyin olmadığı berrak idrakinden gelsin. Bırakın, bu tepkisel-olmayan bir "hayır," yüksek-nitelikli bir "hayır," tüm olumsuzluktan arınmış ve böylece daha fazla ıstırap yaratmayan bir "hayır" olsun.

Ben işyerimde tatsız bir durum içindeyim. Bu duruma teslim olmaya çalıştım, ama bunun olanaksız olduğunu gördüm. Bir hayli direnç ortaya çıkmayı sürdürüyor.

Eğer teslim olamıyorsanız, hemen eyleme geçin: Durumu değiştirmek için açıkça konuşun ya da bir şeyler yapın veya o durumdan uzaklaşın. Yaşamınızın sorumluluğunu üstlenin. Güzelim, parlak iç Var'lığınızı ve Dünya'yı olumsuzlukla kirletmeyin. Mutsuzluğa içinizde hiçbir biçimde yer vermeyin.

Eğer herhangi bir eylemde bulunamıyorsanız, örneğin eğer hapisteyseniz, o zaman geriye iki seçim kalmıştır: direnme ya da teslim olma. Dış koşullara esaret ya da onlardan içsel olarak özgürleşme. Istırap ya da iç huzuru.

Dirençsizliğin yaşamımızın dışsal gidişatında da uygulanması gerekir mi, örneğin şiddete direnmemek gibi, yoksa bu sadece içsel yaşamımızı ilgilendiren bir şey midir?

Sizin sadece içsel veçheyle ilgilenmeniz gerekir. Bu en önce gelir. Kuşkusuz, bu aynı zamanda dış yaşamınızın, ilişkilerinizin vs. gidişatını da dönüşüme uğratacaktır.

İlişkileriniz teslimiyetle çok derin bir biçimde değişir. Eğer siz *olanı* asla kabul edemiyorsanız, bu insanları da oldukları gibi kabul edemeyeceğiniz anlamına gelir. Siz insanları yargılayacak, eleştirecek, etiketleyecek, reddedecek ya da onları değiştirmeye çalışacaksınızdır. Dahası, eğer siz sürekli olarak Şimdi'yi geleceğe götüren bir vasıtaya dönüştürüyorsanız, karşılaştığınız ya da ilişkide olduğunuz her insanı da hedefinize götüren bir vasıtaya dönüştüreceksinizdir. İlişkiniz, yani, o insan o zaman sizin için ya ikincil derecede önemli olacak ya da hiç önem taşımayacaktır. Sizin için birinci derecede önemli olan şey o ilişkiden elde edebileceğiniz şeydir, ki bu maddi kazanç, güç duygusu, fiziksel haz ya da ego'nun bir biçimde doyumu olabilir.

Size teslimiyetin ilişkilerde nasıl işe yarayabileceğini tasvir edeyim. Siz partnerinizle ya da bir yakınınızla bir tartışmaya veya bir çatışma durumuna girdiğinizde, işe pozisyonunuza saldırıldığında ne kadar savunmacı hale geldiğinizi gözlemleyerek, ya da diğer insanın pozisyonuna saldırırken kendi saldırganlığınızın gücünü hissederek başlayın. Kendi görüşlerinize ve kanılarınıza bağlılığınızı gözlemleyin. Haklı olma ve diğer insanı haksız çıkarma ihtiyacınızın ardındaki zihinsel-duygusal enerjiyi hissedin. Bu egosal zihnin enerjisidir. Siz onu, kabul ve tasdik ederek, mümkün olduğunca çok hissederek bilinçli hale getirirsiniz. Sonra bir gün, bir tartışmanın ortasında, birden bir seçime sahip olduğunuzu idrak edebilir ve sırf ne olacağını görmek için kendi tepkinizi bırakmaya karar verebilirsiniz. Teslim olursunuz. Ben tepkiyi bırakmak derken, yüzünüzde, "Ben tüm bu çocuksu bilinçsizliğin üzerindeyim," diyen bir ifadeyle sadece sözel olarak, "Taman, sen haklısın," demeyi kastetmiyorum. Bu sadece, direnci -hâlâ egosal zihnin yönettiği ve üstünlüğünü iddia ettiği- bir başka düzeye çıkarmaktır. Ben içinizdeki, güç için savaşan tüm zihinsel-duygusal enerji alanını bırakmaktan söz ediyorum.

Ego kurnazdır, bu yüzden siz zihinsel bir pozisyonla özdeşleşmeyi gerçekten bırakıp bırakmadığınızı, böylece zihninizden özgürleşip özgürleşmediğinizi anlamak için çok uyanık, çok mevcut ve kendinize karşı çok dürüst olmak zorundasınız. Eğer kendinizi birden çok hafif, berrak ve derin bir biçimde huzurlu hissederseniz, bu sizin gerçekten teslim olduğunuzu gösteren açık bir işarettir. Sonra, siz artık onu direnerek güçlendirmezken, diğer insanın zihinsel pozisyonuna ne olduğunu gözlemleyin. Zihinsel pozisyonlarla özdeşleşme ortadan kalktığında, gerçek iletişim başlar.

Peki, şiddet, saldırı ve benzeri şeyler karşısında direnmeme konusunda ne diyeceksiniz?

Direnmeme ille de hiçbir şey yapmama anlamına gelmez. O sadece herhangi bir "yapmanın" tepkisel-olmayan hale gelmesi demektir. Doğu'nun dövüş sanatlarının altında yatan derin bilgeliği hatırlayın: Rakibinizin kuvvetine direnmeyin. Onu yenmenize izin verin.

Bunu söylemişken, siz yoğun bir mevcudiyet hali içindeyken "hiçbir şey yapmamak" durumların ve insanların çok güçlü bir değiştirici-dönüştürücüsü ve şifalandırıcısıdır. Taoculuk' ta, *wu wei* denen bir terim vardır, ki bu "eylemsiz faaliyet" ya da "hiçbir şey yapmadan sessizce oturmak" şeklinde çevrilebilir. Kadim Çin'de, bu en yüksek başarı ya da erdemlerden biri olarak kabul edilirdi. O, sıradan bilinç halindeki, daha doğrusu, korku, atalet ya da kararsızlıktan kaynaklanan bilinçsizlik halindeki eylemsizlikten son derece farklıdır. Gerçek "hiçbir şey yapmama," içsel olarak direnmemeyi ve yoğun uyanıklığı-tetikliği ima eder.

Öte yandan, eğer eylem gerekiyorsa, siz artık koşullu zihninizle tepki göstermez, duruma bilinçli mevcudiyetinizle karşılık verirsiniz. O hal içinde, zihniniz şiddet-uygulamama kavramı da dahil olmak üzere, tüm kavramlardan arınmıştır. Öyleyse sizin ne yapacağınızı kim tahmin edebilir ki?

Ego, gücünüzün direncinizde yattığına inanır, oysa gerçekte direnmek sizi Var'lıktan, tek gerçek güç yerinden koparır. Direnmek zayıflıktır ve güç kılığına bürünmüş korkudur. Ego' nun zayıflık olarak gördüğü şey sizin tüm saflığı, masumiyeti ve gücü içindeki Var'lığınızdır. Onun güç olarak gördüğü şey zayıflıktır. Böylece ego sürekli bir direnme-hali içinde bulunur ve -gerçekte gücünüz olan- "zayıflığınızı" örtmek için sahte roller oynar.

Teslimiyet olana dek, bilinçsizce rol-oynama insan ilişki ve etkileşiminin büyük bir bölümünü oluşturur. Teslimiyette, siz artık ego savunmalarına ve sahte maskelere ihtiyaç duymazsınız. Çok sade, çok gerçek hale gelirsiniz. "Bu tehlikeli," der ego. "Sen incineceksin. İncinmeye açık hale geleceksin." Ego' nun bilmediği, elbette, sizin ancak direnmeyi bırakarak, "incinmeye açık" hale gelerek, gerçek ve asli incinmezliğinizi keşfedebileceğinizdir.

Hastalığı Aydınlanmaya Dönüştürmek

Eğer bir insan ağır hastaysa ve durumunu tamamen kabullenip hastalığa teslim olursa, iyileşme isteğinden ve iradesinden vazgeçmiş olmaz mı? Bu durumda artık o hastalığıyla savaşma azmi duymaz, öyle değil mi?

Teslimiyet, *olanı,* hiçbir çekince olmadan içsel olarak kabullenmektir. Biz sizin *yaşamınızdan* -bu andan- söz ediyoruz, yaşamınızın koşullarından ya da durumundan, yaşam-durumunuzdan değil. Biz bunun hakkında zaten konuşmuştuk.

Hastalık konusunda da aynı şey geçerlidir. Hastalık sizin yaşam-durumunuzun bir parçasıdır. Böylece, o bir geçmişe ve bir geleceğe sahiptir. Şimdi'nin özgürleştirici gücü bilinçli mevcudiyetiniz yoluyla aktive edilmedikçe, geçmiş ve gelecek kesintisiz bir sürekliliği oluşturur. Bildiğiniz gibi, zamanda bulunan yaşam-durumunuzu oluşturan çeşitli koşulların altında daha derin, daha asli bir şey vardır: Yaşamınız, zaman'sız-sonsuz Şimdi'deki Var'lığınız.

Şimdi'de hiçbir sorun bulunmadığı gibi, hiçbir hastalık da yoktur. Birinin sizin durumunuza yapıştırdığı bir etikete inanmak, o durumu (hastalığı) yerinde tutar, onu güçlendirir ve geçici bir dengesizlikten görünüşte somut bir gerçeklik yaratır. O ona sadece gerçeklik ve somutluk vermekle kalmaz, ama zamanda -daha önce sahip olmadığı- bir süreklilik de verir. Bu anda odaklanarak ve onu zihinsel olarak etiketlemekten kaçınarak, hastalık bu etkenlerin (fiziksel acı, zayıflık, rahatsızlık ya da yetersizlik) birine indirgenir. Siz *buna*, şimdi'ye teslim olursunuz. Siz "hastalık" fikrine teslim olmazsınız. Istırabın sizi şimdiki an'a, yoğun bir bilinçli mevcudiyet haline girmeye zorlamasına izin verin. Onu aydınlanmak için kullanın.

Teslimiyet, *olanı,* en azından direkt olarak, dönüşüme uğratmaz. Teslimiyet *sizi* dönüşüme uğratır. *Siz* dönüşüme uğradığınızda, bütün dünyanız da dönüşüme uğrar, çünkü dünya sadece bir yansımadır. Biz bundan daha önce söz etmiştik.

Eğer siz aynaya bakıp gördüğünüz şeyden hoşlanmamışsanız, aynadaki görüntüye saldırmak için deli olmanız gerekir. Siz bir kabullenmeme halindeyken yaptığınız şey tam olarak budur. Ve, kuşkusuz, eğer siz aynadaki görüntüye saldırırsanız, o da size saldıracaktır. Eğer siz, o her ne olursa olsun, o görüntüyü kabul ederseniz, eğer ona dostça davranırsanız, o da size dostça davranacaktır, o bunun tersini *yapamaz.* İşte siz dünyayı böyle değiştirirsiniz.

Hastalık sorun değildir. Egosal zihin sizi yönettiği sürece, sorun *sizsiniz*. Siz hasta ya da sakat olduğunuzda, bir biçimde başarısızlığa uğradığınızı düşünmeyin, suçluluk duymayın. Yaşamı size adaletsiz davranmakla suçlamayın, ama kendinizi de suçlamayın. Tüm bunlar direnmektir. Eğer siz büyük bir hastalığa yakalanmışsanız, onu aydınlanmak için kullanın. Yaşamınızda vuku bulan her "kötü" şeyi aydınlanmak için kullanın. Hastalıktan zamanı geri çekin. Ona bir geçmiş ya da gelecek vermeyin. Onun sizi yoğun bir şimdiki-an farkındalığına girmeye zorlamasına izin verin ve sonra neler olacağını görün.

Bir simyacı haline gelin. Adi metali altına, ıstırabı bilince, hastalığı aydınlanmaya dönüştürün.

Siz ağır hasta mısınız ve şimdi söylediğim şey sizi öfkelendiriyor mu? Eğer öyleyse bu, hastalığın benlik duygunuzun bir parçası haline geldiğinin ve sizin şimdi -hastalığı olduğu gibi- kimliğinizi de korumakta olduğunuzun açık bir işaretidir. "Hastalık" denen durumun sizin gerçek kimliğinizle hiçbir ilgisi yoktur.

Başınıza Bir Felaket Geldiğinde

Nüfusun hâlâ bilinçsiz olan büyük çoğunluğu için, ancak kritik bir sınır-durum ego'nun sert kabuğunu kırıp onları teslim olmaya ve böylece uyanmaya zorlama potansiyeline sahiptir. Bir sınır-durum ancak, dünyanız -bir felaket, şiddetli bir kargaşa, derin bir kayıp ya da ıstırap sonucunda- paramparça olup artık bir anlam ifade etmediğinde ortaya çıkar. O -bu ister fiziksel, ister psikolojik olsun- ölümle karşılaşmaktır. Bu durumda, bu dünyanın yaratıcısı olan egosal zihin çöker. Eski dünyanın küllerinden, o zaman yeni bir dünya meydana gelebilir.

Kuşkusuz, bir sınır-durumun bile bunu yapacağının bir garantisi yoktur, ama potansiyel daima vardır. Bazı İnsanlar *ola-*

na böyle bir durumda daha da şiddetli bir biçimde direnirler ve böylece o cehenneme bir düşüş haline gelir. Bazıları ise böyle bir durumda ancak kısmen teslim olabilirler, ama bu bile onlara daha önce sahip olmadıkları bir derinlik ve dinginlik verecektir. Bu durumda ego kabuğunun bazı bölümleri kırılır ve bu zihnin ötesinde bulunan parlaklık ve huzurun küçük ölçülerde içeri girmesini sağlar.

Sınır-durumlar birçok mucize üretmiştir. İdam edilmeyi beklerken, yaşamının son birkaç saatinde ego'suz hali ve ona eşlik eden derin sevinç ve huzuru deneyimleyen katiller olmuştur. Onların içinde bulundukları duruma içsel dirençleri çok yoğunlaşıp dayanılmaz bir ıstırap yaratmıştır ve onların bu durumdan kaçabilecekleri bir yer, zihnin-projekte-ettiği bir gelecek bile yoktur. Böylece, onlar kabullenilemez olanı tamamen kabullenmeye zorlanmışlardır. Onlar teslimiyete zorlanmışlardır. Bu yolla, kurtuluşun eşlik ettiği inayet haline girebilmişlerdir: bu geçmişten tümüyle kurtulmaktır. Kuşkusuz, inayet ve kurtuluş mucizesine yer açan şey gerçekte o sınır-durum değil, teslim olmaktır.

Öyleyse başınıza bir felaket geldiğinde ya da bir şey ciddi bir biçimde "kötüye" gittiğinde -ki bu bir hastalık, sakatlık, evinizi, servetinizi ya da toplumsal kimliğinizi yitirmek, yakın bir ilişkinin bozulması, sevdiğiniz insanın ölümü ya da ıstırap çekmesi veya sizin ölümünüzün yaklaşması olabilir- onun bir başka yanı da olduğunu, muhteşem bir şeyden sadece bir adım uzakta bulunduğunuzu bilin: bu acı ve ıstırap adi metalinin simyasal bir biçimde altına dönüşmesidir. O aradaki tek adıma teslimiyet denir.

Sizin böyle bir durumda mutlu olacağınızı söylemeye çalışmıyorum. Mutlu olmazsınız. Ama, korku ve acı, çok derin bir yerden, Tezahür-Etmemiş-Olan'dan gelen bir iç huzuru ve dinginliğe dönüşmüş olacaktır. O, "Tanrı'nın, tüm anlayışı aşan huzurudur." Bununla kıyaslandığında, mutluluk gerçekten sığ bir şeydir. Bu parlak huzurla birlikte sizin yok edilemez, ölümsüz olduğunuz idraki gelir; bu zihin düzeyinde değil, Var'lığınızın derinliklerinde ortaya çıkan bir idraktir. Bu bir inanç değildir. O ikincil bir kaynaktan gelecek hiçbir dışsal kanıta ihtiyaç duymadan, mutlak şekilde emin olmaktır.

Istırabı Huzura Dönüştürmek

Kadim Yunanistan'da, oğlunun bir kazada öldüğünü öğrenince, "Onun ölümsüz olmadığını biliyordum," diyen stoik bir filozof hakkında bir yazı okumuştum. Bu teslimiyet midir? Eğer öyleyse, ben onu istemiyorum. Teslimiyetin gayri-doğal ve gayri-insani göründüğü bazı durumlar vardır.

Hislerinizden kopmuş olmak, duygusuzluk teslimiyet değildir, Ama, babanın bu sözleri söylediği sıradaki içsel halini bilmiyoruz. Belli uç noktada durumlarda, sizin için Şimdi'yi kabullenmek hâlâ olanaksız olabilir. Ama, daima teslimiyet konusunda ikinci bir şans elde edersiniz.

Sizin birinci şansınız, her bir an o anın realitesine teslim olmaktır. Siz, *olanın* olmamış kılınamayacağını, onun zaten *olduğunu* bilerek, *olana* evet der, ya da olmayanı kabul edersiniz. Sonra yapmanız gereken şeyi, durum her neyi gerektiriyorsa onu yaparsınız. Eğer bu kabullenme hali içinde kalırsanız, daha fazla olumsuzluk, daha fazla ıstırap, daha fazla mutsuzluk yaratmazsınız. Siz o zaman bir dirençsizlik, mücadeleden uzak bir inayet ve hafiflik hali içinde yaşarsınız.

Siz bunu yapamadığınızda, bu şansı kaçırdığınızda -ki bu alışkanlık haline gelmiş bilinçsiz direnme kalıbının ortaya çıkmasını önleyecek kadar yeterince bilinçli mevcudiyet üretmediğinizden, ya da durumun sizin için kesinlikle kabul edilemeyecek kadar aşırı uçta olmasındandır- o zaman siz bir biçimde acı, ıstırap yaratırsınız. Burada bu ıstırabı o durum yaratıyormuş gibi görünebilir, ama nihai olarak bu böyle değildir, onu yaratan sizin direncinizdir.

İşte sizin teslimiyet konusundaki ikinci şansınız: Eğer siz dışarıda olanı kabul edemiyorsanız, o zaman *içinizde* olanı kabul edin. Eğer dışsal koşulu kabul edemiyorsanız, içsel koşulu kabullenin. Bu, acıya direnmemek anlamına gelir. Onun orada olmasına izin verin. Üzüntüye, umutsuzluğa, korkuya, yalnızlığa ya da bu ıstırap hangi şekli alıyorsa ona teslim olun. Ona, onu zihinsel olarak etiketlemeden tanık olun. Onu kucaklayın. Sonra teslimiyet mucizesinin nasıl derin ıstırabı derin huzura dönüştürdüğünü görün. Bu sizin çarmıha gerilişinizdir. Bırakın o sizin yeniden dirilişiniz ve yükselişiniz haline gelsin.

Ben bir insanın ıstıraba nasıl teslim olabileceğini anlamıyorum. Sizin de işaret ettiğiniz gibi, ıstırap teslim-olmamaktır. Siz teslim-olmayışa nasıl teslim olabilirsiniz ki?

Bir an için teslimiyeti unutun. Siz derin bir acı içindeyken, teslimiyet hakkında söylenen tüm sözler size zaten, büyük olasılıkla, boş ve anlamsız gelecektir. Sizin acınız derin olduğunda, büyük olasılıkla, ona teslim olmak yerine ondan kaçmak için güçlü bir dürtü duyacaksınızdır. Siz hissettiğiniz şeyi hissetmek istemeyeceksinizdir. Bundan daha normal bir şey ne olabilir? Ama, ondan hiçbir kaçış, hiçbir çıkış yolu yoktur. Çalışma, içki içme, uyuşturucu kullanma, öfkelenme, projeksiyon-yapma, bastırma vs. gibi birçok uydurma kaçış yolu vardır, ama onlar sizi acıdan kurtaramazlar. Siz onu bilinçsiz kıldığınızda ıstırabın şiddeti azalmaz. Siz duygusal acıyı yadsıdığınızda, yaptığınız ve düşündüğünüz her şey ve ilişkileriniz onun tarafından kirletilir. Siz onu enerji olarak yayarsınız ve diğerleri onu bilinçaltı algılarlar. Eğer onlar bilinçsizseler, size saldırma ya da sizi bir biçimde incitme dürtüsü bile duyabilirler veya siz acınızın bilinçsiz projeksiyonuyla onları incitebilirsiniz. Siz içsel halinize karşılık gelen şeyi kendinize çeker ve tezahür ettirirsiniz.

Hiçbir *çıkış* yolu olmadığında, yine de, daima onun *içinden* bir *geçiş* yolu vardır. O yüzden acıya sırt çevirmeyin. Onunla yüzleşin. Onu bütünüyle hissedin. Onu *hissedin*, onun hakkında *düşünmeyin*! Eğer gerekiyorsa onu ifade edin, ama zihnizde onunla ilgili bir metin yaratmayın. Tüm dikkatinizi bu hisse verin, ona neden olmuş görünen kişiye, olaya ya da duruma değil. Zihnin acıyı sizin için bir kurban kimliği yaratmak için kullanmasına izin vermeyin. Kendiniz için üzülmek ve başkalarına öykünüzü anlatmak sizi ıstıraba saplanmış halde tutacaktır. Histen kaçmak olanaksız olduğundan, tek değişim olanağı onun içine girmektir; aksi takdirde, hiçbir şey değişmeyecektir. Öyleyse tüm dikkatinizi hissettiğiniz şeye verin ve onu zihinsel olarak etiketlemekten kaçının. Hissin içine girerken, son derece uyanık olun. İlk başta, o karanlık ve korkutucu bir yer gibi görünebilir ve ondan kaçma dürtüsü duyduğunuzda, o dürtüyü gözlemleyin, ama ona uymayın. Dikkatinizi acıya vermeyi sürdürün; üzüntüyü, korkuyu, dehşeti, yalnızlığı, o her neyse onu hissetmeyi sürdürün. Uyanık kalın, mevcut kalın; tüm Var'lığınızla, bedeninizin her hücresiyle mevcut kalın. Siz böyle yaparken, bu karanlığa bir ışık getiriyor olursunuz. Bu sizin bilincinizin ışığıdır.

Bu aşamada, artık teslimiyetle ilgilenmeniz gerekmez. O zaten meydana gelmiştir. Nasıl mı? Tüm dikkat tam kabullenmedir ve bu teslim olmaktır. Tüm dikkatinizi vererek, Şimdi' nin gücünü kullanırsınız, ki o sizin mevcudiyetinizin gücüdür. Onun içinde hiçbir direnç saklanıp varlığını sürdüremez. Mevcudiyet zamanı uzaklaştırır. Zaman olmadan hiçbir ıstırap, hiçbir olumsuzluk varlığını sürdüremez.

Istırabın kabullenilmesi ölüme bir yolculuktur. Derin acıyla yüzleşmek, onun olmasına izin vermek, dikkatinizi ona vermek ölüme bilinçle girmektir. Siz bu ölümü geçirdiğinizde, ölüm diye bir şeyin olmadığını -ve korkacak hiçbir şeyin bulunmadığını- idrak edersiniz. Sadece ego ölür. Kendisinin güneşin ayrılmaz bir parçası olduğunu unutmuş olan ve varlığını sürdürmek için savaşması gerektiğine inanan ve güneşten başka bir kimlik yaratıp ona yapışan bir güneş ışınını düşünün. Bu illüzyonun ölümü inanılmaz derecede özgürleştirici bir şey olmaz mı?

Siz kolay bir ölüm istiyor musunuz? Acısız, ıstırapsız bir ölümü tercih eder miydiniz? O zaman geçen her an'a ölün ve mevcudiyetinizin ışığının "siz" olduğunu sandığınız ağır, zamana-bağlı benliği ortadan kaldırmasına izin verin.

***

Çarmıhın Yolu

Birçok insanın derin ıstırap sonucunda Tanrı'yı bulduğu söylenir ve sanırım, "çarmıhın yolu" denen Hıristiyan ifadesi de aynı şeyi işaret eder.

Doğrusunu söylemek gerekirse, onlar Tanrı'yı çektikleri ıstırap sonucunda bulmamışlardır, çünkü ıstırap direnmeyi ima eder. Onlar Tanrı'yı teslimiyet yoluyla, *olanı* tam kabullenme yoluyla bulmuşlardır ve onları buna zorlayan şey çektikleri şiddetli ıstıraptır. Onlar, bir düzeyde, acılarını kendilerinin yarattıklarını idrak etmiş olmalıdırlar.

Siz teslimiyeti Tanrı'yı bulmaya nasıl eşit sayıyorsunuz?

Direnme zihinden ayrılamaz olduğundan, direnmeyi bırakmak,

teslim olmak, zihnin -sizin efendiniz, "siz" gibi görünen sahtekâr, sahte tanrı olarak- sonudur. Bu durumda tüm yargılama ve tüm olumsuzluk ortadan kalkar. Zihin tarafından örtülmüş olan Var'lık âlemi o zaman açığa çıkar. Birden, içinizde büyük bir sessizlik ve çok derin bir huzur duygusu ortaya çıkar. Ve o huzurun içinde büyük bir sevinç vardır. Ve o sevincin içinde sevgi vardır. Ve en içteki çekirdekte kutsal, sınırsız, sonsuz, isimlendirilemez Olan vardır.

Ben buna Tanrı'yı bulmak demiyorum, çünkü siz asla kaybolmamış olanı, siz olan o yaşamı nasıl bulabilirsiniz ki? Tanrı sözcüğü sadece binlerce yıldır yanlış algılandığı ve yanlış kullanıldığı için değil, ama sizden başka bir varlığı ima ettiği için de sınırlayıcıdır. Tanrı bir varlık değil, Var'lığın ta kendisidir. Burada bir özne-nesne ilişkisi, bir dualite, bir siz *ve* Tanrı olamaz. Tanrı'yı-idrak var olan en doğal şeydir. Şaşırtıcı ve akıl ermez olan olgu sizin Tanrı'nın bilincinde *olabilmeniz* değil, Tanrı'nın bilincinde *olmamanızdır*.

Sözünü ettiğiniz çarmıhın yolu aydınlanmaya götüren eski yoldur ve yakın zamana dek o tek yoldu. Ama, onu reddetmeyin ya da etkisini küçümsemeyin. O hâlâ işe yarar.

Çarmıhın yolu tam bir tersine dönüştür. Bu yaşamınızdaki en kötü şeyin, çarmıhınızın sizi teslimiyete, "ölüme" zorlayarak, sizi hiçbir şey olmaya, Tanrı olmaya (çünkü Tanrı da *hiçbir*-şeydir) zorlayarak, başınıza gelen en iyi şeye dönüşmesi anlamına gelir.

Bu zamanda, insanların bilinçsiz çoğunluğu için, çarmıhın yolu hâlâ tek yoldur. Onlar ancak daha fazla ıstırap yoluyla uyanacaklardır ve ortak bir fenomen olarak aydınlanmaya da büyük kargaşaların neden olması beklenebilir. Bu süreç bilincin tekâmülünü yöneten belli evrensel yasaların işleyişini yansıtır ve böylece bazı kâhinler tarafından önceden görülmüştür. Bu, diğer kaynakların yanı sıra, Vahiy Kitabı'nda da, anlaşılması güç bir sembolojiyle tarif edilmiştir. Bu ıstırabı yaşatan Tanrı değildir, bu ıstırabı insanlar kendi kendilerine ve birbirlerine vermektedirler ve bu ıstırabın bir bölümü de canlı, zeki bir organizma olan Yerküre'nin kendini insan deliliğinin şiddetli saldırısından korumak için alacağı belli savunma önlemlerinden kaynaklanacaktır.

Ancak, bugün, bilinci aydınlanmak için daha fazla ıstıraba ihtiyaç duymayacak kadar yeterince tekâmül etmiş insanların sayısı giderek artmaktadır. Siz onlardan biri olabilirsiniz.

Istırap yoluyla aydınlanma -çarmıhın yolu- semavi âleme tekmeler ve çığlıklar atarak girmeye zorlanmak anlamına gelir. Siz artık acıya dayanamadığınız için en sonunda teslim olursunuz, ama bu gerçekleşene kadar uzun bir süre acı çekmek zorunda kalabilirsiniz. Aydınlanmayı bilinçli olarak seçmek geçmişe ve geleceğe bağlılığınızı bırakarak Şimdi'yi yaşamınızın asıl odağı yapmak anlamına gelir. O zaman yerine, mevcudiyet hali içinde bulunmayı seçmek anlamına gelir. O, *olana* evet demek anlamına gelir. O zaman artık sizin acıya ihtiyacınız yoktur. "Artık daha fazla acı, daha fazla ıstırap yaratmayacağım" diyebilmek için daha ne kadar zamana ihtiyacınız olacağını düşünüyorsunuz? Bu seçimi yapabilmek için daha ne kadar fazla acıya ihtiyacınız var?

Eğer daha fazla zamana ihtiyacınız olduğunu düşünüyorsanız, daha fazla zamanı -ve daha fazla acıyı- elde edeceksiniz. Zaman ve acı birbirinden ayrılmaz.

Seçme Gücü

Aslında ıstırap çekmek ister görünen tüm o insanlar için ne diyeceksiniz? Benim bir kız arkadaşım var, sevgilisi ona karşı fiziksel olarak kaba ve acımasız davranıyor ve arkadaşımın önceki ilişkisi de böyleydi. O neden böyle erkekleri seçiyor ve ne-

den bu durumdan kurtulmayı reddediyor? Neden bu kadar çok insan gerçekte acıyı seçiyor?

Seçme sözcüğünün gözde bir Yeni Çağ terimi olduğunu biliyorum, ama o bu bağlamda tam doğru değildir. Birinin bozuk-işlevli bir ilişkiyi ya da yaşamındaki herhangi bir olumsuz durumu "seçtiğini" söylemek yanıltıcı olur. Seçim, bilinci, yüksek derecede bir bilinci ima eder. Onsuz, siz hiçbir seçime sahip değilsinizdir. Seçim siz zihinle ve onun koşullanmış kalıplarıyla özdeşleşmeyi bıraktığınız anda, mevcut hale geldiğiniz anda başlar. O noktaya erişene dek, siz spiritüel açıdan bilinçsizsinizdir. Bu sizin zihninizin koşullanmasına göre belli şekilde düşünmeye, hissetmeye ve davranmaya zorlandığınız anlamına gelir. İşte bu yüzden İsa, "Onları bağışla, çünkü onlar ne yaptıklarını bilmiyorlar," demiştir. Bu, sözcüğün geleneksel anlamında, zekâ ile ilişkili değildir. Ben son derece zeki ve iyi eğitim görmüş, ama aynı zamanda tamamen bilinçsiz, yani tamamen zihniyle özdeşleşmiş birçok insan gördüm. Aslında, eğer zihinsel gelişim ve artan bilgi ona karşılık gelen bir bilinç tekâmülüyle dengelenmezse, mutsuzluk ve felaket potansiyeli çok büyüktür.

Arkadaşınız kendisine kaba davranan bir erkekle bir ilişkiye saplanmış durumda ve bu ilk kez olmuyor. Neden? Hiçbir seçim yok. Geçmiş tarafından koşullanan zihin daima bildiği ve aşina olduğu şeyi yeniden-yaratmaya çalışır. O acı verici olsa bile, en azından aşina bir şeydir. Zihin daima bilinene tutunup yapışır. Bilinmeyen tehlikelidir, çünkü zihin onun üzerinde hiçbir kontrole sahip değildir. İşte bu yüzden zihin şimdiki-andan hoşlanmaz ve onu görmezden gelir. Şimdiki-an farkındalığı sadece düşünce akışında değil, geçmiş-gelecek sürekliliğinde de bir aralık yaratır. Gerçekten yeni ve yaratıcı hiçbir şey o aralık, o berrak sonsuz olanak alanı dışında bu dünyaya giremez. O bu dünyaya ancak o aralık yoluyla girebilir.

Böylece zihniyle özdeşleşmiş bulunan arkadaşınız, geçmişte öğrenilmiş bir kalıbı, yakın ilişki ve kabalığın birbirine ayrılmaz bir biçimde bağlı olduğu bir kalıbı yeniden-yaratıyor olabilir. Buna alternatif olarak, o ilk çocukluğunda öğrenilmiş bir zihin kalıbına, onun değersiz ve cezalandırılmayı hak eden biri olduğu kalıbına göre davranıyor olabilir. Ayrıca, onun yaşamının büyük bölümünü acı-bedeniyle yaşıyor olması da mümkündür, acı-bedeni daima beslenmek için daha fazla acı arar. Arkadaşınızın partneri de -arkadaşınızın kalıplarını tamamlayan- kendi bilinçsiz kalıplarına sahiptir. Elbette, arkadaşınızın durumu kendisinin-yarattığı bir şeydir, ama "kendisi," o "benlik" kim ya da nedir? Geçmişten kaynaklanan zihinsel-duygusal bir kalıp, başka bir şey değil. Neden ondan bir benlik yaratmalı ki? Eğer arkadaşınıza içinde bulunduğu durumu kendisinin *seçtiğini* söylerseniz, onun zihinle-özdeşleşme halini daha da güçlendirmiş olursunuz. Ama, onun zihin kalıbı o mudur? O onun benliği midir? Onun gerçek kimliği geçmişten mi kaynaklanır? Arkadaşınıza düşüncelerinin ve duygularının ardındaki gözlemleyen mevcudiyet olmanın yolunu gösterin. Ona acı-bedeninden ve kendisini ondan nasıl kurtarabileceğinden söz edin. Ona içsel-beden farkındalığı sanatını öğretin. Ona mevcudiyetin anlamını gösterin. Arkadaşınız Şimdi'nin gücüne erişebildiği ve böylece koşullu geçmişini yarıp geçebildiği an, ancak o zaman bir seçime sahip *olacaktır*.

Hiç kimse işlev-bozukluğunu, çatışmayı, acıyı *seçmez*. Hiç kimse deliliği *seçmez*. Onlar sizde geçmişi ortadan kaldıracak kadar mevcudiyet, karanlığı dağıtacak kadar ışık bulunmadığı için meydana gelirler. Siz tamamen burada değilsiniz. Henüz tam uyanmadınız. Bu arada, koşullanmış zihin yaşamınızı yönetmektedir.

Benzer şekilde, eğer siz de ana-babasıyla sorunu olan birçok insandan biriyseniz, eğer hâlâ onların yaptıkları ya da yapmadıkları bir şeyden ötürü içerliyorsanız, o zaman siz hâlâ onların bir seçime sahip olduklarına, farklı şekilde davranabileceklerine inanmaktasınızdır. İnsanlar bir seçime sahipmiş gibi *görünürler,* ama bu bir illüzyondur. Zihniniz koşullanmış kalıplarıyla yaşamınızı yönettiği sürece, siz zihniniz *olduğunuz* sürece, hangi seçime sahip olabilirsiniz? Hiçbir seçime. Siz orada bile değilsinizdir. Zihinle-özdeşleşme hali ciddi bir işlev-bozukluğu içerir. O bir delilik biçimidir. Hemen herkes çeşitli derecelerde bu hastalığı çekmektedir. Siz bunu idrak ettiğiniz anda, artık bir içerleme hissetmezsiniz. Siz bir insanın hastalığına nasıl içerleyebilirsiniz ki? Burada tek uygun karşılık şefkat olabilir.

Öyleyse bu insanların yaptıkları şeyden sorumlu olmadıkları anlamına gelir. Ben bu fikirden hoşlanmadım.

Eğer siz zihniniz tarafından yönetiliyorsanız, hiçbir seçime sahip olmasanız da bilinçsizliğinizin ıstırabını çekecek ve daha da fazla ıstırap yaratacaksınızdır. Siz korku, çatışma, sorunlar ve acının yükünü taşıyacaksınızdır. Böylece, yaratılan ıstırap eninde sonunda sizi bilinçsizlik halinden çıkmaya zorlayacaktır.

Seçim hakkında söylediğiniz şey, sanırım, bağışlama için de geçerlidir. Bağışlayabilmek için de sizin tam bilinçli olmanız ve teslim olmanız gerekir.

"Bağışlama" iki bin yıldır kullanılan bir terimdir, ama çoğu insan onun ne anlama geldiği konusunda çok sınırlı bir görüşe sahiptir. Siz benlik duygunuzu geçmişten aldığınız sürece kendinizi ya da başkalarını gerçekten bağışlayamazsınız. Ancak Şimdi'nin gücüne erişerek -ki o sizin kendi gücünüzdür- gerçek bağışlama olabilir. Bu geçmişi güçsüzleştirir ve siz yaptığınız ya da size yapılan bir şeyin sizin parlak özünüzü en hafif şekilde bile etkileyemeyeceğini derin bir biçimde idrak edersiniz. Bütün bağışlama kavramı o zaman gereksiz hale gelir.

Peki, ben o idrak noktasına nasıl erişebilirim?

Siz *olana* teslim olduğunuzda ve böylece tümüyle mevcut olduğunuzda, geçmiş artık herhangi bir güce sahip olamaz. Sizin artık ona ihtiyacınız kalmaz. Bunun anahtarı mevcudiyettir. Bunun anahtarı Şimdi'dir.

Teslim olup olmadığımı nasıl bileceğim?

Bu soruyu sormaya artık ihtiyaç duymadığınızda...

Eckhart Tolle Almanya'da doğdu ve on üç yaşına dek orada yaşadı. Londra Üniversitesi'nden mezun olduktan sonra, Cambridge Üniversitesi'nde araştırmacı ve denetçi olarak çalıştı. Yirmi dokuz yaşında geçirdiği çok derin bir spiritüel değişim-dönüşüm onun eski kimliğini hemen hemen yok ederek, yaşamının seyrini kökten değiştirdi.

Tolle, sonraki birkaç yılı, yoğun bir içsel yolculuğun başlangıcı olan bu değişim-dönüşümü anlamaya, özümsemeye ve derinleştirmeye adadı.

Eckhart Tolle, son on yıldır Avrupa ve Kuzey Amerika'da bireyler ve küçük gruplarla çalışan bir danışman ve spiritüel öğretmen oldu. O, 1996'dan beri Vancouver, British Columbia'da yaşamaktadır. Bu kitapla, onun öğretileri ilk kez geniş bir kitleye ulaşmıştır.

Eckhart Tolle'nin
Yayınevimizden çıkan diğer kitapları: